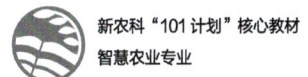
新农科"101计划"核心教材
智慧农业专业

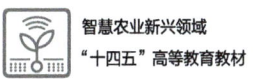
智慧农业新兴领域
"十四五"高等教育教材

精准农业

主 编 杨武德

中国教育出版传媒集团
高等教育出版社·北京

内容简介

　　精准农业是指获取农田小区作物产量和影响作物生长的环境因素在空间和时间上的差异性信息，分析影响小区产量差异的原因，采取技术上有效、经济上可行的调控措施，区别对待，按需实施定位调控的农业方式。本教材共分八章，分别为精准农业概述、全球卫星导航系统及其应用、遥感及其应用、农田信息采集技术、地理信息系统及其应用、作物生产管理决策支持系统、智能化农业机械和精准农业技术的集成与应用。系统介绍精准农业的基本概念和基本原理，突出精准农业主线，重点介绍支撑技术在精准农业上的应用，增加案例分析和国内外精准农业研究的最新成果。本教材适用于智慧农业专业的本科生、作物学硕士和博士研究生，以及从事智慧农业研究与应用的教学、科研和管理人员。

编写人员

主　编　杨武德（山西农业大学）
副主编　冯利平（中国农业大学）
　　　　　　吕　新（石河子大学）
　　　　　　王　瑞（西北农林科技大学）
　　　　　　吕小荣（四川农业大学）
　　　　　　冯美臣（山西农业大学）
　　　　　　张永江（河北农业大学）
　　　　　　孟　冉（哈尔滨工业大学）
编　者（按姓氏笔画排序）
　　　　　　王　瑞（西北农林科技大学）
　　　　　　冯利平（中国农业大学）
　　　　　　冯美臣（山西农业大学）
　　　　　　吕　新（石河子大学）
　　　　　　吕小荣（四川农业大学）
　　　　　　阳会兵（湖南农业大学）
　　　　　　杨　峰（四川农业大学）
　　　　　　杨卫君（新疆农业大学）
　　　　　　杨武德（山西农业大学）
　　　　　　张　泽（石河子大学）
　　　　　　张永江（河北农业大学）
　　　　　　孟　冉（哈尔滨工业大学）
　　　　　　徐　乐（东北农业大学）
　　　　　　梁天也（吉林大学）

数字课程（基础版）

精准农业

主编　杨武德

abooks.hep.com.cn/63926

使用方法：

1. 电脑或移动设备访问课程网站。
2. 注册并登录后，进入"个人中心"。
3. 刮开图书封底防伪码涂层，通过扫描二维码或手动输入20位密码，完成防伪码绑定。
4. 绑定成功后，即可开始本数字课程的学习。

如有使用问题，请点击页面下方的"疑问"按钮。

出版说明

为加强基础学科人才培养，全面推进教育教学改革，教育部于 2021 年底启动计算机领域本科教育教学改革试点工作（简称"101 计划"）。2023 年 4 月，在前期计算机领域试点工作的基础上，又启动了数学等 8 个基础学科领域的"101 计划"，随后启动"新农科""新医科"的"101 计划"试点工作，期望以"四个一流"（课程、教材、师资及实践项目）为基础要素的"小切口"改革，推动解决人才培养"大问题"，实现人才自主培养质量提升的"强突破"。

智慧农业专业"101 计划"作为新农科"101 计划"教育教学改革试点工作的重要组成部分，是推动农业领域拔尖创新人才培养的重要抓手，对提高人才自主培养质量具有重要意义。该项目由华中农业大学牵头，全国 12 所农林高校共同参与建设，旨在通过建设一批一流的核心课程、核心教材、核心实践项目和核心师资团队，以"四个一流"推进智慧农业专业建设水平，带动全国高校智慧农业专业人才培养质量的整体提升。

核心教材体系建设是智慧农业专业"101 计划"的重要组成部分，该系列教材采取"8+1+1"的设计体系，"8"为专业的主体核心教材，即现代遗传学、智能育种、农业人工智能、作物表型组学、农业大数据、精准农业、农业物联网、智慧农业技术与装备，前一个"1"为大类方向核心教材，即智慧作物生产学或智慧动物生产学，后一个"1"为专业方向核心课程，即智慧园艺、智慧牧场、智慧渔业、智慧植保或智慧农业前沿技术导论（智慧种植）。该系列教材分别由核心课程负责人牵头，各高校教师协同合作，力图打造一批经典与创新结合，涵盖现代农业、智能农机装备、信息技术、生物技术等内容的一流核心教材。该系列教材特色如下：

坚持价值引领。 深入推进习近平新时代中国特色社会主义思想进教材，引导学生强农兴农、知农爱农，以理论联系实际，培养学生的家国情怀、国际视野和良好人文素养。

坚持需求导向。 紧密围绕党和国家事业发展对农科人才培养的新要求，扎根中国大地，面向世界高水平农业的发展前沿、面向国家农业强国的战略需求、面向人民对粮食安全的期望，培养学生的创新精神和实践能力。

坚持系统建构。尊重教育教学规律，构建专业课程体系知识图谱，成立智慧农业虚拟教研室，在系统性知识网络的构建与跨校交流中优化课程体系，完善教学设计，提升教学效果，培养学生现代农业科技与信息科技交叉融合的能力。

坚持产学协同。借助智慧农业人才培养创新联盟和智慧农业产教融合专委会等优质平台，为教学实践提供校企合作、校校联合、虚实结合等多种资源，推动智慧农业实用性技术与专业课程体系深入融合，在"产业课堂"中培养学生解决实际复杂问题的能力。

系列教材是在教育部高等教育司精心指导下，由高等教育出版社大力协助完成的。项目启动至今，联合参与高校、编写人员、出版社，采取线上线下相结合的方式，多次召开教材研讨会推进编写工作，并由11位院士、专家组成核心专家组，对教材的撰写质量进行把关。

感谢智慧农业专业"101计划"工作组12所成员高校的大力支持，感谢教育部高等教育司的悉心指导，感谢智慧农业专业"101计划"领导小组组长李召虎教授，华中农业大学高翅书记、严建兵校长和本科生院等相关部门对项目的悉心指导与大力支持。感谢高等教育出版社在教材申报、立项、评审、撰写、试用等出版环节的全力支持。特别感谢各位主编和编委们的辛勤付出。

一流核心资源建设引领支撑一流人才培养，我们希望以系列教材的出版为契机，进一步扩展至师资培训、课程建设、实验实践项目中去，真正做到引领智慧农业的教育教学发展和拔尖人才培养，为实现二十大提出的以中国式现代化推进中华民族伟大复兴、以高质量发展全面建设社会主义现代化提供人才支撑。

智慧农业专业"101计划"工作组

前 言

精准农业是基于空间信息管理和变异分析的现代农业管理策略和现代作物生产技术体系。根据土壤肥力和作物生长状况的空间差异，调节对作物的投入，在对耕地和作物长势进行定量的实时诊断，充分了解大田生产力的空间变异的基础上，以平衡地力、提高产量为目标，实施定位、定量的精准田间管理。精准农业技术被认为是 21 世纪农业科技发展的前沿，是科技含量最高、集成综合性最强的现代农业生产管理技术之一。它的应用实践和快速发展，将使人类充分挖掘农田最大的生产潜力、合理利用水肥资源、减少环境污染、大幅度提高农产品产量和品质成为可能。

本教材遵循系统性、知识性、实用性、简洁性、前瞻性和完整性原则，系统介绍精准农业的基本概念、基本原理和方法。重点介绍相关支撑技术在精准农业上的应用，增加案例分析，介绍国内外精准农业研究的最新成果。全书共分八章，分别为精准农业概述、全球卫星导航系统及其应用、遥感及其应用、农田信息采集技术、地理信息系统及其应用、作物生产管理决策支持系统、智能化农业机械和精准农业技术的集成与应用。第一章重点介绍精准农业产生的背景意义、精准农业技术体系、精准农业国内外发展概况和前景，其后各章按照信息采集、信息分析和信息应用的先后逻辑编排。本教材主要适用于智慧农业专业的本科生、作物学硕士和博士研究生，以及从事智慧农业研究与应用的教学、科研和管理人员。

本教材各章的编写负责人分别是：第一章杨武德（山西农业大学），第二章张永江（河北农业大学），第三章孟冉（哈尔滨工业大学）、杨峰（四川农业大学），第四章冯美臣（山西农业大学）、杨卫君（新疆农业大学），第五章王瑞（西北农林科技大学）、徐乐（东北农业大学），第六章冯利平（中国农业大学）、阳会兵（湖南农业大学），第七章吕小荣（四川农业大学）、梁天也（吉林大学），第八章吕新、张泽（石河子大学）。全书由杨武德审阅统稿。

由于作者的水平和能力有限，书中如有不当和错漏之处，敬请同行专家和读者批评指正。

杨武德

2024 年 6 月

目 录

第一章　精准农业概述　001
　第一节　精准农业的含义和产生背景　003
　　一、精准农业的含义　003
　　二、精准农业的产生背景　003
　　三、精准农业的意义　005
　第二节　精准农业的技术体系　006
　　一、全球卫星导航系统　006
　　二、地理信息系统　006
　　三、遥感技术　007
　　四、农田信息采集技术　007
　　五、作物生产管理决策支持系统　007
　　六、智能化农业机械　008
　第三节　精准农业的发展　008
　　一、国外精准农业的发展　008
　　二、国内精准农业的发展　012
　　三、精准农业发展前景　014

第二章　全球卫星导航系统及其应用　017
　第一节　全球卫星导航系统的组成与发展　019
　　一、全球卫星导航系统概述　019
　　二、全球卫星导航系统的组成　020
　　三、全球卫星导航系统的发展　023
　第二节　全球卫星导航系统的工作原理　028
　　一、全球定位系统的基本原理　028
　　二、差分全球定位系统的产生和工作原理　031
　第三节　全球卫星导航系统的农业应用　034
　　一、农田电子地图的制作　034
　　二、农情分布调查　035
　　三、农机作业导航　035
　　四、农田产量监测　038

第三章　遥感及其应用　041
　第一节　遥感技术概述　043
　　一、遥感的含义　043
　　二、遥感的特点　045
　　三、遥感的分类　047
　第二节　遥感系统的组成与发展　049
　　一、遥感系统的组成　049
　　二、遥感技术的发展　052
　第三节　智慧农作与遥感技术　054
　　一、农作物长势监测　054
　　二、农作物营养监测　057
　　三、农作物产量品质监测　060
　　四、农作物病虫害监测　063
　　五、农作物干旱监测　065

第四章　农田信息采集技术　069
　第一节　气象信息采集　071
　　一、大气圈与空气环境　071

二、太阳辐射传感器 074
三、空气温湿度传感器 078
四、雨量传感器 081
五、风速风向传感器 084
第二节 土壤信息采集 087
一、土壤水分测定 087
二、土壤盐含量测定 094
三、土壤营养成分的测定 096
四、地表状况监测 099
第三节 作物监测 100
一、作物生理信息监测 100
二、植物与土壤识别 104
三、作物与杂草识别 104
四、作物病虫害监测 106

第五章 地理信息系统及其应用 109
第一节 地理信息系统概述 111
一、地理信息与地理信息系统 111
二、地理信息系统的分类 112
三、地理信息系统的组成 115
四、地理信息系统的发展 119
第二节 地理信息系统的基本功能 120
一、数据采集与编辑 120
二、数据存储与管理 121
三、数据处理与变换 122
四、空间查询与空间分析 122
五、产品输出与表达 125
第三节 地理信息系统软件 125
一、GIS 软件的结构与功能 125
二、国内外常用的 GIS 软件 129
第四节 地理信息系统的应用 131
一、GIS 的主要应用领域 131
二、RS、GIS 和 GPS 的集成 132
三、GIS 在农业中的应用与发展 134
四、GIS 农业应用示例 137

第六章 作物生产管理决策支持系统 141
第一节 作物模型原理与方法 143
一、概念与定义 143
二、作物模型的原理与技术 146
三、作物模拟模型的构建过程 150
第二节 作物管理专家系统的原理与方法 158
一、专家系统的概念与定义 158
二、农业专家系统的结构 159
三、农业专家系统的特征 162
四、农业专家系统的类型 164
五、作物管理专家系统的类型 166
六、农业专家系统的设计 167
七、农业专家系统的开发 168
八、数据库和知识库的构建 169
九、知识规则的确定 172
第三节 作物管理决策支持系统原理与方法 174
一、决策支持系统的含义 174
二、决策过程 175
三、决策机制 176
四、作物管理决策支持系统 176
第四节 作物管理决策系统比较与决策生成 177
一、作物管理决策系统比较 177
二、作物管理决策的生成 178
第五节 作物决策支持系统应用示例 179
一、小麦生产管理决策支持系统 179
二、棉花栽培计算机模拟决策系统 182
三、小麦估产专家系统 186

第七章 智能化农业机械 　191

第一节　具有测产功能的谷物联合收获机　193
一、谷物联合收获机的结构　193
二、测产原理与产量计算　200
三、测产功能与应用实例　201

第二节　精准变量施肥机　206
一、精准变量施肥的意义　206
二、精准变量施肥的技术路线与控制形式　206
三、变量施肥机械的组成　207
四、精准变量施肥机械的发展现状　208

第三节　精准变量播种机械　210
一、精准变量播种的意义　210
二、精准变量播种的技术路线与控制形式　210
三、变量播种机械的组成　211
四、变量播种机械的发展现状　212

第四节　精准变量施药机械　212
一、精准变量施药的意义　212
二、精准变量施药的技术路线与控制形式　213
三、精准变量施药机械的组成　213
四、精准变量施药机械的发展现状　214

第五节　精准变量灌溉机械　215
一、精准变量灌溉技术的意义　215
二、精准变量灌溉的技术路线与控制形式　215
三、精准变量灌溉机械的组成　216
四、精准变量灌溉机械的发展现状　216

第八章 精准农业技术的集成与应用　219

第一节　精准农业技术集成　221
一、精准农业技术集成概述　221
二、精准农业技术集成的标准与规范　222
三、精准农业技术体系　224

第二节　精准农业实践过程　228
一、数据采集　228
二、诊断决策　229
三、精准控制　234
四、管理平台　238

第三节　精准农业应用案例　251
一、棉花生产全程精准管理技术及装备集成应用　251
二、无人农场　256
三、智慧农业建设案例　259
四、设施精准农业　260

第一章

精准农业概述

精准农业是现代农学技术和电子信息技术结合的产物，充分利用农田作物产量和影响作物生长的环境因素在空间和时间上的差异性信息，实施定位调控，旨在解决石油农业资源利用率低、生产成本高和环境污染等问题。本章系统介绍精准农业的含义和产生背景、精准农业的技术体系和精准农业的国内外发展。

第一节　精准农业的含义和产生背景

一、精准农业的含义

精准农业（precision agriculture）是指利用全球定位系统、地理信息系统、连续数据采集传感器、遥感、变率处理设备和决策支持系统等现代高新技术，获取农田小区作物产量和影响作物生长的环境因素（如土壤结构、地形、植物营养、含水量、病虫草害等）在空间和时间上的差异性信息，分析影响小区产量差异的原因，并采取技术上可行、经济上有效的调控措施，区域对待，按需实施定位调控的"处方农业"。

精准农业有广义和狭义之分。广义的精准农业又称为精确农业、精细农业，包含种植业、养殖业、农产品加工业，即所谓的大农业，是指为了挖掘并谋求种植业和养殖业利润最大化，所采取的精准投入的农业生产管理手段，包含精准农作、精准养殖和精准加工等方面。狭义的精准农业单纯指种植业，即面向大田作物生产的精准农作技术，是基于农业信息技术与机械装备技术集成的现代农田"精耕细作"技术。

精准农业的实施过程可描述为：①带定位系统和产量传感器的联合收获机自动采集田间定位及对应小区平均产量数据；②通过计算机处理，生成作物产量分布图；③根据田间地形、地貌、土壤肥力、墒情等参数的空间数据分布图，作物生长发育模拟模型，投入、产出模拟模型，作物管理专家知识库等建立作物管理辅助决策支持系统，并在决策者的参与下生成作物管理处方图；④根据处方图采用不同方法与手段或相应的处方农业机械按小区实施目标投入和精准农作管理（图1-1）。精准农业的实施过程包含3个阶段——确定田间管理事件、制定对策和实施对策。

二、精准农业的产生背景

千百年来的作物栽培管理，都是在区域或田块尺度上进行的，即把区域或田块看作具有均匀的作物生长条件进行管理。但实际上，人们早已认识到，即使在同一农田内，地表上、下存在着明显的作物产量和作物生长条件时空分布差异，农田内作物病、虫、草害总是先以斑块形式在小区发生，再逐步按时空变化蔓延。21

图 1-1 精准农业的实施过程

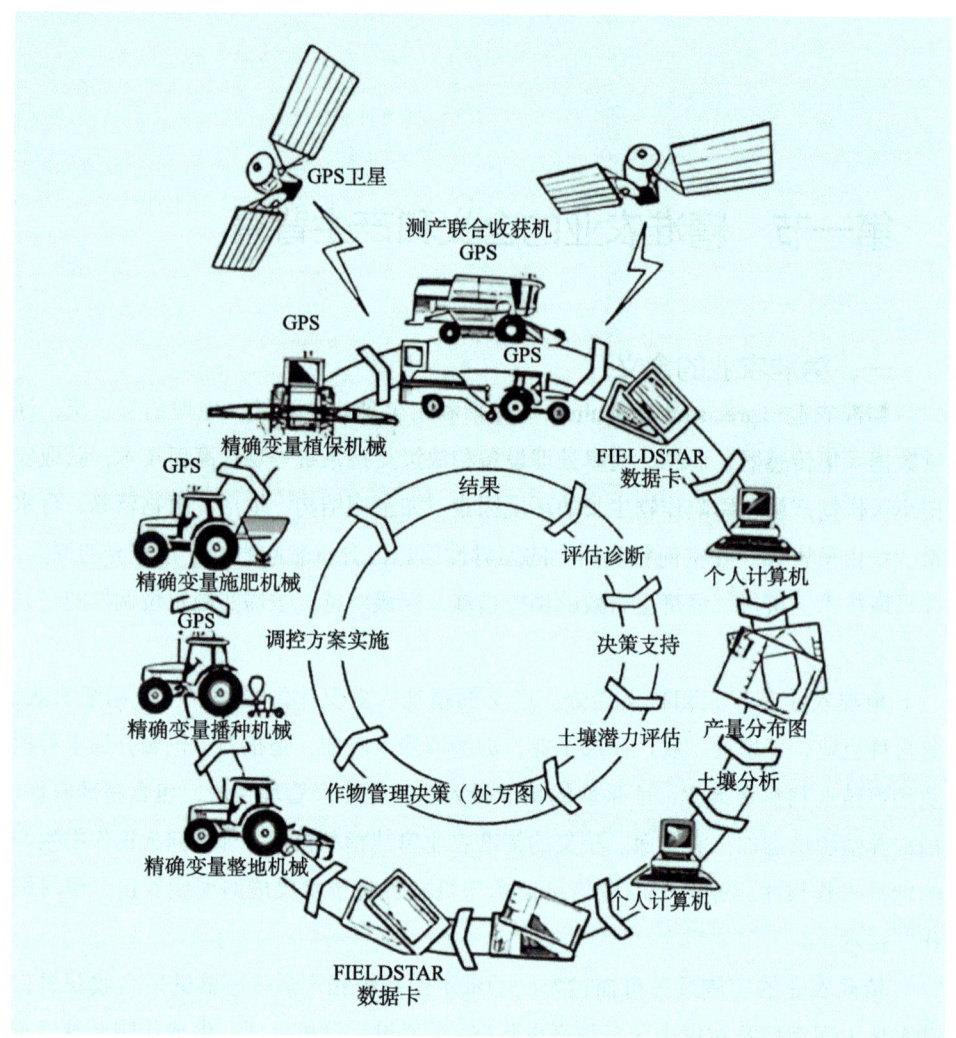

世纪初期，科学家就研究报道过作物产量和田间土壤特性，如 N、P、K、土壤有机质（SOM）含量、pH 等在田间分布具有明显的差异性。1929 年，美国伊利诺伊大学 C. M. Linsley 和 F. C. Bauer 发表文章，建议农户应绘制自己田区内的土壤酸度分布图和按小区需求使用石灰。此后，一直都有关于农田土壤和收获量空间变异性的研究报道。田区内作物产量及其因子明显的时空分布差异性，预示了农田资源利用存在的巨大潜力。

农业作为最古老的产业，在经历了原始农业、传统农业后，从 20 世纪初开始进入工业化农业（石油农业或机械化农业）阶段。1910 年美国开始使用拖拉机，经过约半个世纪，欧美地区便已广泛使用；与此同时，以使用化肥、农药、除草剂、饲料添加剂等化学品为代表的化学革命和以通过推广高产新品种、灌溉为代表的绿色革命完成了发达国家和发展中国家的农业技术革命。各国根据其不同特点，形成了各具特色的机械化农业生产形式，大幅度地提高了农业生产率。但在绿色革命基础上发展起来的机械化集约农业也遇到了许多障碍，如土地压实、水土流失、地下水及地表水污染，农药使用导致严重的公共卫生和环境污染，品种基因单一化危害，农产品品质的下降，再加上能源制约等，这些问题带来的挑战促使科学家试图寻求一种以提高资源利用效率、降低生产成本和减少因过量施用农化产品而带来的环境污染为主攻目标的农业替代模式，于是纷纷开展了精准农作的研究和实践。其思路是利用作物产量及其因子存在的空间差异，根据当时当地测定的作物实际需要确定对作物的投入。

现代农学技术与电子信息技术的发展，使定量获取这些影响作物生长因素及最终产量的空间差异性信息，实施基于知识和现代科技的分布式调控，达到田区内资源潜力的均衡利用和获取尽可能高的经济产量成为可能。

三、精准农业的意义

1. 合理施用化肥，降低生产成本，减少环境污染

精准农业采用因土、因作物、因时全面平衡施肥的方法，彻底扭转传统农业中因经验施肥而造成的三多三少（化肥多，有机肥少；N 肥多，P、K 肥少；三要素肥多，微量元素少），N、P、K 肥比例失调的状况，因此有明显的经济和环境效益。

2. 减少水消耗，节约水资源

传统农业因大水漫灌和沟渠渗漏对灌溉水的利用率只有 40% 左右，精准农业可由作物动态监控技术定时定量供给水分，可通过滴灌微灌等一系列新型灌溉技术，使水的消耗量减少到最低程度，并能获取尽可能高的产量。

3. 节本增效，省工省时，优质高产

精准农业采取精准播种，精准收获技术，并将精准种子工程与精准播种技术有机地结合起来，使农业低耗、优质、高效成为现实。在一般情况下，精准播种比传统播种增产 18%~30%，省工 2~3 个。

4. 农作物的物质营养得到合理供应，保证了农产品的产量和品质

因为精准农业通过采用先进的现代化高新技术，对农作物的生产过程进行动态监测和控制，并根据其结果采取相应的措施，使农作物物质营养得到科学合理供应，从而保证了农产品的产量和品质。

总之，实行精准农业技术可提高资源利用率，降低生产成本，减少环境污染。

第二节 精准农业的技术体系

一、全球卫星导航系统

全球卫星导航系统（global navigation satellite system，GNSS）指能在地球表面或近地空间的任何地点为用户提供全天候的三维坐标和速度以及时间信息的空基无线电导航定位系统。

精准农业作业的关键技术之一是确定作业者或机器的瞬时位置，并将此信息转变成计算机可接受的格式，这就需要利用全球卫星导航系统。其在精准农业上的主要作用体现于两个方面：一是定位功能，主要用于绘制农田边界和产量分布图、农田管理调查、土壤采样等；二是导航功能，主要用于农业机械田间作业和管理的导航，引导农业机械定位变量投入。

近几年来，GNSS产业技术发展迅速，若干大公司迅速涉足农业领域，提供了用于农田测量、定位信息采集和与智能化农业机械配套的差分校正全球卫星定位技术产品。GNSS可用于农田面积和周边测量、引导田间变量信息定位采集、作物产量小区定位计量、变量作业农业机械实施定位处方施肥、播种、喷药、灌溉和提供农业机械田间导航信息等。

二、地理信息系统

地理信息系统（geographic information system，GIS）是以地理空间数据库为基础，在计算机软、硬件的支持下，对有关空间数据按地理坐标或空间位置进行预处理、输入、存储、查询、检索、运算、分析、显示、更新和提供应用研究，以处理各种空间实体及空间关系为主的技术系统。

GIS可比作精准农业的大脑，在精准农业技术体系中主要用于建立农田土壤数据、作物苗情、病虫草害发生发展趋势、作物产量的空间分布等空间信息数据库，进行空间信息的地理统计处理、图形转换与表达等，为分析差异性和实施调控提供处方信息。GIS可嵌入作物生产管理决策支持系统，与作物生产管理与长势预测模拟模型、投入产出分析模拟模型和智能化农业专家系统一起，并在决策者的参与下根据产量的空间差异性，分析原因、做出诊断及提出科学处方，进而在GIS支持下形成田间作物管理处方图，指导科学的精准调控操作。

三、遥感技术

遥感技术（remote sensing，RS）是从远距离感知目标反射或自身辐射的电磁波、可见光、红外线，对目标进行探测和识别的技术。

RS 为精准农业获取农田小区内作物生长环境、生长状况和空间变异信息提供技术支持。近年来，RS 技术在大面积作物产量预测、农情宏观预报等方面作出了重要贡献。由于卫星遥感数据目前尚达不到必要的空间分辨率和提供满足农作需要的实时性，目前还未大量用于作物生产的精细管理。但遥感技术领域积累起来的农田和作物多光谱图像信息处理及成像技术、传感技术和作物生产管理需求密切相关。RS 获得的时间序列图像，可显示出由于农田土壤和作物特性的空间反射光谱变异性，提供农田作物生长的时空变异性信息，在同一季节不同时间采集的图像，可用于确定作物长势和环境条件的变化。

四、农田信息采集技术

快速、有效地采集和描述影响作物生长环境的空间变量信息，是实现精准农业的重要基础。目前农田信息采集技术的研究远远落后于支持精细农作的其他技术发展，已成为国际上众多单位攻关研究的重要课题。已经商品化的产品有土壤含水量快速测量仪、土壤肥力快速分析仪、基于近红外技术通过间接叶面反射光谱特性快速评估农田氮肥肥力水平的仪器、基于电磁场测量土壤电导率用于评价土层深度分布图的仪器等。在实践精准农业方面，开发基于新的物理原理的近似快速信息采集技术与改善空间地理信息处理方法，仍然是精准农作科技工作者面临的艰巨任务。

五、作物生产管理决策支持系统

决策支持系统是辅助决策者通过数据、模型和知识，以人机交互方式进行半结构化或非结构化决策的计算机应用系统。作物生产管理决策支持系统主要包括支持作物生产管理数据资源的数据库；用于提供作物生长过程模拟、投入产出分析与模拟等模型的模型库；支持模型计算的算法库；提供作物生产管理知识和经验的知识库以及提供决策者参与的人机友好接口。在精准农业技术体系中，决策支持系统可以根据农作物的生长情况、环境因素、结合经济分析以及作物生长相关的数据进行决策，并且根据专家知识，对不同的决策给出最优方案，从而指导田间操作。

六、智能化农业机械

目前支持精准农业的主要农机装备包括可以自动生成产量图的作物联合收获机和实施按处方图进行农田投入调控的智能化农业机械，如安装有 DGPS 定位系统及处方图读入装置，可按处方图调节播量和播深的谷物精确变量播种机；可自动选择调控多种化肥配比的自动定位施肥机和自控喷药机；可分别控制喷水量的定位喷灌机等，这些机械均已有商品化产品，并在不断完善中。

第三节 精准农业的发展

一、国外精准农业的发展

1. 概况

精准农业首先始于发达国家。随着发达国家农业生产市场化程度的提高，农业生产中降低成本、提高投入产出率、发展优质高效农业的要求以及环境保护、资源利用、农业可持续发展等方面的要求，迫切呼唤经济效益、社会效益、生态效益同步增长的新型农业的出现。在 20 世纪 80 年代美国提出精准农业的构想，其间微电子技术发展推动的智能化监控技术的发展以及作物生长模拟、栽培管理、测土配方施肥等农业专家系统构成了精准农业早期技术基础。1990 年以后，美国将 GPS（全球定位系统）技术应用到农业生产领域，标志着精准农业技术体系的初步形成，1992 年 4 月在美国召开第一次精准农业学术研讨会，精准农业这一概念逐渐被人们接受。1993—1994 年，美国明尼苏达州农场进行了精准农业技术试验，取得了巨大成功，用 GPS 指导施肥的作物产量比传统平衡施肥作物产量提高约 30%，而且减少了化肥施用总量，经济效益大大提高。精准农业的成功试验，使得其技术思想得到了广泛发展，小麦、玉米、大豆等作物生产管理都开始应用精准农业技术。1995 年美国一些地区的农场开始采用装备了全球卫星定位系统的联合收割机，通过电子传感器和全球定位系统，这些农机在收获季节可以不间断记录下几乎每平方米的产量及其他信息。有些数据可以利用专门的电脑软件由农场的计算机加以处理，农场就可以据此绘制出农场各地块产量分布图，从而剔除一些产量低的作物品种。由于精准农业实行了因土而异、因时而异、因作物而异的耕作方法，它在节约各种农资投入、降低农业生产成本、提高土地收益率和环境保护等方面都明显优于传统农业。

美国非常重视精准农业的实践与发展，国家研究委员会专门立项对有关发展

第三节 精准农业的发展

战略进行研究，通过美国科学院、美国工程院院士组织评估，于1997年发表了"21世纪的精准农业——地理信息技术在农业管理中的应用"研究报告，全面分析了美国农业面临的压力、信息技术为改善作物生产管理决策和改善经济效益提供的巨大潜力，阐明了"精准农业"技术体系研究的发展现状、面临的问题及其支持技术产业化开发研究的机遇。1998年时任美国副总统戈尔提出要建立1米分辨率的"数字地球"的概念，在地理信息学术界引起了广泛的反响，并有力地推动了精准农业的实践与发展。到1998年，在美国主要农业区，采用这项集成技术的农场，包括只采用一项组分技术的农场占农场总数的20%以上。美国是世界上最早提出并实践精准农业的国家，也代表着这一领域最先进的发展水平。美国有200多万个农场，其中8%是年收入在25万美元以上的经营规模较大的农场，精准农业主要应用于这些大农场。据了解，美国目前有60%~70%的大农场采用了精准农业技术。从农业本身看，精准农业主要应用于美国中西部的大豆、小麦、玉米和其他经济作物。

欧洲精准农业的研究和实践略晚于北美地区，但已相当发达。在欧洲，英国最早研究精准农业，英国先进的精准农业技术包括农业资源管理专家系统、面向政府、农户、市场等不同用户的农业资源信息服务系统、空间技术与数据库、信息系统、INTERNET等信息技术的集成与应用、自然灾害的检测技术等。精准农业技术体系的实践与发展，已经引起英国一些国家科技决策部门的高度重视，成为一种高新技术与农业生产结合的产业，且已被广泛承认是发展可持续农业的重要途径。英国一些著名大学相继设立了精准农作研究中心，开设了有关博士、硕士研究生课程。精准农业技术体系已应用于英国许多家庭农场的小麦、燕麦、大麦、大豆、甜菜和马铃薯等作物的生产管理上。德国在提高农业生产技术、改善经营方式、准确适量使用肥料和农药方面进行了大量研究。如POTSDAM-BENNIM农业技术研究所在1993年就提出利用全球定位系统来解决局部土地因多样性、复杂性带来的耕作问题，在生产技术上采用因地制宜的处理方式。农业机械采用GPS定位，自动确定在地块上的相关位置，根据实地情况，准确地确定播种、肥料和农药量。德国应用得比较好的精准农业系统有先进农业系统（Cas Corp.）、田地之星和绿色之星等。法国是欧洲最大的农产品生产和出口国，也是欧洲最大的农机市场，农业生产全部实现了机械化，其机械自动化水平也很高。法国可以利用GPS和GIS测定生产率，用电子化拖拉机与自动喷洒装置组成联合机组进行肥料和农药的播撒和喷洒。

拉美地区，阿根廷在20世纪90年代中期也开始了精准农业的实践。巴西在2013年出台了推广精准农业的政策，并制订相关推广计划，计划的第一阶段已经实施，对有必要使用精准农业的行业区域、农田及技术机构进行划分，为在巴西全面推广精准农业技术做好准备。

以色列是新兴工业化国家实施精准农业的典型代表。其先进的自动化控制技术，成熟的农业微灌、喷灌和滴灌技术，精准化的良种开发技术及精准的水肥合理供给技术，使其在恶劣的自然条件下，创造了世界一流的精准农业生产技术。

智慧农业（smart agriculture/farming）已成为当今世界现代农业发展的大趋势。2014年，日本启动实施"战略创新/创造计划（Cross-Ministerial Strategic Innovation Promotion Program，SIP），并于2015年启动了基于智能机械IT的"下一代农林水产业创造技术"。2017年10月12日，欧洲农业机械工业协会（CEMA）召开峰会，提出在信息化背景下，农业的数字技术革命正在到来，未来欧洲农业发展方向是以现代信息技术与先进农机装备应用为特征的农业4.0；英国国家精准农业研究中心在欧盟第七框架计划（FP7）支持下，正在实施Future Farm智慧农业项目，研发除草机器人来替代使用化学农药。加拿大联邦政府预测与策划组织在其发布的《MetaScan3：新兴技术与相关信息图》报告中指出，土壤与作物感应器（传感器）、家畜识别技术、变速收割控制、农业机器人、机械化农场网络、封闭式生态系统、垂直（工厂化）农业等技术将在未来5~10年进入实际生产阶段，改变传统农业。美国提出智慧农业研究计划，到2020年，美国平均每个农场将拥有50台连接物联网的设备。国际咨询机构研究与市场（Research and Market）预测，到2025年，全球智慧农业市值将达到182.1亿美元，主要包括精准农业、畜禽精准监测、智慧水产养殖、智能化温室、农业机器人等。

2. 发达国家精准农业核心技术

（1）对农机行驶路线的精准控制　主要是卫星导航农机自动驾驶产品，利用卫星导航定位技术和农机自动驾驶技术，精准控制农机的行驶路线，误差在厘米级，保证了农田的起垄、播种、施肥、喷药、灌溉和收割等重复性作业，即使在夜间也能正常作业，大大提升了农田作业效率和效果。由于采用了自动驾驶技术，降低了对驾驶技能的要求，缓解了驾驶员工作疲劳。

（2）对农具的精准控制　主要是农具的变量作业控制产品，如对播种、施肥、喷灌等农具的孔道控制和流量控制。在农业作业实施中，通过长期监测，利用传感器采集农田的土壤墒情、作物长势、病虫害分布、历史产量等信息，结合卫星定位数据进行分析和计算，生成农田状态分布图谱，有针对性地对每一块农田进行精准化作业管理，发掘农田的最大潜力，同时减少农资的投入，在一定程度上降低了对环境的污染。

（3）面向农业组织的综合管理方案　卫星导航农机自动驾驶产品在精准农

业上的应用最为广泛，全球有多个厂商提供农机自动驾驶产品，包括 Novariant、Trimble、Hemisphere、Topcon、Leica 等。农机自动驾驶产品的组成可分为两部分：卫星导航定位设备和自动驾驶控制设备，针对不同应用需求，产品的组合方式也多种多样。卫星导航定位设备采用载波相位测量技术，有效提高了卫星定位精度，保证了农田作业的年重复精度。用户可根据不同的作业精度要求，选择合适的卫星导航定位设备。

自动驾驶控制设备的功能是保证作业的农机按照规划的路径行驶，根据作业的要求，可以要求农机沿直线行驶、圆周行驶、特定曲线行驶、智能障碍避让行驶，以及在有效地块内自动规划路径行驶。自动驾驶控制设备根据农机当前的位置和姿态，结合导航规划路径分析和计算行驶轨迹误差，通过控制农机转向系统，及时修正农机的航向。自动驾驶控制设备对农机的控制方式可分为机械式控制、液压式控制和 CAN（controller area network）总线控制三种，每种控制方式各有特点，适用于不同的农机车型和应用场景。

3. 发达国家精准农业发展带来的启示

（1）政府引导是关键　发达国家政府非常重视精准农业的发展，在政策制定、资金投入、基础建设等方面发挥了引领、统筹作用。政策制定方面，纷纷出台支持农业发展的战略计划，美国建立了完善的农业政策法规体系及由农业部牵头、所属各级农业部门协同参与的信息采集、审核、发布体系，2021—2027 年的欧盟共同农业政策重点关注支持数字农业、精准农业的发展。资金投入方面，美国自 20 世纪 90 年代以来，每年拨款 15 亿美元用于农业数据网络建设、数据的采集与发布等；日本自 2015 年启动基于智能农机和信息技术的"农林水产业创造技术"研究计划以来，累计投入近 500 亿日元用于农业可视化、智慧农业专题等的研究及农业集约化生产的激励；欧盟提供 3 000 万欧元以改变农业农村地区宽带滞后、设备老化等问题，推动农业数字化、精细化发展。基础建设方面，日本、以色列等由政府主导，在全国范围内组织开展农业工程建设，有力改善了农业生产条件。

（2）信息化建设是基础　美国经历 20 世纪 90 年代的"信息高速公路"计划，在农业领域已建成世界上最大的信息网络，连接美国农业部、州农业署、高校、企业及农场主。日本在经过土地规整后，着力推进信息平台建设，也建成了以国家为主体的农业信息系统，集数据采集、互联共享、挖掘、服务于一体，并健全相关制度，在对数据进行分类管理的基础上，明确共享主体、有偿使用权责、数据交易等规定；欧盟成立了物联网创新联盟，旨在对农业基础设施进行数字化升级。

（3）科技支撑是核心　美国从事作物模型、物联网、智能控制、机器人等农业科技研发与服务的公司就有上百家，在多项技术集成、精准变量作业控制方面领先。基于标准总线接口，自动驾驶系统可以根据需要配置精准变量施肥、喷药的控制系统，实现基于智能导航的变量作业。21 世纪 30 年代，美国围绕系统认知分析、精准动态感知、数据科学等领域不断创新农业技术。日本、德国突破了带有导航的平地控制及其配套作业装备、基于电子控制的精量播种等技术，研发了用于智能平地、精量播种的设备。日本的"农林水产业创造技术"研究计划、"农业创新研究战略"，欧盟的"农业生产力与可持续的欧洲创新伙伴关系计划"，重点研究对地观测、通信、共享规则等国际前沿和竞争性科技问题。以色列的海水淡化、污水处理、滴灌精量控制等技术处于世界领先地位。这些先进技术的进步推动了精准农业的发展。

（4）新型农民培育是保障　美国及法国、德国等欧盟成员国的农业经营者多是经过准入制度考核，有资格证书且定期参加培训学习的职业农民。美国的职业农民培育体系由学历教育和技能培训构成，公立大学、农学院为主的高校和社区大学等机构共同承担农民教育任务，采用课堂理论知识和田间动手实践相结合的方式培育新型职业农民。对职业农民的教育分为初、中、高三等，构建了相应的考核与认证机制。欧盟的"青年农场主"等人才战略聚焦于涉农高素质专业人才的培育，通过职业教育、大学课堂、培训等方式拓宽新型农民的知识水平，增强他们的实践操作、经营管理等技能。日本定期给予涉农培训学校补贴，以不断完善培训机制和农业人才培训系统。以色列的高中教育中开设了农业课程，普及国民的农业知识教育。政府每年会根据各地农业和农民实际情况，开设免费的短期农业科技培训班，除讲授最新的科技知识外，还重点解决农民生产过程中遇到的实际问题。

目前，除少数国家外，精准农业在全球尚未大规模部署，主要原因是其关键技术开发尚未在实用价值上产生突破，信息采集技术存在瓶颈以及费用昂贵等。但目前国际上对精准农业技术的发展潜力及应用前景已形成广泛共识，将其作为发展农业高新技术应用的重要内容和可持续农业发展的重要途径。

二、国内精准农业的发展

我国政府高度重视精准农业的发展。1999 年国家发展和改革委员会支持北京、2001 年农业部支持黑龙江农垦总局开展以技术引进为主的精准农业应用示范工程，科技部从"十五"开始（2001 年），首次在 863 计划中开始支持研究机构进行精准农业技术自主创新研究。2003 年 3 月 24 日，科技部在北京组织召开了"中国数字农业与农村信息化发展战略研讨会"，来自中国科学院、中国农业科学院、中国农业机械化科学研究院、中国农业大学、国家农业信息化工程技术研究中心等有关单位的专家学者，共同探讨了我国精准农业的发展战略。2003 年 8 月，科技部启

第三节 精准农业的发展

动实施了国家 863 计划"数字农业技术研究与示范"重大专项，旨在构建自主知识产权的精准农业技术体系。进入"十一五"后，科技部加大了对精准农业的支持力度，在 863 计划中以"精准农业技术与智能装备"重大专项的形式给予重点支持，在制定的"国家中长期科学和技术发展规划纲要（2006—2020 年）"中，明确把农业精准作业与信息化作为农业科技发展的优先主题。《中华人民共和国国民经济和社会发展第十三个五年规划纲要》第二十章中指出，要"加强农业与信息技术融合，发展智慧农业"；2016 年 8 月，《"十三五"国家科技创新规划》提出了发展智慧农业的明确任务；《全国农业现代化规划（2016—2020 年）》提出实施"智慧农业引领工程"；2018 年 2 月，《中共中央 国务院关于实施乡村振兴战略的意见》中明确提出，"大力发展数字农业，实施智慧农业林业水利工程，推进物联网试验示范和遥感技术应用"；2018 年 6 月 27 日，国务院常务会议指出，"要加快现代信息技术在农业中广泛应用、实施'互联网+'农产品出村工程并鼓励社会力量运用互联网发展各种亲农惠农新业态、新模式，满足'三农'发展多样化需求"；2018 年 12 月 12 日，国务院常务会议再次指出，要"推进'互联网+农机作业'，促进智慧农业发展"。国家层面连续发布的多个政策表明，发展智慧农业已成为重要国家战略之一。我国"十四五"规划提出要发展智慧农业，目标是用电脑强化人脑、用机器替代人力、用自主替代进口，实现生产智能化、作业精准化、管理数字化和服务网络化。

截至目前，中国科学院、中国农业科学院、中国农业大学、北京市农林科学院、上海市农业科学院、上海市气象局等单位都对精准农业展开了研究，已在北京、河北、山东、上海、新疆等地建立了多个精确农业试验示范区。黑龙江作为我国农业发达地区，率先开始了农业信息化建设，已经在多个农场建立了精准农业试验示范区。基于 GPS 的农机精准控制产品在黑龙江垦区得到了广泛应用，并取得了良好的效果。我国已有了自己的精准农业专门研究机构，即以中国工程院院士汪懋华为学科带头人的中国农业大学精细农业研究中心，该中心已在国际国内多种期刊和重大农业会议上发表了数篇论文，有力地推动了我国精细农业理论研究的发展。

国家农业信息化工程技术研究中心赵春江院士带领团队经过近 20 年的潜心研究，创新了 4 项精准农业自主核心技术。一是建立了天空地一体化的作物氮素快速信息获取技术，可实现省域、县域、农场、田块不同空间尺度和作物不同生育时期时间尺度的作物氮素营养监测；二是开发了农机北斗自动导航与测控技术，打破了国外垄断，提高了农机作业质量和效率，保证了国家农业生产安全；三是开发了精准施肥、精准施药控制技术，实现了"合适地点投入合适量"的农艺要求，大大提高了肥药利用率；四是研制了典型作业环节的精准监测系统，其农机深松作业监测系统解决了作业面积和质量人工核查难的问题，为国家补贴发放提供依据，在全国21个省市推广应用3万套，市场占比35%；研制出农业航空施药监测系统，解决了作业监管、面积计量、质量评估的问题。精准农业研究成果在全国100多个大农场及规模产区累计应用1.2亿亩，占全国大农场面积的20%。

总之，在技术水平、经营管理和经济效益等方面，我国的精准农业与发达国家相比仍存在很大差距，而且面临技术支持不足、信息收集系统不全、专家系统不完善、精准程度不高、应用条件不成熟等状况。特别是在高精度农业机械精密控制系统产品方面，长期依赖进口产品，严重制约了我国精准农业的发展。此外，制约我国精准农业发展的其他主要因素还包括：第一，地形条件复杂，农业机械化和集约化水平不高；第二，农业基础设施建设滞后，农业劳动力素质普遍不高；第三，信息技术和装备对农业支撑不够；第四，精准农业设备成本过高，现阶段经济效益不明显。虽然我国的精准农业发展存在诸多困难，但农机精准控制涉及的相关技术基本成熟，其中如RTK（实时动态测量）技术、数据无线传输技术、导航路径规划技术、液压控制技术在相关行业中已广泛应用。

三、精准农业发展前景

精准农业是现代农学技术和电子信息技术结合的产物，它所提供的技术思想和思维方式，使人们对作物生产管理和农业资源利用的观念与模式将发生深刻的变革，它将预示着一场新的农业技术革命。精准农业被列为21世纪对人类生产和生活产生重大影响的十大科技之一，发展前景已在国际上具有广泛的共识。

中国是人口大国，人口增长和土地资源减少的矛盾突出，必须保持农业的可持续发展，解决问题的根本出路在于增效、挖潜。因此，实施精准农作就显得尤为必要。

我国农业正处于传统农业向现代农业转化的历史进程中，全面实施精准农业这一新的技术体系还不现实，但启动精准农业技术的示范与实践研究，将有利于推动我国作物生产的知识化与信息化进程。另外在作物栽培的局部环节引进精准农作技术思想，进行精准化管理，也具有非常重要的意义。

虽然我国农业集约化程度较低，但近年来新的农业经营主体蓬勃涌现，土地流转面积持续增加，农机应用数量快速增长，从中可以看出我国农业机械化、信息化的紧迫形势和发展趋势，可以预见，我国精准农业应用市场潜力巨大。

高精度导航定位技术、自动驾驶技术、机械控制等方面的技术日益成熟，为卫星导航设备在大型农机控制上推广应用创造了基础条件和巨大的应用市场，使我国精准农业的发展拥有非常广阔的前景。

复习思考题

1. 精准农业的含义和意义是什么？
2. 精准农业的支撑技术主要有哪些？
3. 试述精准农业的发展前景。

参考文献

1. 杨武德. 精确农业概论 [M]. 北京：中国农业出版社，2016.
2. 陈媛媛，游炯，幸泽峰，等. 世界主要国家精准农业发展概况及对中国的发展建议 [J]. 农业工程学报，2021，11（37）：315-324.

数字课程学习

教学课件　　教学视频　　图库　　自测题

第二章

全球卫星导航系统及其应用

全球卫星导航系统（GNSS）是一种基于卫星定位与导航技术的全球导航系统。它由一组卫星、地面监控站和用户接收设备组成，不仅能够提供高精度的位置定位服务，还可以在陆地、海洋和空中等各种环境中实现精确导航，以及提供精准的标准时间。随着现代科技的发展，GNSS 已经广泛应用于许多领域，如测量测绘、交通运输、航空航天和农业等。本章将详细介绍 GNSS 系统的组成、发展历程、工作原理及在农业领域的应用等内容。

第一节　全球卫星导航系统的组成与发展

一、全球卫星导航系统概述

全球卫星导航系统（global navigation satellite system，GNSS），是能在地球表面或近地空间的任何地点为用户提供全天候的三维坐标和速度以及时间信息的空基无线电导航定位系统。它泛指全球的、区域的和增强的卫星导航系统。目前全球卫星导航系统国际委员会公布的全球四大卫星导航系统供应商，包括美国的全球定位系统（global positioning system，GPS）、俄罗斯的格洛纳斯卫星导航系统（global navigation satellite system，GLONASS）、欧盟的伽利略卫星导航系统（Galileo navigation satellite system，Galileo）和中国的北斗卫星导航系统（BeiDou navigation satellite system，BDS）。区域卫星导航系统包括印度导航星座（NavIC）和日本准天顶卫星系统（quasi-zenith satellite system，QZSS）。增强系统有美国的广域增强系统（wide Area augmentation system，WAAS）、欧洲的静地导航重叠系统（European geostationary navigation overlay service，EGNOS）和日本的多功能运输卫星增强系统（multi-functional satellite augmentation system，MSAS）等。

美国的 GPS 是世界上第一个成熟、可供民用的全球卫星导航定位系统，在全球范围内得到了广泛应用。GPS 具有如下特点：①全球全天候作业。GPS 卫星的数目较多且分布均匀，保证了地球上任何地方任何时间至少可以同时观测到 4 颗 GPS 卫星，可在一天 24 h 内的任何时间进行观测，不受天气状况的影响。②高精度三维定位、测速及授时。GPS 能连续提供三维位置、三维速度和精确的时间信息。测速的精度可达 0.1 m/s，测时的精度可达几十毫微秒。③观测时间短。随着 GPS 系统的不断完善，软件的不断更新，20 km 以内相对静态定位，仅需 15~20 min；快速静态相对定位测量时，当每个流动站与基准站相距在 15 km 以内时，流动站观测时间只需 1~2 min；采取实时动态定位模式时，每站观测仅需几秒钟。④测站间无须通视。GPS 测量只要求测站上空开阔，不要求测站之间互相通视，因而不再需要建造坐标。这一优点既可大大减少测量工作的经费和时间（一般造标费用占总经费的 30%~50%），同时也使选点工作变得非常灵活，可省去经典测量中的传算点、过渡点的测量工作。⑤仪器操作简便。随着 GPS 接收机的不断改进，GPS 测量的自动化程度越来越高。在观测中测量员只需安置仪器，连接电缆线，量取天线高，监视仪器的工作状态，而其他观测工作，如卫星的捕获、跟踪观测和记录等均由仪器自动完成。结束测量时，仅需关闭电源，收好接收机，便完成了野外数据采集任务。⑥可提供全球统一的三维地心坐标。GPS 测量可同时精确测定测站平面位置和大地高程。目前 GPS 水准可满足四等水准测量的精度，另外，GPS 定位是在全球统一的 WGS-84 坐标系统中计算的，因此全球不同地点的测量结果是相互关联的。⑦抗干扰能力强，保密性能好。GPS 采用伪随机噪声码技术，具有良好的抗干扰能力和保密性能。

二、全球卫星导航系统的组成

基于四星测量体制的卫星导航系统包括空间段、地面段和用户段 3 个组成部分。以美国的 GPS 为例，包括空间星座部分、地面监控部分和用户接收部分（图 2-1）。

（一）空间星座部分

1. GPS 卫星星座的构成

全球定位系统的空间卫星星座由 24 颗卫星组成，其中包括 3 颗备用卫星（图 2-2）。卫星分布在 6 个轨道面内，每个轨道面上分布 4 颗卫星。卫星轨道面相对地球赤道面的倾角约为 55°，各轨道平面升交点的赤经相差 60°。在相邻轨道上，卫星的升交距角相差 30°。轨道平均高度约为 20 200 km，卫星运行周期为 11 h 58 min。因此，同一观测站上，每天出现的卫星分布图形相同，只是每天提前约

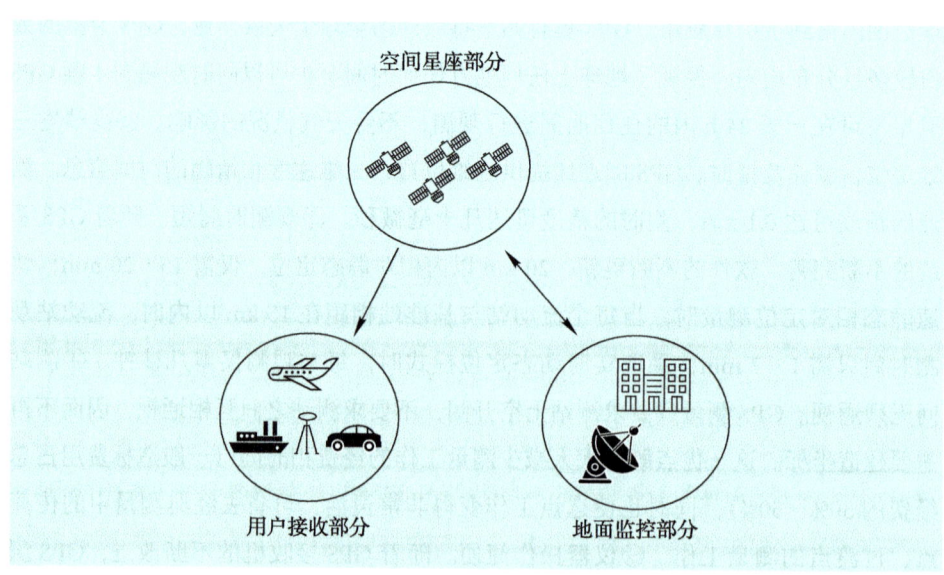

图 2-1 全球定位系统组成示意图

4 min。每颗卫星每天约有 5 h 在地平线以上，同时位于地平线以上的卫星数目，随时间和地点而异，最少为 4 颗，最多可达 11 颗。

GPS 卫星在空间的上述配置，保障了在地球上任何地点、任何时刻均至少可以同时观测到 4 颗卫星，加之卫星信号的传播和接收不受天气的影响，因此 GPS 是一种全球性、全天候的连续实时定位系统。不过，GPS 卫星的上述分布，使得在个别地区仍可能在某一段时间内（例如数分钟）只能观测到 4 颗图形结构较差的卫星，因而无法达到必要的定位精度。

空间部分的 3 颗备用卫星可在必要时根据指令代替发生故障的卫星，这对于保障 GPS 空间部分正常而高效地工作极其重要。

图 2-2 GPS 卫星组网示意图

2. GPS 卫星及其功能

GPS 卫星的主体呈圆柱形，直径约为 1.5 m，重约 774 kg（包括 310 kg 燃料），两侧设有两块双叶太阳能板，能自动对日定向，以保证卫星正常工作的用电（图 2-3）。每颗卫星装有 4 台高精度原子钟（2 台铷钟和 2 台铯钟），这是卫星的核心设备。它将发射标准频率，为 GPS 测量提供高精度的时间标准。GPS 卫星的基本功能是：接收和储存由地面监控站发来的导航信息，接收并执行监控站的控制指令；进行部分必要的数据处理工作；通过星载的高精度铷钟和铯钟提供精密的时间标准；向用户发送导航与定位信息；在地面监控站的指令下，通过推进器调整卫星的姿态和启用备用卫星。

图 2-3 GPS 卫星

GPS 卫星信号是 GPS 卫星向广大用户发送的用于导航定位的调制波，它包含有载波、测距码和导航电文。其中导航电文提供卫星星历、大气层改正参数、卫星工作状态信息等。测距码信号包括 C/A 码（粗码）和 P 码（精码，军用码）。载波信号分为 L1（C/A 码、P 码和导航电文）和 L2（P 码和导航电文）。

（二）地面监控部分

GPS 的地面监控部分，目前主要由分布在全球的 5 个地面站所组成，其中包括卫星监测站、主控站和注入站。

1. 监测站

现有 5 个地面站均具有监测站的功能。监测站是在主控站直接控制下的数据自动采集中心。站内设有双频 GPS 接收机、高精度原子钟、计算机各一台，以及若干台环境数据传感器。接收机对 GPS 卫星进行连续观测，以采集数据和监测卫星的工作状况。原子钟提供时间标准，而环境传感器收集有关当地的气象数据。所有观测资料由计算机进行初步处理并存储和传送到主控站，以确定卫星的精密轨道。

2. 主控站

主控站现有一个，设在美国科罗拉多。主控站除协调和管理所有地面监控系统的工作外，其主要任务是根据本站和其他监测站所有观测资料推算编制各卫星的星历、卫星钟差和大气层的修正参数等，并把这些数据传送到注入站；提供全球定位系统的时间基准。各监测站和 GPS 原子钟均应与主控站的原子钟同步或测出其间的钟差，并把这些钟差信息编入导航电文送到注入站；调整偏离轨道的卫星，使之沿预定的轨道远行；启用备用卫星以代替失效的工作卫星。

3. 注入站

注入站现有 3 个，分别设在印度洋的迭哥加西亚、南大西洋的阿松森岛和南太平洋的卡瓦加兰。注入站的主要设备包括两台直径为 3.6 m 的天线、一台 C 波段发射机和一台计算机。其主要任务是在主控站的控制下，将主控站推算和编制的卫星星历、钟差、导航电文和其他控制指令等，注入相应卫星的存储系统，并监测注入信息的正确性。

整个 GPS 的地面监控部分，除主控站外均无人值守。各站间用现代化的通信网络联系起来，在原子钟和计算机的驱动和精确控制下，各项工作实现了高度的自动化和标准化。

（三）用户接收部分

用户接收部分主要由以无线电传感和计算机技术为支撑的 GPS 卫星接收机和 GPS 数据处理软件构成。全球定位系统的空间星座部分和地面监控部分是用户广泛应用该系统进行导航和定位的基础，而用户只有通过用户设备，才能实现应用 GPS 导航和定位的目的。用户设备的主要任务是接收 GPS 卫星发射的信号，以获得必要的导航和定位信息及观测量，并经数据处理后完成导航和定位工作。用户设备主要由 GPS 接收机硬件和数据处理软件，以及微处理机及其终端设备组成，而 GPS 接收机的硬件，一般包括天线单元和接收单元。天线单元的主要作用是：当 GPS 卫星从地平线上升起时，能捕获、跟踪卫星，接收放大 GPS 信号。接收单元的主要作用是：记录 GPS 信号并对信号进行解调和滤波处理，还原出 GPS 卫星发送的导航电文，求解信号在站星间的传播时间和载波相位差，实时地获得导航定位数据或采用测后处理的方式，获得定位、测速、定时等数据。GPS 接收机产品众多，且产品的更新很快。这些产品可以按照接收机的用途、性能和接收的卫星信号频率等来分类。

1. 按接收机的用途分类

导航型接收机：用于确定船舶、车辆和飞机的实时位置和速度，使载体按预定的路线航行，一般采用测码伪距，或实时差分 GPS（RTDGPS）定位，精度较低。

授时型接收机：主要利用 GPS 卫星提供的高精度时间标准进行授时，常用于天文台及无线电通信中时间同步。

测地型接收机：主要用于精密大地测量和精密工程测量。一般采用载波相位进行相对定位，精度较高。仪器结构复杂，价格较贵。根据使用用途和精度，又分为静态（单频）接收机和动态（双频）接收机即 RTK。

2. 按性能分类

X 型接收机：这是高动态应用的接收机，适用于高速飞行的运输工具，例如飞机、导弹和飞船。

Y 型接收机：这是中动态应用的接收机。主要用于速度较慢的运动目标，例如低于 400 km/h 的民用飞机。

Z 型接收机：这是低动态应用的接收机。主要用于地面车辆、徒步或定点的定位。

3. 按接收的卫星信号频率分类

单频接收机（L1）：只能接收经调制的 L1 信号，由于不能有效消除电离层延迟影响，单频接收机只适用于短基线（<15 km）的精密定位。

双频接收机（L1+L2）：同时接收 L1 和 L2 信号，可以消除或减弱电离层折射对观测量的影响，定位精度较高。

此外，按照接收机通道数分类可分为时序接收机、多路复用接收机和多通道接收机。按照工作原理可分为码相关型接收机、平方型接收机、混合型接收机和干涉型接收机。

目前，在 GPS 技术开发和实际应用方面，国际上较为知名的生产厂商有美国 Trimble（天宝）导航公司、瑞士 Leica Geosystems（徕卡测量系统）、日本 TOPCON（拓普康）公司、美国 Magellan（麦哲伦）公司（原泰雷兹导航），国内有中海达、上海华测导航、南方测绘等。

三、全球卫星导航系统的发展

（一）美国的全球定位系统

全球定位系统是美国从 20 世纪 70 年代开始研制，历时 20 余年，耗资 300 亿美元，于 1994 年全面建成，具有在海、陆、空进行全方位实时三维导航与定位能力的新一代卫星导航与定位系统。它的全称为"导航卫星授时和测距全球定位系统"（global positioning system），简称为 GPS。其含义是利用导航卫星进行测时和测距，构成全球定位系统。GPS 起初是美国国防部为军事目的而建立起来的，旨在彻底解决海上、空中和陆地运输的导航和定位问题。

GPS 的前身是 1958 年美国军方研制的一种子午仪（Transit）卫星定位系统，

1964 年正式投入使用，该系统用 5~6 颗卫星组成的星网工作，每天最多绕过地球 13 圈，并且无法给出高度信息，在定位精度方面也不尽如人意。然而，子午仪卫星定位系统使得研发部门对卫星定位有了初步的经验，并验证了由卫星系统进行定位的可行性，这就为 GPS 的研制做了铺垫。由于卫星定位显示出在导航方面的巨大优越性以及子午仪系统存在对潜艇和舰船导航方面的巨大缺陷，美国陆、海、空三军及民用部门都感到迫切需要一种新的卫星导航系统。

20 世纪 70 年代，陆、海、空三军联合研制新一代 GPS。经过 20 余年的研究实验，到 1994 年，全球覆盖率高达 98% 的 24 颗 GPS 卫星星座布设完成。后来为加强和升级 GPS 星座，美国陆续发射了 GPS ⅡR、GPS ⅡRM、GPS ⅡF。2016 年，第 12 颗也是最后一颗 GPS ⅡF 导航卫星发射完成。

美国当前正在部署第三代 GPS（GPS Ⅲ）计划。GPS Ⅲ选用全新的优化设计方案，放弃现有的 24 颗中轨道卫星，采用全新的 33 颗高轨道加静止轨道卫星组网。第三代 GPS 导航卫星由美国洛克希德·马丁公司研制，由 SpaceX 公司负责发射。相比于早期 GPS 卫星，据称第三代 GPS 卫星拥有 3 倍的精确度、8 倍的抗干扰能力。新增一种 L 波段民用信号，可与欧洲伽利略等其他导航卫星网络兼容。2018 年底，第一颗 GPS Ⅲ卫星发射升空。2023 年 1 月，第 6 颗 GPS Ⅲ卫星被送入轨道。美国空军计划在 2038 年前完成 32 颗第三代 GPS 卫星发射任务。

（二）俄罗斯的格洛纳斯系统

为了摆脱美国的控制，一些国家和地区也在发展自己的卫星导航与定位系统。GLONASS 是苏联在 1976 年启动的项目，1982 年 10 月开始发射导航卫星，至 1995 年 12 月 14 日共发射了 73 颗卫星，于 1996 年初投入运行使用。但由于卫星寿命过短，加之俄罗斯经济状况欠佳，无法及时补充新卫星，故该系统一度不能维持正常工作。为了尽快恢复在卫星导航领域的话语权，俄罗斯政府于 2002 年启动了一项名为"全球导航系统（2002~2011 年）"的联邦计划。该计划的目标是全面恢复与促进包括空间段、控制段及用户段在内的，所有涉及 GLONASS 的软硬件的发展。到 2011 年 12 月，GLONASS 再次拥有了 24 颗在轨运行的导航卫星，满足了覆盖全球、可以为用户提供全天服务的 GNSS。GLONASS 也正式交付给俄罗斯国防部进行试运行。

GLONASS 定位原理与 GPS 相似，系统由卫星星座、地面监测控制站和用户设备三部分组成。按照设计，GLONASS 卫星星座由中轨道的 24 颗卫星组成，包括 21 颗工作星和 3 颗备用星，均匀分布在 3 个圆形轨道上（图 2-4），这三个轨道平面两两相隔 120°，每个轨道面有 8 颗卫星，同平面内的卫星之间相隔 45°，轨道高度 1.91 万 km，运行周期 11 h 15 min，轨道倾角 64.8°。地面支持系统由系统控制

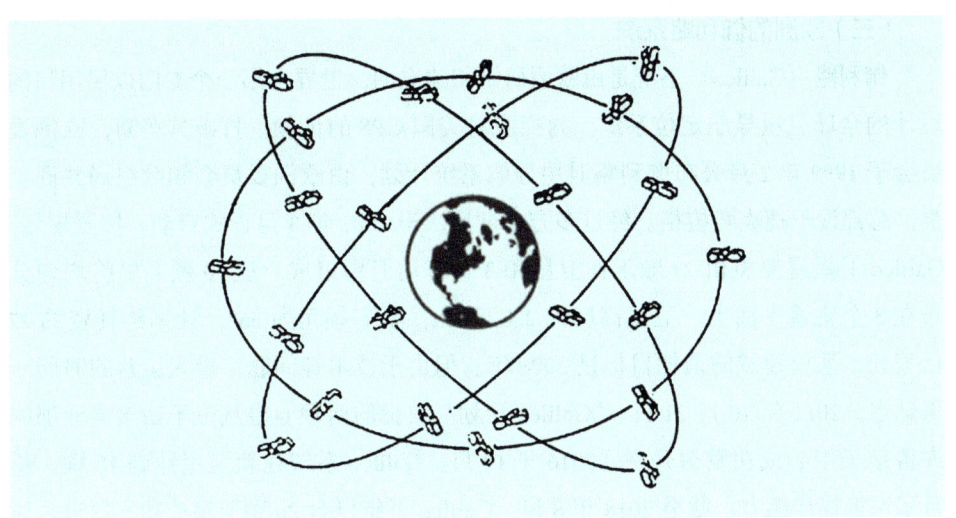

图 2-4 GLONASS 卫星星座

中心、中央同步器、遥测遥控站（含激光跟踪站）和外场导航控制设备组成。系统控制中心和中央同步处理器位于莫斯科，遥测遥控站位于圣彼得堡、捷尔诺波尔、埃尼谢斯克和共青城。GLONASS 用户设备采用被动式测距原理，即在做距离测量时，用户天线只接收来自导航卫星的导航定位信号，而测得用户天线至导航卫星的距离。用它所测得的站星距离和已知的卫星在轨位置，就可以算得用户天线的三维坐标。GLONASS 系统绝对定位精度水平方向为 16 m，垂直方向为 25 m。俄罗斯对 GLONASS 系统采用了军民合用、不加密的开放政策。和 GPS 系统不同，格洛纳斯系统使用频分多址（FDMA）的方式，每颗格洛纳斯卫星广播两种信号，即 L1 和 L2 信号。与 GPS 相比，GLONASS 虽然在定位精度、隐蔽性等方面处于下风，但其抗干扰性明显强于其他系统。由于 GLONASS 的卫星靠频率不同来区分，更注重对高纬度地区的覆盖，因此能有效防止整个卫星导航系统被对手干扰。

俄罗斯航天局计划在 2019 年至 2033 年，发射 46 颗 GLONASS 卫星，包括 4 颗 "GLONASS-M" 型卫星、9 颗 "GLONASS-K" 型卫星和 33 颗 "GLONASS-K2" 型卫星。截至 2021 年，GLONASS 卫星星座包括 27 颗卫星，其中 "GLONASS-M" 24 颗、"GLONASS-K" 3 颗。"GLONASS-K" 和 "GLONASS-K2" 卫星可传输更多导航信号，设计寿命最长 10 年，比 "格洛纳斯-M" 卫星长。据俄罗斯卫星通讯社报道，GLONASS 系统的定位精度将在 2030 年后提高到 10 cm。

2022 年，俄罗斯和中国签订了在对方境内部署 "格洛纳斯" 全球导航卫星系统和北斗系统地面站的协议。根据协议，"格洛纳斯" 和北斗系统将分别在中俄设置地面站。3 个俄罗斯测量站将建在中国长春、乌鲁木齐和上海，3 个中国测量站将建在奥布宁斯克、伊尔库茨克和堪察加彼得罗巴甫洛夫斯克。

(三)欧洲的伽利略系统

伽利略(Galileo)系统是由欧盟研制和建立的,世界上第一个专门以民用目的设计的全球卫星导航定位系统。为摆脱对美国GPS的依赖,打破其垄断,欧洲委员会于1999年2月公布伽利略卫星导航系统计划,由欧洲委员会和欧空局共同负责,总部设于捷克布拉格。经过多方论证后,于2002年3月正式启动。按照规划,Galileo卫星星座将由27颗工作卫星和3颗备用卫星组成,这30颗卫星将均匀分布在3个轨道平面上,卫星高度约2.4万km,轨道倾角为56°,计划将耗资约27亿美元,系统建成的最初目标是2008年。但由于技术等问题,投入运营的时间一再延迟。2011年10月21日,"Galileo计划"首批的两颗卫星从位于法属圭亚那的库鲁航天中心成功发射升空。2016年12月,Galileo系统在轨卫星达到18颗,具备了早期操作能力,截至2018年8月,Galileo系统已有26颗卫星成功发射进入轨道,标志其基本达到全面运行能力。全部30颗卫星(调整为24颗工作卫星,6颗备用卫星)计划于2020年发射完毕,届时将向全球提供定位精度在1~2m的免费服务和1m以内的付费服务。

Galileo系统的基本服务有导航、定位、授时;特殊服务有搜索与救援(SAR功能);扩展应用服务系统有在飞机导航和着陆系统中的应用、铁路安全运行调度、海上运输系统、陆地车队运输调度、精准农业等。Galileo系统的卫星安装有转发器,可实现事故地点发出的求救信号和救援协调中心发出的反馈信号双向传送,是全球卫星搜救系统的一个重要升级。与美国的GPS系统相比较,建成后的Galileo系统除了具有定位精度更高、工作更稳定可靠、用途更广泛等优点,还兼具独立性和兼容性,具有完好性广播、服务保证、民用控制、局域增强等特性,在未来的卫星导航产业中将具有更大的发展空间。

Galileo计划是一个多国参与的项目,以色列、乌克兰、印度、摩洛哥、韩国、挪威、瑞士等国先后与欧盟签署了合作协议,加入该计划,并向其提供资金和技术支持。早在2003年9月,Galileo计划的项目主管就积极邀请中国加入,在短期内获得了2.3亿欧元的中方投资,使该计划的财政状况得到极大缓解。然而,由于欧盟委员会的安全与技术独立性政策,中国实际上被Galileo计划排除在外,中国之前的投资也没有得到回报。2006年12月,中国退出了Galileo计划,开始独立自主开发自己的全球定位系统——北斗卫星导航系统。

(四)中国的北斗卫星导航系统

北斗卫星导航系统(BDS)是中国自行研制的全球卫星导航系统,也是继GPS、GLONASS之后的第三个成熟的卫星导航系统。中国自20世纪80年代开始探索适合国情的卫星导航系统发展道路,形成了"三步走"发展战略:2000年年底,建成北斗一号系统，向中国提供服务；2012 年年底，建成北斗二号系统，向亚太地区提供服务；2020 年，建成北斗三号系统，向全球提供服务。

北斗一号系统建设工程于 1994 年启动。2000 年，我国自行研制的两颗北斗导航试验卫星分别从西昌卫星发射中心升空并准确进入预定的地球同步轨道，另一颗备用卫星于 2003 年也被送入预定轨道，北斗一号系统建成并投入使用，为中国用户提供定位、授时、广域差分和短报文通信服务。与 GPS 系统不同，北斗一号系统采用主动式有源定位，所有用户终端位置的计算都是在地面控制中心站完成（图 2-5）。其空间部分包括两颗地球同步轨道卫星（GEO），卫星上带有信号转发装置，完成地面控制中心站和用户终端之间的双向无线电信号的中继任务。定位精度 20～100 m，双向定时精度 20 ns，单项定时精度 100 ns。由于采用主动定位方式，用户隐蔽性差，同时对高程定位精度较低，无法满足三维定位需要。

为了实质性提高我国卫星导航定位系统的性能，我国从 2007 年开始正式建设北斗二号。2012 年 12 月 27 日起，正式向中国及周边地区提供连续的无源导航、定位和授时服务，标志着第二步走的战略完成。

2009 年，北斗三号工程正式启动建设。同 GPS 一样，BDS 也由空间星座、地面控制中心系统和用户终端三大部分构成。BDS 由 5 颗静止轨道卫星和 30 颗非静止轨道卫星组成，提供开放和授权服务。开放服务在服务区免费提供定位、测速和授时服务，定位精度为 10 m，授时精度为 50 ns，测速精度为 0.2 m/s。授权服务主要为军事用途，将向授权用户提供更安全与更高精度的定位、测速和授时服务，外加继承自北斗试验系统的通信服务功能。2017 年 11 月，北斗三号卫星首次发射，

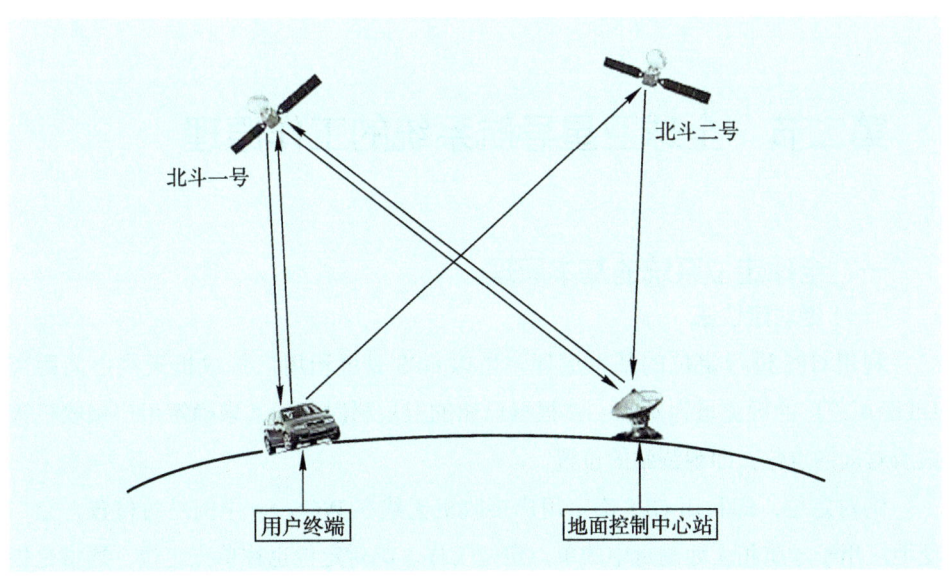

图 2-5　北斗一号卫星导航系统组成图

随后进入了超高密度发射。2020年6月23日，我国在西昌卫星发射中心用长征三号乙运载火箭，成功发射北斗系统第五十五颗导航卫星，暨北斗三号最后一颗全球组网卫星，至此北斗三号全球卫星导航系统星座部署比原计划提前半年全面完成。2020年7月31日，北斗全球卫星导航系统（即北斗三号）正式开通服务，标志着我国已建成具有完全自主可控能力的时空基准设施。

北斗系统提供服务以来，已在交通运输、农林渔业、水文监测、气象测报、通信授时、电力调度、救灾减灾和公共安全等领域得到广泛应用，服务国家重要基础设施，产生了显著的经济效益和社会效益。基于北斗系统的导航服务已被电子商务、移动智能终端制造、位置服务等厂商采用，广泛进入中国大众消费、共享经济和民生领域，应用的新模式、新业态、新经济不断涌现，深刻改变着人们的生产生活方式。2022年12月，中国卫星导航系统管理办公室发布消息，截至2022年11月，北斗卫星在民用导航的日均使用量已超2 100亿次。数据显示，导航平均每次定位调用的卫星数量中，北斗卫星最多，较排名第二的GPS多出30%，已超越GPS全面主导国内导航应用定位。

为持续提升服务性能、满足用户更加专业和多元的需求，各主要卫星导航国家正着手开展新一代系统建设和新一轮竞技。美国计划2022年发射NTS-3卫星，开展导航新技术在轨试验，保持其在卫星导航系统创新的最前沿并且提供未来场景所需的先进能力；俄罗斯计划2030年建成以GLONASS-KM为主体的卫星星座；欧盟计划2025~2035年完成第2代Galileo系统建设；中国也正在积极论证下一代北斗系统，计划2035年前构建以北斗系统为核心的"更加泛在、更加融合、更加智能"的国家综合定位导航授时体系。

第二节　全球卫星导航系统的工作原理

一、全球定位系统的基本原理

（一）绝对定位法

利用GPS进行定位的基本原理，是以GPS卫星和用户接收机天线之间距离（或距离差）的观测量为基础，并根据已知的卫星瞬时坐标，来确定用户接收机天线所对应的点位，即观测站的位置。

绝对定位，即利用GPS确定用户接收机天线在WGS-84中的绝对位置，它广泛地应用于导航和大地测量中的单点定位工作。绝对定位也称单点定位，通常是指在协议地球坐标系中,直接确定观测站相对于坐标系原点(地球质心)绝对坐标的一种定位方法。绝对定位与相对定位在观测方式、数据处理、定位精度以及应用范围等方面均有原则性的区别。

GPS 绝对定位方法的实质,即是空间距离后方交会。为此,在 1 个观测站上,原则上有 3 个独立的距离观测量便够了,这时观测站应位于以 3 颗卫星为球心,相应距离为半径的球与地面交线的交点(图 2-6)。假设 t 时刻在地面待测点上安置 GPS 接收机,可以测定 GPS 信号到达接收机的时间 Δt,再加上接收机所接收到的卫星星历等其他数据可以确定以下四个方程式(图 2-7):

图 2-7 中四个方程式中待测点坐标 x、y、z 和 Vt_i 为未知参数,其中 $d_i = c\Delta t_i$($i = 1、2、3、4$),d_i($i = 1、2、3、4$)分别为卫星 1、卫星 2、卫星 3、卫星 4 到接收机之间的距离;Δt_i($i = 1、2、3、4$)分别为卫星 1、卫星 2、卫星 3、卫星 4 的信号到达接收机所经历的时间;c 为 GPS 信号的传播速度(即光速);x、y、z 为待测点坐标的空间直角坐标;x_i、y_i、z_i($i = 1、2、3、4$)分别为卫星 1、卫星 2、卫星 3、卫星 4 在 t 时刻的空间直角坐标,可由卫星导航电文求得。Vt_i($i = 1、2、3、4$)分别为卫星 1、卫星 2、卫星 3、卫星 4 的卫星钟的钟差,由卫星星历提供。Vt_o 为接收机的钟差。由以上四个方程即可解算出待测点的坐标 x、y、z 和接收机的钟差 Vt_o。

但是,由于 GPS 采用了单程测距原理,同时卫星钟与用户接收机钟难以保持严格同步,所以实际观测的测站至卫星之间的距离,均含有卫星钟和接收机钟同步差的影响(故习惯上称之为伪距)。关于卫星钟差我们可以应用导航电文中所给出

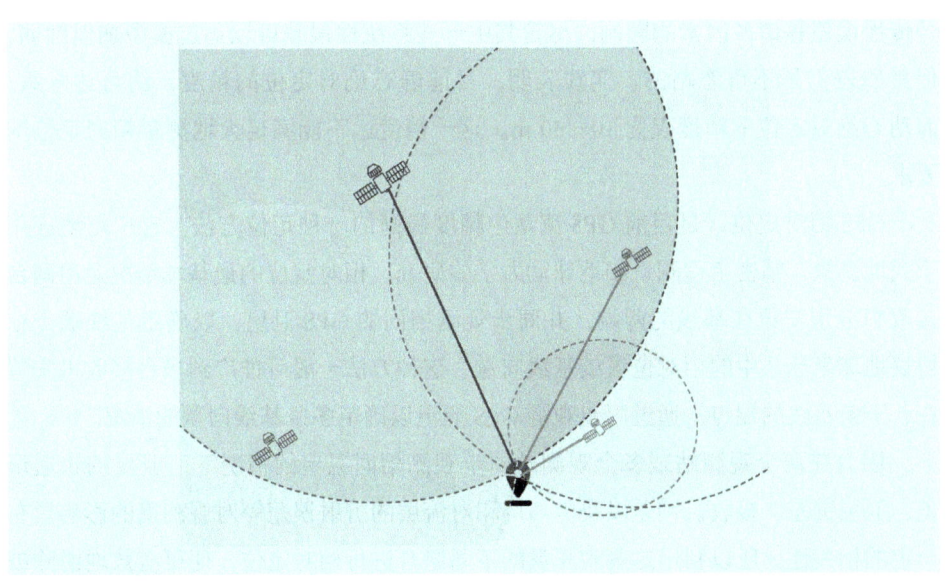

图 2-6 GPS 测距交会示意图

图 2-7 GPS 单点定位原理

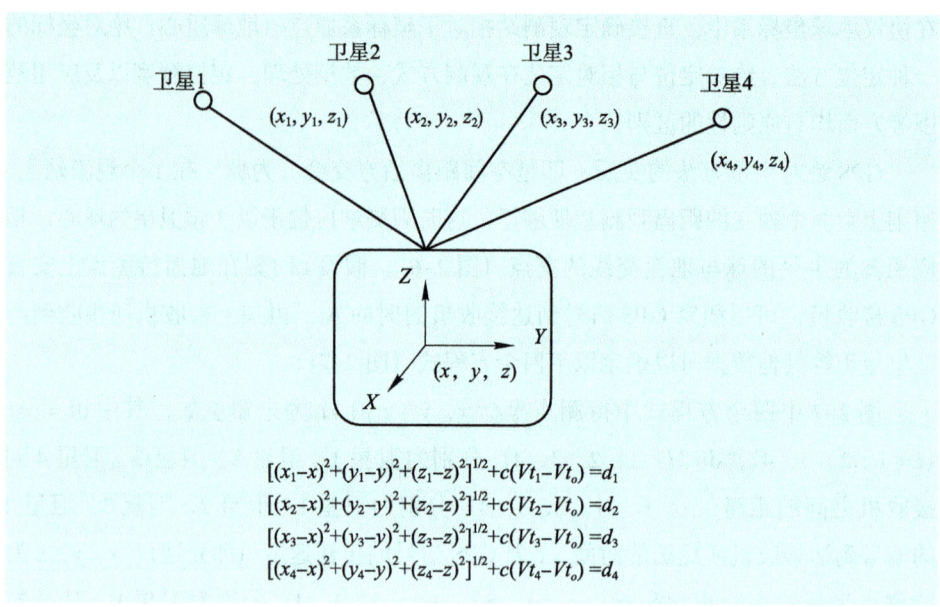

的有关钟差参数加以修正,而接收机的钟差一般难以预先准确地确定,所以通常均把它作为一个未知参数,与观测站的坐标在数据处理中一并求解。因此,在 1 个观测站上为了实时求解 4 个未知参数(3 个点位坐标分量和 1 个钟差系数),便至少需要 4 个同步伪距观测值。也就是说,至少必须同时观测 4 颗卫星。绝对定位所依据的观测量都是所测卫星至观测站的伪距,该定位方法通常也称为伪距法。

(二) 相对定位法

利用 GPS 进行绝对定位时,其定位精度受到卫星轨道误差、钟同步误差及信号传播误差等诸多因素的影响,尽管其中一些系统性误差可以通过模型加以削弱,但其残差仍是不可忽略的。实践表明,目前静态绝对定位的精度,约可达米级,而动态绝对定位的精度仅为 10～30 m。这一精度远不能满足大地测量精密定位的要求。

GPS 相对定位,是目前 GPS 测量中精度最高的一种定位方法,它广泛地应用于大地测量、精密工程测量和地球动力学的研究。相对定位的最基本情况是用两台接收机分别安置在基线的两端,并同步观测相同的 GPS 卫星,以确定基线端点在协议地球坐标系中的相对位置或基线向量。这种方法一般可推广到多台接收机安置在若干条基线的端点,通过同步观测 GPS 卫星以确定多条基线向量的情况。

因为在两个观测站或多个观测站同步观测相同卫星的情况下,卫星的轨道误差、卫星钟差、接收机钟差以及电离层和对流层的折射误差等对观测量的影响具有一定的相关性,所以利用这些观测量的不同组合进行相对定位,便可有效地消除或减弱上述误差的影响，从而提高相对定位的精度。

二、差分全球定位系统的产生和工作原理

（一）GPS 定位的误差来源

在 GPS 卫星定位测量中，影响观测量精度的主要误差来源一般可分为三类：与卫星有关的误差、与信号传播有关的误差和与接收设备有关的误差。

1. 与卫星有关的误差

（1）卫星星历误差　卫星星历误差是指卫星星历给出的卫星空间位置与卫星实际位置间的偏差。由于卫星空间位置是由地面监控系统根据卫星测轨结果计算求得的，所以又称为卫星轨道误差。它是一种起始数据误差，其大小取决于卫星跟踪站的数量及空间分布、观测值的数量及精度、轨道计算时所用的轨道模型及定轨软件的完善程度等。星历误差是 GPS 测量的重要误差来源。

（2）卫星钟差　卫星钟差是指 GPS 卫星时钟与 GPS 标准时间的差别。为了保证时钟的精度，GPS 卫星均采用高精度的原子钟，但它们与 GPS 标准时之间的偏差和漂移总量仍在 $1 \sim 0.1$ ms 以内，由此引起的等效误差将达到 $300 \sim 30$ km。这是一个系统误差，必须加以修正。

（3）SA 误差　SA 误差是美国军方为了限制非特许用户利用 GPS 进行高精度点定位而采用的降低系统精度的政策，简称 SA 政策，它包括降低广播星历精度的 ε 技术和在卫星基本频率上附加一随机抖动的 δ 技术。实施 SA 技术后，SA 误差已经成为影响 GPS 定位误差的最主要因素。虽然美国在 2000 年 5 月 1 日取消了 SA，但是必要时，美国可能恢复采用类似的干扰技术。SA 技术的主要内容：一是在广播星历中有意地加入误差，使定位中的已知点（卫星）的位置精度大为降低；二是有意地在卫星钟的中频信号中加入误差，使钟的频率产生快慢变化，导致测距精度大为降低。

（4）相对论效应的影响　这是由于卫星钟和接收机钟所处的状态（运动速度和重力位）不同引起的卫星钟和接收机钟之间的相对误差。

2. 与信号传播有关的误差

（1）电离层折射　在地球上空距地面 $50 \sim 100$ km 的电离层中，气体分子受到太阳等天体各种射线辐射产生强烈电离，形成大量的自由电子和正离子。当 GPS 信号通过电离层时，与其他电磁波一样，信号的路径要发生弯曲，传播速度也会发生变化，从而使测量的距离发生偏差，这种影响称为电离层折射。对于电离层折射可用 3 种方法来减弱其影响：①利用双频观测值，利用不同频率的观测值组合来对电离层的延迟进行改正；②利用电离层模型加以改正；③利用同步观测值求差，这

种方法对于短基线的效果尤为明显。

（2）对流层折射　对流层的高度为 40 km 以下的大气底层，其大气密度比电离层更大，大气状态也更复杂。对流层与地面接触并从地面得到辐射热能，其温度随高度的增加而降低。GPS 信号通过对流层时，也使传播的路径发生弯曲，从而使测量距离产生偏差，这种现象称为对流层折射。减弱对流层折射的影响主要有 3 种措施：①采用对流层模型加以改正，其气象参数在测站直接测定；②引入描述对流层影响的附加待估参数，在数据处理中一并求得；③利用同步观测量求差。

（3）多路径效应　测站周围的反射物所反射的卫星信号（反射波）进入接收机天线，将和直接来自卫星的信号（直接波）产生干涉，从而使观测值偏离，产生所谓的多路径误差。这种由于多路径的信号传播所引起的干涉时延效应被称作多路径效应。减弱多路径误差的方法主要有：①选择合适的站址。测站不宜选择在山坡、山谷和盆地中，应离开高层建筑物。②选择较好的接收机天线，在天线中设置径板，抑制极化特性不同的反射信号。

3. 与接收设备有关的误差

（1）接收机钟差　GPS 接收机一般采用高精度的石英钟，接收机的钟面时与 GPS 标准时之间的差异称为接收机钟差。把每个观测时刻的接收机钟差当作一个独立的未知数，并认为各观测时刻的接收机钟差间是相关的，在数据处理中与观测站的位置参数一并求解，可减弱接收机钟差的影响。

（2）接收机的位置误差　接收机天线相位中心相对测站标石中心位置的偏差称为接收机位置误差。它包括天线的整平和对中误差以及天线高的量测误差。若天线高为 1.6 m，整平误差为 0.1°，则会产生 3 min 的对中误差。因此，在精密定位中，必须认真操作，尽量减少这种误差的影响。在 GPS 变形监测中，应采用有强制对中装置的观测墩。

（3）天线相位中心位置偏差　GPS 测量是以接收机天线的相位中心位置为准的，天线的相位中心与其几何中心在理论上应保持一致。然而，天线的相位中心实际上是随着信号输入的强度和方向不同而变化的，这种偏差称为天线相位中心位置偏差。这种偏差的影响可达数毫米至数厘米，所以如何减少相位中心位置偏差是天线设计中的一个重要问题。

（二）差分全球定位系统的工作原理

为了减少上述误差对观测精度的影响，多采用差分定位技术。

差分全球定位系统（differential global positioning system，简称 DGPS）就是在一个测站对两个目标进行观测值求差；或在两个测站对一个目标进行观测，将观测值求差；或在一个测站对一个目标的两次观测量之间进行求差。差分的目的是消除公共误差，提高定位精度。根据 DGPS 基准站发送的信息方式可将 DGPS 定位分为三类，即位置差分、伪距差分和载波相位差分。这三类差分方式的工作原理是相同的（图 2-8），即都是由基准站发送改正数，由用户站接收并对其测量结果进行改正，以获得精确的定位结果。所不同的是，发送改正数的具体内容不一样，其差分定位精度也不同。

1. 位置差分原理

这是一种最简单的差分方法，任何一种 GPS 接收机均可改装和组成这种差分系统。安装在基准站上的 GPS 接收机观测 4 颗卫星后便可进行三维定位，解算出基准站的坐标。由于存在着轨道误差、卫星钟差、人为选择可用误差、大气影响、多路径效应以及其他误差，解算出的坐标与基准站的已知坐标是不一样的，存在误差。基准站利用数据链将此改正数发送出去，由用户站接收，并且对其解算的用户站坐标进行改正。最后得到的改正后的用户坐标已消除了基准站和用户站的共同误差，提高了定位精度。以上先决条件是基准站和用户站观测同一组卫星的情况，这种方式不需要传输载波相位观测值，只需要传输坐标数据，因此数据传输量小，但精度相对较低，一般只适用于短距离（如几十千米）的差分定位。

2. 伪距差分原理

伪距差分是目前用途最广的一种技术。几乎所有的商用 DGPS 接收机均采用这种技术。国际海事无线电委员会推荐的 RTCM SC-104 也采用了这种技术。在基准站上的接收机要求得到它至可见卫星的距离，并将此计算出的距离与含有误差的

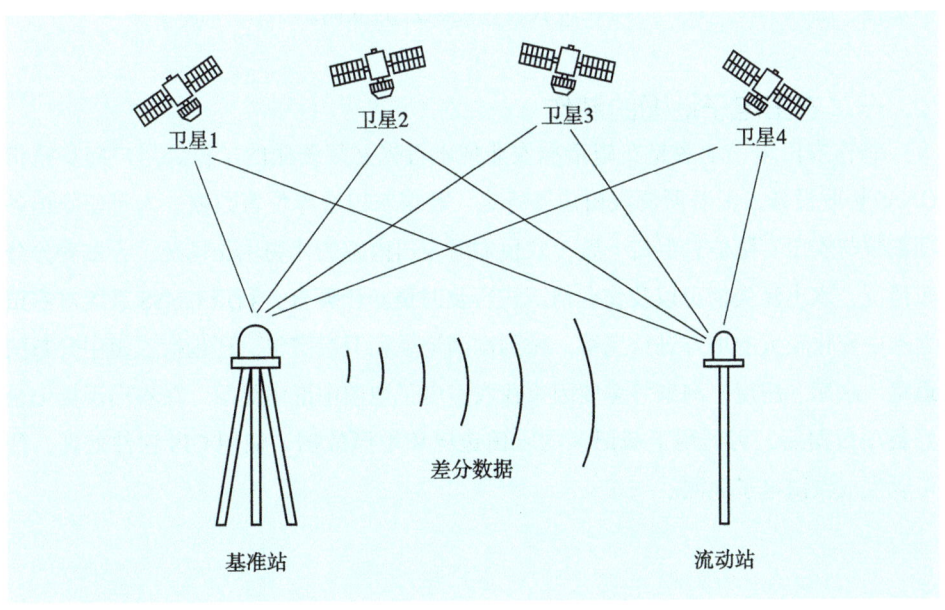

图 2-8 DGPS 原理示意图

测量值加以比较。利用一个 α-β 滤波器将此差值滤波并求出其偏差。然后将所有卫星的测距误差传输给用户，用户利用此测距误差来改正测量的伪距。最后，用户利用改正后的伪距来解出本身的位置，就可消去公共误差，提高定位精度。这种方式适用于中长距离的差分定位。

3. 载波相位差分原理

载波相位差分技术又称为 RTK 技术（real time kinematic），是建立在实时处理两个测站的载波相位基础上的。它能实时提供观测点的三维坐标，并达到厘米级的高精度。与伪距差分原理相同，由基准站通过数据链实时将其载波观测量及站坐标信息一同传送给用户站。用户站接收 GPS 卫星的载波相位与来自基准站的载波相位，并组成相位差分观测值进行实时处理，能实时给出厘米级的定位结果。实现载波相位 DGPS 的方法分为两类：修正法和差分法。前者与伪距差分相同，基准站将载波相位修正量发送给用户站，以改正其载波相位，然后求解坐标。后者将基准站采集的载波相位发送给用户台进行求差解算坐标。前者为准 RTK 技术，后者为真正的 RTK 技术。

第三节　全球卫星导航系统的农业应用

GNSS 系统在精准农业实施过程中非常重要，它一方面将农田各种信息给予精确定位，输入 GIS，另一方面也是农机作业轨迹的依据。

一、农田电子地图的制作

制作农田电子地图是实施精准农业技术首先必须要做的工作。用户随身携带 GNSS 接收设备，沿着所测农田边界行走，获得农田边界位置数据。为了使农田各项参数与农田实际信息保持一致，农民需对农田内部的作物生长情况、土壤养分分布情况、水土流失情况以及作业情况进行及时更新和调查。利用 GNSS 系统对农田地形中变化较大的地方进行完善，做到准确记录和卫星定位，还包括农田中分布的道路、水库、房屋、沟渠等重要因素在农田电子地图中准确显示。在农田现场记录好各项数据后，再利用下载记录的农田边界和地形数据，使用 GIS 软件处理，便可以生成农田电子地图。

二、农情分布调查

（一）土壤养分分布

土壤采样是目前获取田间状态信息的主要手段，是土壤养分分布研究和变量施肥决策的前提。只有获得了足够的农田状态信息，才有可能实现因地制宜和按需施肥。按一定的要求在农田中采集土壤样品，同时利用差分GPS技术，精确定位每个样品点，然后结合所取样品的土壤养分含量和该调查样区的地形图，运用GIS技术可绘制出样区土壤养分含量分布图，为合理布局作物生产提供科学依据。在生长期间，也可利用GNSS定位采集一定数量的土壤及作物样品进行分析，结合RS与GIS技术，可以绘制出作物不同时期的土壤状况的系列分布图，为适时调控田间养分与精确管理提供科学数据。

（二）病虫害分布

过去病虫害的调查多是通过各地调查人员进行逐级上报汇总完成。由于病虫害的发生具有时间短、传染快的特点，调查不及时很容易造成病虫害的大面积流行。信息采集人员通过带有GNSS信息的采集仪器（如无人机），将这些病虫害发生区域的有关信息，通过网络发送到政府决策部门，经处理后可绘制出病虫害发生的区域分布和蔓延趋势图，能确保数据的实时性、准确性，从而提高病虫害防治能力。

三、农机作业导航

（一）无人自动驾驶技术

通过导航系统实现农业机械自动化驾驶和作业，利用北斗天线的定位和控制箱实现对行驶、转向和其他功能的远程控制，并采用远程监控的方式辅助进行，不需要驾驶员现场操作农机。农机自动驾驶系统主要由差分定位系统和农机自动驾驶控制系统组成。使用RTK技术的差分基准站通过电台向外发射差分信号，接收到差分数据和卫星导航信号的自动驾驶控制系统将数据进行计算后，得到航向、位置、速度等信息，驱动农机按照已设定好的行走路线行驶，实现高精度的自动导航。安装在农业机械上的摄像头采集实时数据并以标准信号实时传输，保证远程监控的技术人员能及时了解现场作业情况，并在田间存在特殊问题时及时做出相应的控制和调整。基于北斗卫星导航技术的无人自动驾驶技术可广泛应用于耕地、播种、除草、植保等农田重复性工作，不受天气、夜晚视距等不利因素影响，降低了人工操作强度，提高了作业精度和生产效率。

(二)变量作业管理

1. 变量播种

土壤类型、养分、墒情和地形在田间的分布存在差异,为了达到整块农田出苗整齐、茁壮生长的目的,需要在行进间根据播种处方图随时调整下种量和播种深度。播种机的位置信息由卫星接收机获取后,被传输至移动处理器,处理器读取播种处方图信息,通过液压系统控制播种机的下种量和播种深度,实现行进间变量播种作业。目前,新疆生产建设兵团、黑龙江大型农场的很多拖拉机上都安装了 GNSS 自动驾驶导航设备,确保播量精准、播深一致,不仅大幅提高了播种质量和工作效率,实现了节本增效,而且大大减轻了驾驶操作人员的劳动强度。黑龙江农垦北大荒股份新华分公司通过卫星导航引导整地作业,避免了发生重复耕作或漏耕现象,耕作误差在 2.5 cm 左右。

2. 变量施肥

精准农业变量施肥技术中的定位信息采集与处方农作实施,第一步,需要利用 GPS 定位得到耕地边界的电子地图,对耕作地块进行操作单元划分和网格编码与命名。建立该耕作地块的土壤养分信息数据库,与施肥专家系统结合,进行施肥决策。第二步,将存有耕作地块编码和施肥决策数据导入变量施肥机的控制系统中,当施肥机在田间进行施肥作业时,由施肥机上的 GNSS 接收机接收来自卫星的定位信息。根据 GNSS 的位置信号,判断施肥机所在的操作单元,由此调用施肥决策信息去触发和控制施肥机的排肥轴转速,以达到根据位置及其相应土壤条件进行自动变量施肥的目的。

黑龙江省红星农场于 2012 年利用移动式 GPS 定位设备对二区五组 5-2 号地进行田间定位采样,经过土壤化验及数据整理,得出各个采样点的养分含量。根据各采样点坐标、养分含量以及阈值,利用计算机软件得出土壤养分分布图。根据农业生产施肥指导意见制定实际施肥量,结合各点的坐标生成变量配肥施肥处方图。红星农场与中国农业机械化科学研究院合作,在国产沃尔播种机的基础上,共同研发变量施肥播种机。在播种机的车载计算机上装载作业区域的数字地图和作业处方图。通过安装在播种机上的质量信号采集装置获得种箱、肥箱的质量信息,通过霍尔传感器获得播种机的行走速度,并送入车载计算机;车载计算机通过 GPS 系统获得播种机所在位置的实时坐标,将质量、速度及坐标与作业处方图比较,得到播种机所在位置处按处方图的播种量和施肥量数据信息,并传输到排种轴控制电机及排肥轴控制电机,实现变量播种和变量施肥。经过一个生产周期的试验,将变量施肥与常规施肥种植参数相比对得出,精准农业测土配方施肥,磷酸二铵和硫酸钾的总体施肥量稍高于常规施肥量,但尿素的施用量基本节省一半。大豆种植中精准农业种植较常规农业种植增产 2.33%，增效 196 元 /hm²；玉米种植中精准农业种植较常规农业种植增产 9.32%，增效 1 311 元 /hm²。

3. 精准灌溉

精准灌溉既能满足作物生长过程中对灌水时间、灌水量、灌水位置、灌水成分的精确要求，又能按照田间的每个操作单元的具体条件，精细准确地调整农业用水管理措施，最大限度地提高水的利用效率和利用率。在田间运用 GPS 土地参数采样器采集植物生长的环境参数，如土壤湿度、地温等，再通过中心控制基站利用专家系统进行植物分析，调控植物生长环境，精准调控节水灌溉系统。在新疆棉花精准种植试验区分别对棉花灌溉使用人工灌溉和精准灌溉，2002 年对比后看出在相同棉花品种、种植密度情况下，不同的灌溉方式、不同灌次与灌量，按照精准灌溉指标体系指导下的试验地子棉产量明显高于人工灌溉实验地，不仅产量提高 21%，而且灌水总量也节省约 17%，节能与增产效益都非常明显。

4. 变量喷药

实施精准变量喷药作业要求以最少的农药投入量实现农田内作物和杂草的生态平衡，并使对环境的污染达到最小。基于 GPS 和 GIS 的变量喷药控制系统由实时差分全球定位系统、基于 GIS 的变量喷药控制系统软件、变量喷药自动控制系统和相关传感器等组成。变量喷药过程中两次用到 GPS 定位：第一次是对田间病虫草害地理位置的确定，制作变量喷药处方图；第二次是进行变量喷药时，由 GPS 测出喷药机械田间地理位置，根据变量喷药处方图，读取与田间地理位置相对应的病虫草害信息，发送喷雾指令，GPS 通过 RS-232 串行接口将定位信息传给驾驶室内的控制器进行变量控制。

目前北京市农林科学院已研制出光谱识别杂草农药喷洒机。它利用国产中小型拖拉机通过三点悬挂机构进行牵引，除草机通过传感器识别杂草，喷洒控制系统则控制喷药系统实时地打开电磁阀完成化学农药的喷洒，实现两者的同步。喷洒作业完成后，利用机具携带的清水可以对喷洒管路及喷雾器件进行清洗。

在大尺度上，通过 GPS 系统连接高质量视频摄像系统拍摄分析图像，可以收集原始数据，监测大田作物，得出田间病虫草害分布大小位置，而且可以通过逐次拍摄确认害虫的迁飞路线、种群数量和危害程度，以及病虫草害的发展方向和流行趋势。如要对大面积农田集中进行喷药，则可选择装有 DGPS 的飞机。DGPS 航空导航系统可以引导飞行员从机场直接前往作业区，在已设计的航线和高度飞行喷洒药物，当飞行员加满药物再次返回作业区时，系统还能让飞机到达上次药物喷洒停止时的准确地点，以便确保既无重复喷洒又无遗漏区域。安徽省宣州区林业工作站通过航空录像技术，用手持式 GPS 地面定位变色树木，做到准确、快速定位感病的松树，起到及时监控松材线虫病的作用。

（三）深松监管系统

为响应我国智能农机改造的号召，目前已经有很多农村地区在深松机上加装了 GPS 模块定位和传感器等自动监测装置。农机管理部门可以随时查看深松的作业情况，将收集到的实时数据与最终审核的深松机实际作业面积对比，一方面改善了质检员连续奔波在各个项目村监测深松作业效率不高的情况，另一方面有效防止了虚报深松作业面积和欺骗农民的现象发生，切实保护了农民的利益。在深松机上安装 GPS，可以实时观测到机械的运行路线，并可以通过传感器监测到作业深度，实现了对农机深松作业轨迹、作业深度、作业时间等参数的实时准确监测。由于人工测量会出现较大的误差，对于作业面积和作业深度都不能精准测量，最终汇总的数据也不准确。而安装有 GPS 装置的深松机可以精准检测作业面积、作业深度和作业时间，并将所有数据汇总到总监管系统，为当地农机部门实施深松作业验收提供了基础数据和科学依据，提高了深松质量的同时保证了数据的准确性。

四、农田产量监测

在作物收获的时候，联合收割机安装了 GNSS 接收机和产量传感器。利用 DGPS 技术，获得农田小区内不同地块的作物产量分布，将这些数据输入计算机，生成产量分布图。然后将影响作物生产的各项因素数据输入计算机，通过与产量数据对比，确定产量分布不均匀的原因，并制订相应的措施，生成田间投入处方图，最后生成相应农业机械的智能控制软件，根据按需投入的原则实施分布式投入，包括控制耕整机械、播种机械、施肥机械、植保机械等实施变量投入。在次年收获时，再按上述过程，分析农田小区总产量是否提高，小区内作物产量差异是否减小，然后制订新的田间投入处方图。

产量监控器由谷物流量传感器、地面速度传感器、谷物湿度传感器、计算机系统、数据存储设备和卫星接收机等部件组成。在收获大多数谷物时，传感器置于收割机内谷物流经的地方，测量谷物的流速和湿度，根据收割谷物时收割机实时的具体位置进行数据转换，用流速除以收割面积即可得出单位面积产量。在这个过程中，GPS 接收机是产量监控器必不可少的组件之一，在农田产量监测中发挥了关键作用。1996 年，北美约 19% 的 300 hm^2 以上的规模化农场已经利用 GPS，有 2 000 台联合收割机安装了产量传感器。

GPS 在获取空间信息方面有着其他技术不可比拟的优势，与遥感技术（RS）、地理信息系统（GIS）结合使用，在农业中的应用前景将极为广阔。基于"3S"技术的精准农业与传统农业相比，最大特点就是以高新技术和科学管理换取对自然资源的最大节省，是农业实现低耗、高效、优质、环保的重要途径，是世界农业发展的新趋势，也是我国 21 世纪农业的最佳选择。在今后一段较长时间内，GPS 与 GIS、RS 结合应用，仍将是 GPS 在农业生产实践中应用的发展趋势，也必将带来更大的经济效益和社会效益。

复习思考题

1. GNSS 包括哪些系统？
2. GPS 系统的特点和系统组成有哪些？
3. GPS 接收机如何分类？
4. GPS 单点定位的原理是什么？
5. DGPS 定位的原理是什么？根据 DGPS 基准站发送的信息方式可将 DGPS 定位分为哪三类？
6. GPS 误差来源有哪些？
7. 导航定位系统在农业上有哪些应用？

参考文献

1. 陈彩蓉. GPS 技术及其在农业中的应用 [J]. 农业装备技术，2008，34（6）：14-16.
2. 陈学庚，郝哲. 北斗导航技术在现代农业中的应用 [J]. 中国测绘，2020（1）：9-13.
3. 褚金有. GPS 在红星农场精准农业中的应用研究 [J]. 农垦农机化，2016（9）：122-123.
4. 何勇，赵春江，刘飞. 精细农业 [M]. 4 版. 杭州：浙江大学出版社，2023.
5. 胡伟，于春生，付明刚，等. 北斗导航在精准农业上的应用研究进展 [J]. 科技通报，2022，38（11）：1-4，8.
6. 李军. 农业信息技术 [M]. 2 版. 北京：科学出版社，2010.
7. 谢军，郑晋军，张弓，等. 卫星导航系统发展现状与未来趋势 [J]. 前瞻科技，2022，1（1）：94-111.
8. 徐绍铨，张华海，杨志强，等. GPS 测量原理及应用 [M]. 3 版. 武汉：武汉大学出版社，2017.
9. 郑巍，黄盛杰，陈智. 北斗卫星导航系统在农业领域上的发展现状分析 [J]. 农业装备技术，2020，46（4）：4-6.

数字课程学习

教学课件　　教学视频　　图库　　自测题

第三章
遥感及其应用

　　遥感技术可高效采集地面数据，具有观测宏观、成本低、数据多源等优点，自诞生以来就在农业等领域广泛应用，是精准农业的技术基础之一，在农作物种植结构提取、长势监测、病虫害探测等方面发挥着重要作用。本章共分为三节，介绍遥感技术的主要理论、方法及在精准农业中的应用实例，其中第一节遥感技术概述，第二节遥感系统的组成与发展，第三节智慧农作与遥感技术。

第一节 遥感技术概述

一、遥感的含义

遥感一词来源于英语"Remote Sensing"。从字面上理解是遥远的感知，泛指一切无接触的对目标或自然现象远距离的感知。现代意义上的遥感是指应用现代光学、电子学探测仪器，不与探测目标相接触，从远处把目标的电磁波特性记录下来，通过数据分析，揭示出目标的特征、性质及其变化规律的综合性探测技术。

（一）遥感的物理基础

遥感技术是建立在物体电磁波辐射理论基础上的。不同物体具有各自的电磁波反射或辐射特性，其自身状态的变化也会影响其电磁波或辐射特性（如土壤含水量增加，土壤的反射率就会下降），因此构成了远距离探测和研究远距离目标的物理基础。遥感探测的主要目标是地球表面的物体。装载在航空航天平台上的光学传感器，接收来自地球反射太阳光携带的地物信息，经过处理形成遥感影像。多数传感器利用可见光到红外波段（0.3~2.5 μm）探测地表，因为这是地表反射电磁波谱的主要区间。在可见光到红外波段，地物自身的热辐射几乎等于零，发出的波谱主要以反射太阳辐射为主。

（二）地物反射波谱特征

地物反射波谱是研究可见光至红外光谱波段上地物反射率随波长的变化规律。一般采用地物反射波谱曲线表示地物反射波谱特征，即以二维几何空间内的曲线表示，横坐标表示波长，纵坐标表示反射率。一些典型的地物反射波谱特征如下。

1. 植被

绿色植被的光谱曲线具有明显的波峰和波谷（图3-1），这种特征和植被的生长发育、健康状况以及生长环境密切相关。植被的光谱特性主要是由其化学和形态学特征决定的，影响植被反射率的主要因素包括叶绿素、细胞结构和含水量等。在可见光波段 0.40~0.76 μm 内，植被的反射光谱在 0.55 μm（绿色）处有一个反射峰值，在 0.45 μm（蓝色）和 0.65 μm（红色）处有两个吸收谷。主要原因和植被叶绿素相关，叶绿素对蓝光和红光吸收较强，而对绿光吸收较弱，因此反射率曲线会出

图 3-1 植被光谱曲线

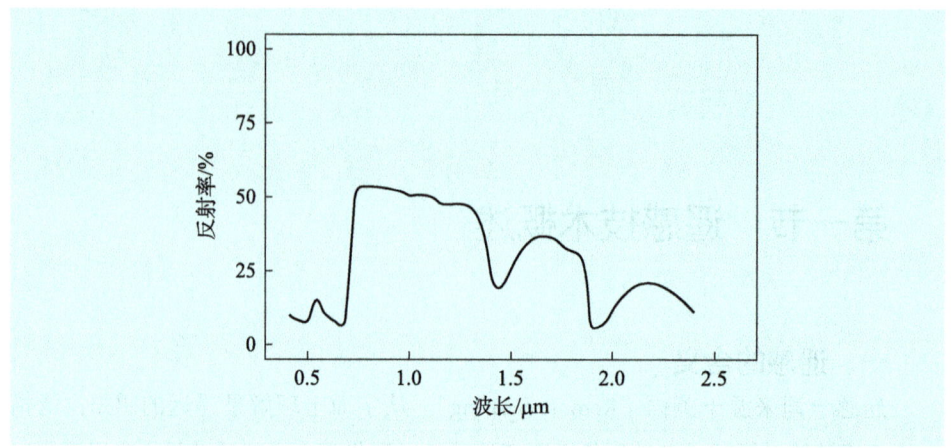

现一个小的局部峰值和两个吸收谷（图 3-1）。在近红外波段（0.68~0.75 μm）内，植被的反射率急剧增加，对应曲线形成一个强烈的陡坡，称为"红边"，其陡峭程度决定了植被叶片的健康程度，这是植被特有的光谱曲线特征。在 0.75~1.30 μm 内，植被保持较高反射率，主要原因是光谱反射特征主要受植被结构控制，由于光在叶内反射，所以反射率非常高。在短波红外波段 1.30~2.50 μm 内受植物含水量影响，吸收率增加，反射率大大下降。其中，在 1.40 μm 和 1.90 μm 附近能够看到明显的水分吸收带，形成两个强烈的吸收谷，其谷深和液态水含量密切相关。

2. 土壤

土壤光谱曲线表示土壤对电磁波各个波段的反射率大小，它是土壤遥感解译的依据（图 3-2）。土壤反射光谱特征反映了土壤的环境和形成条件，这也是土壤遥感解译的基础。自然状态下的土壤是一种混合物，由不同物理和化学性质的物质组成。土壤反射和吸收光谱特征和土壤成分及性质密切相关，主要受土壤水分含量、有机质、质地、铁含量等因素影响。土壤的反射率随着土壤中的水分含量、有

图 3-2 土壤光谱曲线

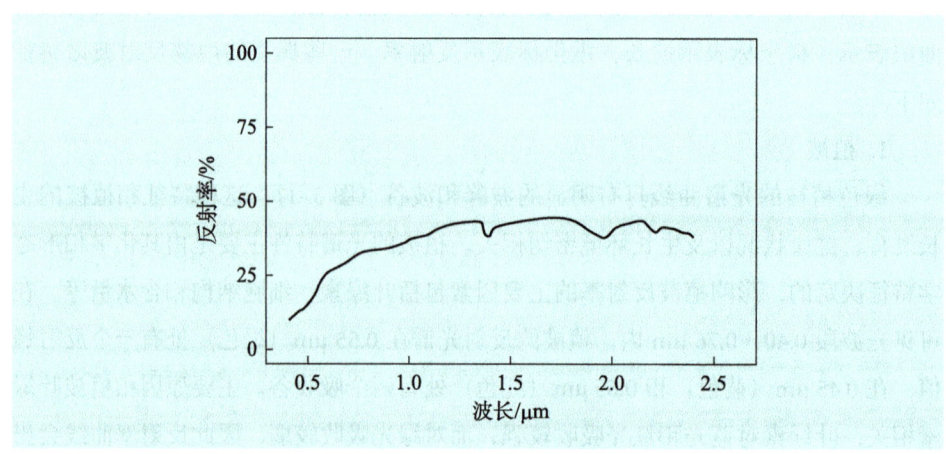

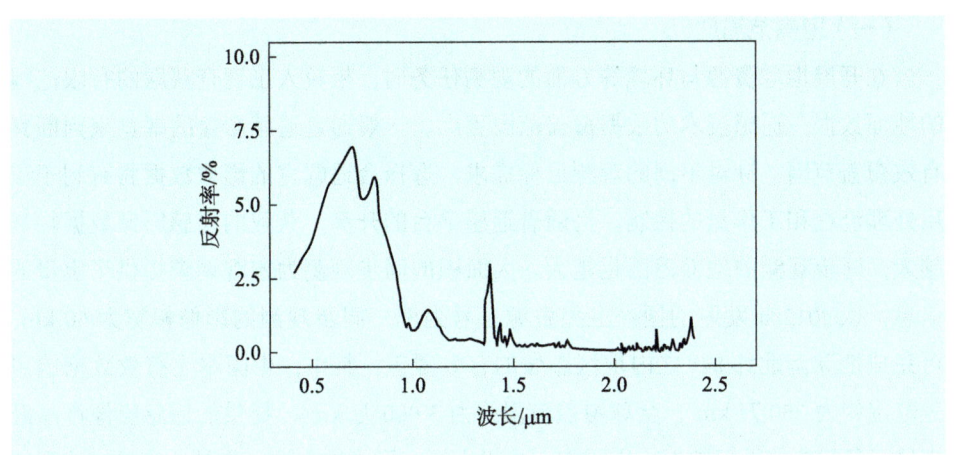

图 3-3 水体光谱曲线

机物、质地的不同而变化。一般来说，土壤含水量越高反射率越低，土质越细反射率越高。自然状态下的土壤，其表面反射曲线呈现出较平滑的特征，没有明显的反射峰和吸收谷，但反射率在可见光和近红外波段是逐渐上升的。水分是土壤的重要组成部分，当水分含量增加时，土壤反射率降低，在 1.40 μm 和 1.90 μm 附近的水分吸收谷处，能够看到土壤反射率明显下降，反射率下降原因和植被相同，都是水分强烈吸收导致。

3. 水体

水体的光谱特征主要由水体本身物质组成决定（图 3-3），水体光谱反射特性受水体表面反射、水体底部物质反射和水体中的悬浮物质反射的影响。相比于其他大多数地物，水体反射率较低，一般小于 10%。水体在蓝绿光波段具有较弱反射，在其他波段吸收相对较强，特别是在近红外波段，吸收最强，反射率接近为 0。水体反射光谱曲线与水体的状态、叶绿素含量、泥沙等因素有关。水中含叶绿素时，水体反射率会随着叶绿素浓度的变化而变化，叶绿素浓度增加会提高绿光波段峰值，降低蓝光波段反射率。水中含泥沙时，随着泥沙浓度的增加，可见光对水体的透射能力减弱，可见光波段反射率增加，水体变得越来越亮。总的来说，水体反射的光谱范围主要在蓝绿光波段，其他波段吸收都很强，特别在近红外波段，水体几乎吸收了全部的能量。因此在遥感影像，特别是近红外影像上，水体呈黑色。当水体中含有其他物质的时候，反射光谱曲线会发生变化。这些为遥感探测水体奠定基础，成为遥感影像分析的重要依据。

二、遥感的特点

与传统的基于人工的地面调查手段相比，遥感技术的特点是覆盖范围广、速度快、周期短、数据多源、客观定量、受地面条件限制因素少。

（一）覆盖范围广

在开展地球资源与环境等方面的观测任务时，相较人工调查获取的有限范围的地面数据，遥感技术的数据覆盖范围更广。一般通过遥感影像的幅宽来判断其有效覆盖范围，针对不同的观测目标需求，选择合适幅宽的影像数据将有利于应用处理流程和工作量的控制。且随着遥感平台的升高，获取的遥感影像数据幅宽越大，同步观测的地面范围也越大。大面积的同步观测为宏观调查提供了宝贵的信息，以2012年发射的国产卫星资源三号为例，同步观测的影像幅宽为50 km，可完成地球南北纬84°之内地区影像的有效覆盖，其中，中国本土有效数据的覆盖范围约为750万 km^2，全球覆盖范围约为3 000万 km^2，提供的遥感影像产品既满足了各行业的地理数据应用需求，也极大提高了土地资源、农林业等领域的国情监测效率。

（二）速度快、周期短

遥感技术获得观测资料的方式为瞬时成像，获取信息的速度快，且观测的重访周期时间相对地面调查更短。具体的重复观测周期与遥感平台的高度相关，如中国的地球同步轨道卫星GF-4（轨道高度为36 000 km，重访周期为20 s）与法国的太阳同步轨道卫星SPOT-5（轨道高度为830 km，重访周期为26 d）。除了满足持续性的动态变化监测任务需求外，遥感观测技术还能一定程度解决时间敏感信息的获取问题。前者主要利用及时且重复获取的地面观测资料，监测并动态地跟踪区域性变化，如国产气象卫星FY-2能实现每半小时1次的对地观测，为我国天气状况及环境的监视提供了巨大的保障。而在获取时间敏感信息方面，遥感技术能突破地形因素等阻碍快速完成观测以应对应急调查与决策，如美国的MODIS卫星（重访周期为1 d）已被用于森林火灾的监测与救灾的应急处理。

（三）数据多源、客观定量

遥感技术的发展得益于多平台的数据采集系统，通过不同的传感器（可见光、热红外、红外和雷达等）和传感器所在的平台（如地面塔、无人机、航天飞机和卫星等）能获取海量对地观测数据。此外，不同平台和传感器的规格还决定了遥感数据的分辨率（空间、光谱、时间和辐射），在面向不同的观测任务需求时，需综合考虑数据计算与处理成本以及多源遥感数据的融合技术。过去几年来，遥感技术在农业资源环境等领域应用的巨大潜力催生了许多星载遥感卫星，包括我国的资源三号卫星、美国的Planet Labs遥感卫星群、美国的Hyperion、意大利的PRISMA、印度的HySI等高光谱卫星。遥感技术的观测还能客观定量地反映地表信息，如土地利用面积、农作物估产等。经过遥感图像解译与综合分析技术，全面揭示地物的数量特征及空间分布情况，极大程度上排除了人为主观性感受所带来的误差。

（四）受地面条件限制因素少

遥感技术相对人工调查受地面条件限制因素（如地形条件、区域可达性）较少。由于其观测资料获取途径为非接触式的远距离探测，在地势险峻、地貌复杂的人类难以到达的地方，遥感技术能够充分发挥其收集资源与环境信息的优势。当光学传感器受云雨天气干扰时，可以选择对云层具有一定穿透性的主动式雷达遥感技术监测地物；另外，当发生自然灾害（如洪涝、地震），原有道路网受到严重破坏时，遥感技术（如无人机遥感）能方便、及时地获取多维度的第一手信息（结合无人机和航空平台）进行评估分析、提供灾情信息、辅佐救灾行动和相关决策的制定，节省了人力、物力的同时，也提升了时效性。

三、遥感的分类

按不同的标准，遥感有不同的分类方式。一般来说，按照遥感平台的差异、利用电磁波的范围、传感器的工作方式可分为以下遥感类型。

（一）按遥感平台分为航天遥感、航空遥感和近地面遥感

航天遥感泛指以太空飞行器为观测平台，其上搭载传感器对地进行观测的技术（图 3-4）。航天遥感的观测平台位于地球大气层以外的空间，距离地面一般在 80 km 以上，故又名太空遥感。目前的观测平台以人造地球卫星为主，包括宇宙飞船、航天飞机和太空站等。

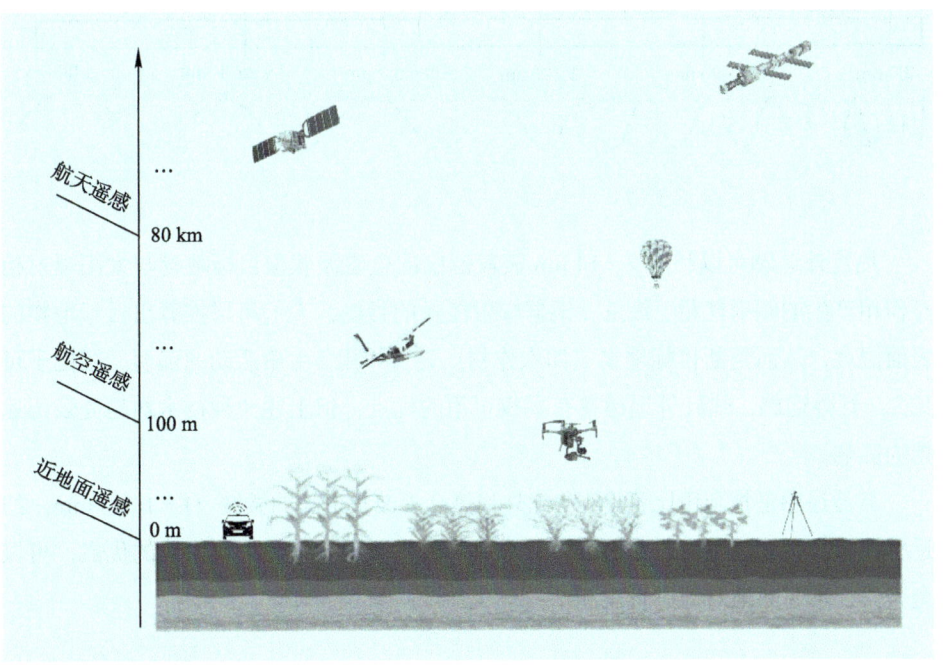

图 3-4 不同遥感平台示意图

航空遥感是由航空摄影侦查发展而来，泛指利用飞机（包括有人机和无人机）、飞艇、气球等空中平台对地观测的遥感技术。相较于航天遥感，航空遥感的观测平台距离地面高度较低，一般小于 80 km，因而具有高时空分辨率，机动灵活的优点，能够作为航天遥感的有效补充手段。

近地面遥感，即指把传感器放置在近地面平台上，如车辆、三脚架、手持设备、高塔和起重机平台等对目标地物进行探测的技术。在实际应用中，近地面遥感常被用来研究单个或小范围的物体。此外，近地面遥感（如手持设备和三脚架）也是传感器定标、航天/航空遥感影像质量控制和新传感研发的重要技术支撑。

（二）按利用电磁波的范围分为可见光/红外遥感、热红外遥感和微波遥感

可见光/红外遥感是指利用 400~2 500 nm 波长范围的电磁波对目标地物进行观测和记录的遥感技术（图 3-5）。其中，400~700 nm 是可见光，是人眼可见的波段；700~1 100 nm 是近红外波段，1 100~2 500 nm 是短波红外波段，是人眼观测不到的波段，但可以被特殊的传感器感知。人们可以根据可见光/红外的变化推断目标地物的状况，如农作物的长势监测、营养诊断、产量预估和病虫害探测等。但由于太阳光是其辐射源，该技术在夜晚和没有太阳光的地方不适用。

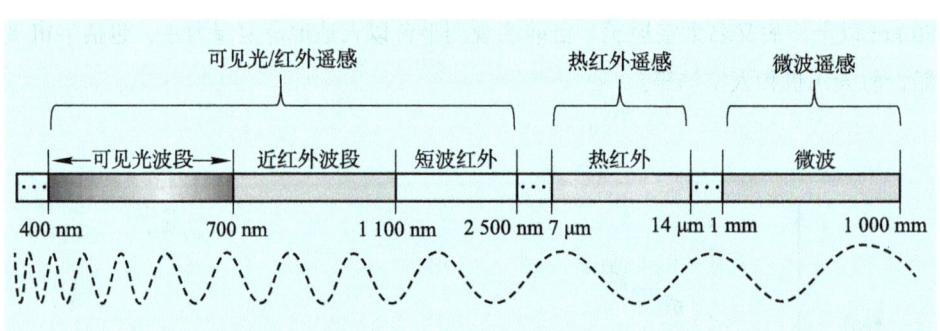

图 3-5 不同电磁波范围示意图

热红外遥感可以利用 7~14 μm 波段范围的电磁波获取目标地物与太阳辐射相互作用产生的辐射能量/热量。根据辐射能量的强度，人们可以推算出目标地物的表面温度，从而判断目标地物（如农作物）光合作用/生命活动的强弱。相比于可见光/红外遥感，热红外遥感具有昼夜可用的优点，但上述两种技术均易受云层遮挡的影响。

微波遥感是指利用比可见光/红外和热红外波长更长的微波（1~1 000 mm）的遥感技术。微波遥感可以穿透云层，具有不受白天、黑夜和天气影响的优点，可以全天候、不间断地对地进行观测。

（三）按传感器的工作方式分为主动遥感和被动遥感

主动遥感是指传感器具有自己的辐射源，可以主动地向目标地物发射一定波长的电磁波，并接收和记录回波信号从而对地物实现观测的遥感技术（图 3-6）。主动遥感使用的波段一般为微波和激光，多用脉冲信号。此外，当可见光/红外相机与补光灯/卤素灯一起使用的时候也变成了主动遥感。主动遥感的主要优点是其具有独立的辐射源，可以突破自然信号（如太阳辐射）的限制，从而在自然信号极低/没有的波长区域获得遥感影像。缺点是该技术的能耗较大，需要极高的输入功率才能满足其使用要求。

被动遥感指的是没有自己的辐射源，主要依靠接收目标地物反射的太阳辐射或地物自身的辐射能量，从而实现对地观测的遥感技术。相较于主动遥感，被动遥感的优点是操作简单，不需要太高的输入功率即可运行。缺点是受天气条件的影响，在恶劣的天气条件（如阴雨天）下无法使用。由于太阳辐射是该技术的主要辐射源，因此，除热红外传感器之外，其他的被动遥感传感器均不能在晚上使用。

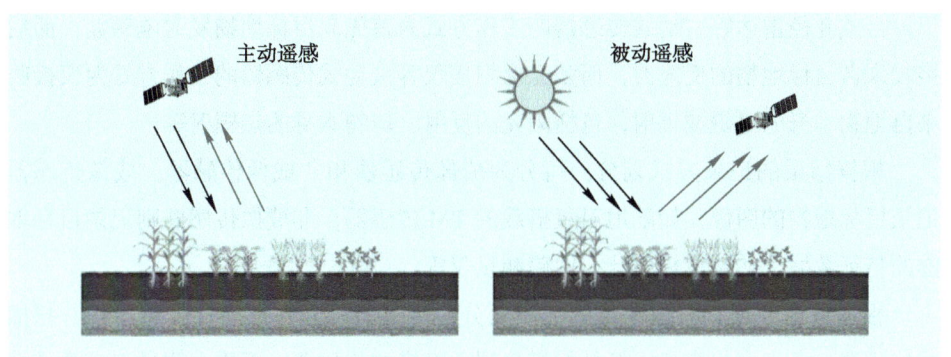

图 3-6 主/被动遥感示意图

第二节　遥感系统的组成与发展

遥感系统由平台、传感、传输、数据处理和信息提取 5 个子系统组成，负责对目标物电磁辐射数据的采集、传输、接收、预处理和分析提取，实现从遥感数据获取到专题应用的全过程。

一、遥感系统的组成

（一）平台子系统

平台子系统的主要构成是各类用于搭载传感器进行对地探测的遥感平台。根据高度不同，遥感平台大体可以划分为地面平台、航空平台和航天平台三大类。常用的地面平台包括三脚架、遥感车、遥感塔等，依托其搭载的地物光谱仪、分光光度计等传感仪器，可用于地物光谱特征的测定。航空平台主要包括无人机、有人机、飞艇、热气球等，其中，无人机具有成本低、高分辨率、机动灵活等优点，近些年在国内外得到广泛应用。航天平台包括人造地球卫星、航天飞机、空间站等，根据主要用途，遥感卫星可分为气象卫星、陆地资源卫星、海洋卫星和军事侦察卫星四大类。

不同类型的遥感平台具有不同的特点和用途，遥感平台的轨道高度、运行周期、轨道间隔等因素影响数据的空间分辨率和时间分辨率。可根据工作要求选择某一特定平台，或组合多种平台进行多尺度、多方位、多层次的联合观测。

（二）传感子系统

传感子系统由记录目标地物信息的遥感传感器构成，与遥感平台构成遥感数据获取的物质基础。根据不同的分类方式，传感器可划分为多种类型。

根据工作方式划分，传感器可分为主动式和被动式两种类型。两者的差异在于，合成孔径雷达等主动式传感器的工作方式为首先向目标地物发射电磁波，而后接收来自目标地物的反射波，而多光谱扫描仪等被动式传感器的工作方式为仅接收来自地物本身的电磁波辐射，包括阳光的反射、地物本身的热辐射等。

根据结果的记录方式划分，可分为成像传感器和非成像传感器。成像传感器记录目标地物的图像，如陆地卫星搭载的 TM 传感器；非成像传感器则记录目标地物的特征数据，如微波辐射计、地磁测量仪等。

根据成像原理和获取图像的性质划分，传感器可分为扫描式传感器和非扫描式传感器。多光谱扫描仪、红外扫描仪属于扫描式传感器，而重力测量仪、合成孔径雷达以及常用的航空摄像机则属于非扫描式传感器。

不同种类的传感器具有一个共同点，那就是它们基本都由收集器、探测器、处理器和输出器四部分构成，分别负责辐射能量的收集、辐射能的转化、转化后能量的处理和处理数据的输出。遥感的光谱分辨率及辐射分辨率由传感器决定。

（三）传输子系统

传输子系统主要负责地面站与遥感平台之间的通信，在跟踪遥感平台位置的同时接收来自传感器和遥感平台的数据。遥感平台发送的数据不仅包括传感器捕获的目标地物反射率数据，同时还包括遥感平台和传感器的姿态、坐标、电压、电流、温度等信息，用于保证数据的可用性和平台的正常运转。数字信号由于抗干扰能力强、功率低、易于加密而成为这些数据的一般传输形式。

传输子系统的地面载体称为地面接收站。对于卫星来说，每个地面接收站都配备一个大型天线用于卫星的定位与通信，天线的角度通常为 ±85°，在卫星能够与接收站通信时，通常实时传输数据，当卫星处于不能与接收站通信的位置时，则使用数据记录仪 MDR（mission data recorder）和跟踪数据中继卫星 TDRS（tracking and data relay satellite）两种方式。MDR 首先将数据记录下来，而后在能够与地面接收站通信时，将记录的数据传输回来；TDRS 则利用中继卫星来实现非直接地实现数据的实时传输功能。除本国卫星的数据外，通过他国授权，地面接收站也能够接收他国卫星的传感器数据。

（四）数据处理子系统

受到传感器性能、环境条件的限制和影响，传感器收集到的数据在正式使用前需要进行一系列系统性的预处理工作，从而保证得到的数据能够真实反映目标地物的特征。这部分工作称为数据预处理或数据粗加工。

数据处理子系统包括硬件和软件两部分。硬件以电子计算机为主体，并配有输入、存储、显示、输出和操作的辅助设备。软件是依托于操作系统编写的用于遥感图像处理的各种程序。

数据处理子系统主要通过数据转换、压缩、校正等操作完成对数据的预处理工作。其中，数据转换用于解决传感器的采集数据、数据处理系统的输入数据、用户要求的输出数据三者之间数据记录形式不一致的问题。数据压缩则用于剔除采集到的无效和冗余数据，从而减小数据占用的存储空间，提高计算机的数据处理效率。数据校正针对的问题主要包括两个方面。第一个方面是传感器在对目标地物进行观测的过程中，由于大气发射及散射、背景辐射、传感器本身性能等引起的目标辐射能量的变化。第二个方面是遥感平台位置及姿态、传感器成像性能、地形起伏、地球曲率、大气折射等造成的目标地物图像的几何畸变。因此，通常接收到采集的数据后，需要进行辐射校正和几何校正操作来消除误差。

（五）信息提取子系统

信息提取子系统完成的是"数据"到"信息"的转变。通过目视解译或数字图像处理技术，根据应用目的对预处理后的"数据"分析、研究、判读和解译后，转化为有助于解决特定问题的"信息"。

目视解译，又称为"判读""判译"等，是一种传统的信息提取方式，该方式通过借助光学仪器、计算机屏幕，使用人眼解译得到目标的空间、时间以及光谱特征，基于专家知识和经验对目标的性质及变化规律进行提取和总结。常用的目视解译方法包括直接判读法、对比分析法、信息复合法、综合推断法、地理相关分析法。

第二种方式称为计算机数字图像处理，通过结合数理统计、模式识别等数学方法和计算机领域的知识，对遥感图像进行增强与变换，定量抽取目标地物的光谱特征（spectral feature）、时序特征（temporal feature）、空间（几何）特征（spatial/geometric feature）和纹理特征（texture feature），实现对目标信息的自动提取和分析。随着遥感数据源的不断增多、数据量的不断加大，高效率的数据解译必须依赖计算机强大的数据计算能力来实现。因此，相比于目视解译，计算机数字图像处理技术在当前的应用更加广泛。

二、遥感技术的发展

随着搭载平台、传感器与信息处理技术的快速发展，遥感技术可以获取更精确、更及时、更海量的观测数据，为地表观测任务提供丰富的数据源。这些新数据使得遥感技术向精细化、动态化、定量化、网络化和实用化的方向快速发展，成为协助智慧农业、环境保护、灾害防治与促进经济发展的重要技术手段。

（一）遥感平台的发展

遥感平台的发展经历了地面遥感、航空遥感和航天遥感3个阶段。1956年以前，研究人员将摄影机与望远镜相结合，放置于地面或热气球、飞机等航空器上记录地表信息，形成了最早的地面、航空遥感。1960年后，传感器逐步搭载在卫星平台开展对地观测，被称为航天遥感，例如美国发射的TIROS-1和NOAA-1太阳同步气象卫星等。与地面和航空遥感相比，航天遥感具有观测面积更广、速度更快、受地形限制少的优势，使得航天遥感技术开始快速发展。世界各国陆续发射了多颗卫星用于地球资源与环境探测，如Landsat系列、SPOT系列、ALOS系列、哨兵系列等。这些卫星提供了包含可见光、热红外、红外和雷达在内的丰富遥感数据，推进了遥感技术在农业、气象、环境、土地资源等多领域的应用。21世纪以来，我国的航天遥感技术也取得了巨大的进步，相继发射了高分系列、风云系列、资源系列等多颗卫星，涵盖了高分辨率、高光谱、多光谱、雷达等多种类型。同时，飞艇、无人机等新型航空遥感平台也迅速同步发展，充分补充了不同高度、不同角度和不同应用场景的遥感监测数据。

（二）高分辨率遥感与高光谱遥感

空间与光谱分辨率是遥感数据的重要指标。空间分辨率是指影像上可以详细区分的最小单元（像素）的尺寸或大小；光谱分辨率是指遥感传感器接收辐射电磁波时可以分辨的最小波长间隔。1980年以来，传感器技术的飞速发展使得遥感影像的空间、光谱分辨率大幅提高，逐渐形成高分辨率遥感和高光谱遥感。高分辨率遥感影像的空间分辨率已经达到2 m以下，例如IKONOS卫星（1999年）影像的空间分辨率达到1 m，QuickBird卫星（2001年）影像的分辨率达到0.61 m，

WorldView-4 卫星（2016 年）影像的分辨率达到 0.31 m。我国的高分 1、2 号卫星（2013 年、2014 年）影像的分辨率也分别达到 2 m 与 0.8 m，快速接近国际先进水平。高分辨率遥感影像更加清晰地反映了地物信息，能够有效协助土地资源管理、交通规划、城市精细化管理和自然灾害治理等多个领域。高光谱遥感采用数十到数百个光谱波段收集地表目标连续的光谱信息，使得影像的光谱分辨率能够达到 10 nm，波长范围覆盖可见光到热红外范围。20 世纪 80 年代，美国相继研发了 AIS 系列、AVIRIS、MODIS 和 Hyperion 高光谱传感器，提供了大量的机载、星载高光谱影像。我国 2015 年发射的高分五号卫星也提供了包含 330 个波段，光谱分辨率达到 5 nm 的精细高光谱影像。高光谱遥感借助精细的光谱信息有效提高了地物识别能力和定量遥感监测精度，成为了精准农业、地质调查和水质监测等领域的重要方法。

（三）遥感信息处理技术

遥感平台和传感器的飞速发展提供了海量的遥感数据，形成了"信息爆炸"，给遥感信息处理技术带来了新的挑战。随着计算机图像处理技术的发展，数字图像处理技术逐渐被引入遥感领域，将遥感影像视为数字图像，借助快速、大容量、自动化的计算机程序开展数据处理大幅提高了遥感影像的处理效率。当前，已经发展出多种功能强大的遥感数据处理软件，例如 ENVI、ERDAS、ER-MAPPPER 和 PCI 等。这些软件有效地提升了遥感影像校正、辐射定标、影像融合、影像分类与目标识别等的效率和精度。随着人工智能技术的爆发，遥感信息处理技术逐渐走向智能化，采用深度学习方法从样本数据集中主动学习，自适应完成影像分类、目标识别、影像纠正等复杂任务。常用在遥感领域的深度学习方法包含卷积神经网络、循环神经网络、残差神经网络等，这些方法通过主动学习大幅减少了人工工作量，使得遥感技术能够在大范围区域内快速、准确地完成生态环境监测、农业精细化管理等任务。

（四）空天地一体化对地监测网络

随着大量遥感平台和传感器投入使用，遥感技术已经可以提供多种类、多时相、多角度、多尺度的复合遥感信息。空天地一体化对地监测网络旨在融合卫星遥感、航空遥感（无人机、飞艇）和地面站点数据，依托大数据处理和云计算等新一代信息技术，构建实时、动态、精细的对地监测感知体系。这一体系主要包含四大模块：卫星监测、航空监测、地面监测和云计算数据处理平台。航空监测是借助雷达、无人机等空间设备，获取高分辨率、多源的对地观测数据；卫星监测具有快速获取大范围信息的优势，可监测更广阔的全域空间；地面监测是结合物联网技术建设监控大气、土壤、植被等全面信息的地面站点；数据处理平台采用云计算技术整合各个平台提供的海量观测数据,形成系统的环境资源信息数据库。空天地一体化对地监测网络能够全面地反映近地地球空间与生态系统的现状和发展趋势,为土地规划、资源管理、环境保护等决策提供详细、精确的信息支持,成为当前的重要发展方向。

第三节 智慧农作与遥感技术

一、农作物长势监测

(一)问题背景

作物长势监测是指在作物生长过程中对作物的生长状况(如光合色素含量、株高、叶面积指数、生物量等)进行实时动态的监测,以便于及时获取苗情、作物营养状况和作物生长状况等信息。作物长势的及时监测,有助于管理者和生产者及时采取有效的措施进行调整,改变农业生产中的被动局面,同时还可以作为农作物产量估测的重要依据。

传统长势监测方法主要通过田间定点取样,室内测定并分析结果,其优势为数据可靠、结果准确,但测定过程复杂、费时费力,且仅适用于小面积田块。随着现代农业的发展,传统的长势监测方法已无法适应规模化种植和及时监测的要求。遥感技术因其可以实现大面积作物的生长状况的实时信息获取,在农作物长势监测中发挥着越来越重要的作用。其中,无人机遥感技术因其成本低、时空分辨率高、观测范围大、操作灵活简便等优势,迅速成为当下农作物长势监测的重要手段之一。

(二)实施方案

本文以基于无人机 RGB 影像的玉米大豆带状复合种植模式长势监测为例进行说明。基于无人机 RGB 影像的农作物长势监测研究思路主要包括作物冠层的精准分类识别和反演模型的构建两个部分(图 3-7)。作物冠层信息的精准分类识别主要通过计算机科学和图像处理技术实现,其中包括农作物与土壤、不同农作物间的分类和识别,其精度对长势模型的建立具有显著影响。长势参数的监测模型构建主要通过部分田间的破坏性取样并与冠层信息进行相关性分析,利用敏感特征参数构建反演模型,并与分类模型结合实现长势参数的可视化空间分布。

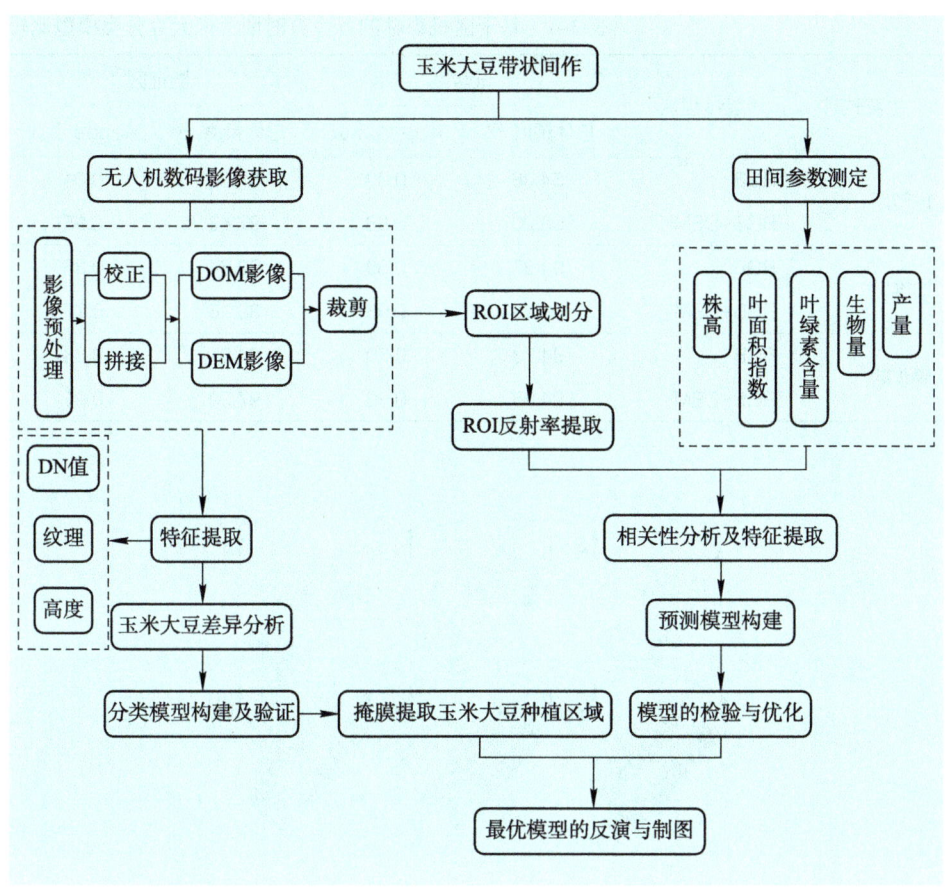

图 3-7 基于RGB影像的玉米大豆带状间作长势监测研究思路

（三）具体应用

1. 分类模型的构建

在分类模型构建前首先需要对原始遥感影像进行预处理，采用 Agisoft PhotoScan Professional 进行图像的拼接和校正，具体流程如下：①将无人机数码影像和飞行时的位置和姿态数据导入；②生成密集点云；③建立网格；④生成空间纹理；⑤生成试验区高清正射影像（digital orthophoto map，DOM）和数字高程模型（digital elevation model，DEM）。

对处理后的图像进行试验区和验证区的划分，提取玉米和大豆的 RGB 特征和 DEM 特征，并采用随机森林（random forest，RF）算法进行分类模型的构建。随机森林算法是由多重决策树组成的，且每个决策树之间没有相关性，可以有效避免过拟合现象，具有较强的适应性和抗干扰性。在玉米、大豆的3个关键生育时期（拔节期、抽雄期、灌浆期）分别构建随机森林分类模型（表 3-1）。根据对比结果，各生育时期以 RGB 组合 DEM 特征的分类模型精度较高，总体验证精度在 88.46%~97.48%，Kappa 系数在 0.77~0.95。分类结果示意图如图 3-8。

表 3-1　基于随机森林的各生育时期玉米大豆分类模型比较

生育时期	特征组合	试验区		验证区	
		总体精度 /%	Kappa 系数	总体精度 /%	Kappa 系数
拔节期	RGB	54.06	0.09	51.32	0.01
	RGB+DEM	98.20	0.96	97.48	0.95
抽雄期	RGB	94.27	0.89	92.64	0.85
	RGB+DEM	96.25	0.93	88.46	0.77
灌浆期	RGB	84.73	0.70	84.01	0.68
	RGB+DEM	94.95	0.90	97.30	0.95

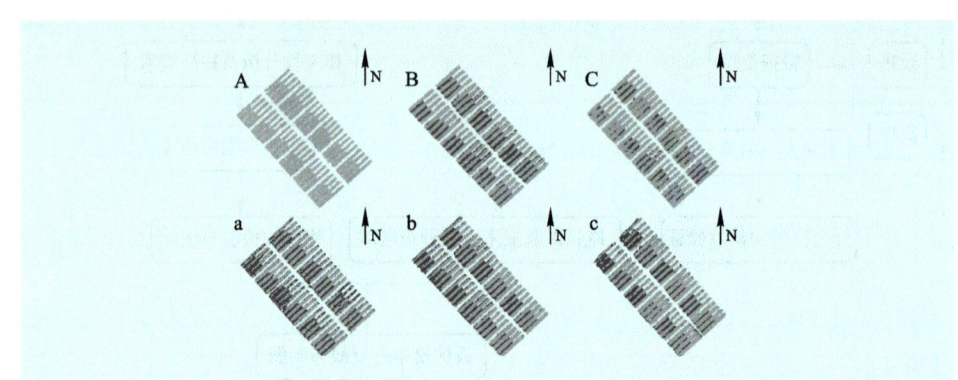

图 3-8　玉米和大豆不同生育期 RF 分类效果图

注：A、B、C 分别表示拔节期、抽雄期、灌浆期的 RGB-RF 模型效果图；a、b、c 分别表示对应时期的 RGB+DEM-RF 模型效果图。

2. 长势监测模型的构建

将农学参数与经过波段自由组合的冠层信息变量（RGB 特征、纹理特征等）进行相关性分析。根据分析结果，玉米和大豆各生育时期农学参数与纹理自由组合指数的相关系数均达到极显著水平，各参数最大相关系数均在 0.8 以上，表明可以很好地预测株高、叶面积指数等指标。

根据相关性分析结果，建立了玉米和大豆各生育时期主要农学参数的一元一次、一元二次、对数、指数和乘幂函数模型，对比拟合结果发现，二次函数的拟合效果最佳（表 3-2）。

以叶面积指数（leaf area index，LAI）为例，分别对玉米和大豆优选的模型进行验证。验证结果表明，玉米灌浆期和大豆全生育期的叶面积指数可以通过二次函数模型进行较为准确的估测（图 3-9）。

3. 农作物长势监测可视化

依据上述玉米大豆带状间作最佳分类模型和玉米大豆叶面积指数最佳估测模型分别制作田间尺度下的玉米和大豆叶面积指数估测的空间分布情况（图 3-10）。图

表 3-2 最优参数与玉米大豆各农学参数的最优估测模型

作物类型	生育时期	农学参数	最优参数	函数	R^2	RMSE
玉米	抽雄期	株高	$tRVI_{1,20}$	$y=5.841x^2-93.56x+602.08$	0.790**	6.147
	灌浆期	生物量	r	$y=-16\,934.4x^2+8\,437.652x-754.096$	0.685**	16.418
	灌浆期	叶面积指数	r	$y=1\,282.041x^2-923.239x+168.523$	0.724**	0.273
	灌浆期	叶绿素密度	r	$y=2\,314.446x^2-1\,659.292x+298.539$	0.795**	0.367
大豆	始荚期	株高	$tRVI_{13,20}$	$y=21.517x^2-73.626x+77.787$	0.805**	1.834
	全生育期	生物量	$tDVI_{7,21}$	$y=0.009x^2-1.678x+86.410$	0.802**	6.472
	全生育期	叶面积指数	$tRVI_{18,6}$	$y=10.844x^2-16.962x+7.066$	0.685**	0.226
	全生育期	叶绿素密度	$tNDVI_{8,27}$	$y=-13.119x^2+13.726x-1.222$	0.667**	0.235

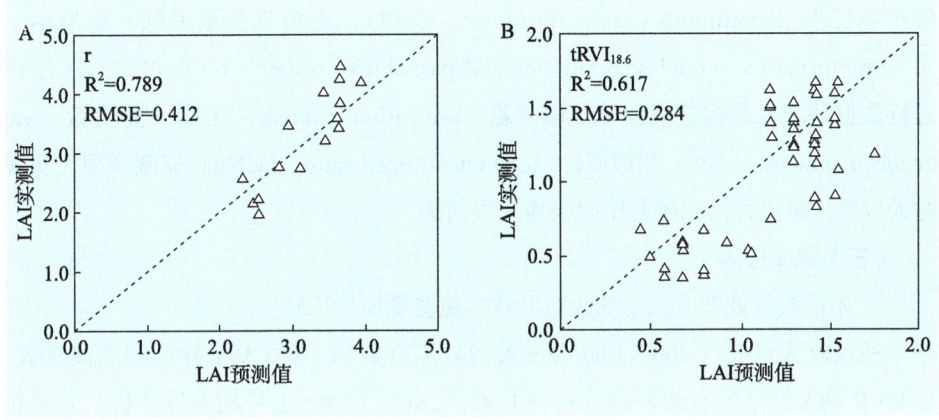

图 3-9 玉米和大豆叶面积指数最优模型的验证

A. 玉米灌浆期 LAI 最优模型验证图；B. 大豆全生育期 LAI 最优模型验证图

中每个像素点对应各农学参数和产量的具体水平，颜色越深，表示参数水平越高。与田间实际生长情况进行对比发现，该方法基本能够反映玉米和大豆真实的长势水平。

4. 主要结论

基于无人机遥感技术的农作物长势监测是作物栽培学、植物生理学、图像处理技术、机器学习理论、统计学等相关知识的综合运用。基于该技术可以实现对玉米和大豆的精准识别和冠层信息的准确提取，同时可以较为准确地估测玉米和大豆株高、叶面积指数、叶绿素密度等直接反映田间长势的农学参数，并与分类识别模型结合实现可视化反演，为现代农业发展中的农作物大面积遥感监测奠定理论基础。

图 3-10 玉米和大豆叶面积指数估测空间分布图

二、农作物营养监测

（一）问题背景

碳和氮作为农作物生长和发育的基本营养元素，参与了生长发育过程中各种生理和代谢活动，影响着作物的整个生长发育过程和产量品质的形成。特别对于氮素而言，其在作物生长发育过程中的需求量非常大，且主要依靠肥料供给。因此，对农作物的碳氮含量进行快速有效监测，可以明确植物当前的营养状况，同时反映农作物的氮素胁迫程度，以便于田间栽培措施的及时调整。采用光谱技术进行农作物碳氮含量的估测，不仅节约时间和人工成本，还能实现大面积无损的快速监测，具有极大的应用潜力。

（二）实施方案

在基于遥感技术的农作物碳氮含量监测中，不同的数据处理方法的监测效果也存在一定的差异，本文以基于地物波谱仪的大豆叶片碳氮含量监测为例进行详细说明。通过对玉米大豆带状套作不同田间配置，即不同遮阴条件下大豆叶片碳氮含量和光谱反射率的测定，采用植被指数（vegetation index，VI）、连续小波变换（continuous wavelet transform，CWT）、无信息变量消除－偏最小二乘（uninformative variables elimination and partial least square，UVE-PLS）等方法进行数据处理，并构建大豆叶片碳含量（leaf carbon content，LCC）、氮含量（leaf nitrogen content，LNC）和碳氮比（carbon/nitrogen ratio，LCNR）监测模型，实现对大豆叶片碳氮含量和碳氮比的快速无损估测。

（三）具体应用

1. 不同数据处理方法下的大豆叶片碳氮监测模型比较

通过对大豆叶片 400～1 000 nm 波段内组合的 VI、经 CWT 筛选的小波系数、经 UVE-PLS 筛选的有效波段分别与 LCC、LNC、LCNR 进行相关性分析，并构建监测模型（图3-11）。经过各模型间的比较发现，基于 CWT 和 UVE-PLS 的大豆 LCC、LNC、LCNR 监测模型具有较好的监测效果，而在植被指数模型中，(SDr–SDy)/(SDr+SDy) 在大豆 LCC 中表现最好；(SDr–SDb)/(SDr+SDb) 在大豆 LNC 和 LCNR 中表现最好。但整体而言，植被指数模型的性能不及 CWT 估测模型。

2. 基于 CWT 和 UVE-PLS 估测模型的验证

通过独立的数据集对两种估测模型进行检验（图3-12）。检验结果表明，LCC 和 LNC 的 UVE-PLS 验证模型具有更高的 R^2，分别为 0.886 和 0.720；但 CWT 验证模型的 RMSE 和 RE 更低，分别为 1.979 和 4.5、0.613 和 12.2。LCNR 验证模型中，CWT 验证模型具有更高的 R^2 和更低的 RMSE、RE，分别为 0.782 和 2.159、20。

（四）主要结论

不同的数据处理方法，对监测模型的效果影响不同，连续小波变换通过对光谱数据进行降噪分解，可以提取更有效的光谱位置和特征参数，在以上三种方法中表现出对大豆碳氮含量最好的估测效果。该方法在作物营养状况的实时监测上具有

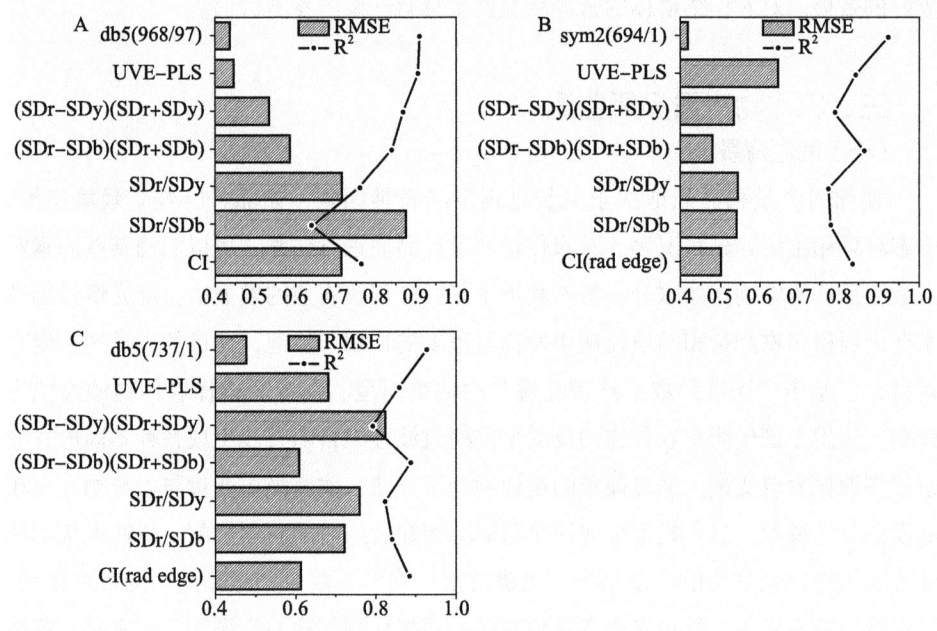

图 3-11 不同模型对 LCC(A)、LNC(B)、LCNR(C)的预测能力比较

A、B、C 分别表示大豆叶片碳含量、氮含量和碳氮比在 CWT、VIs 和 UVE-PLS 模型中的预测能力比较。db5 和 sym2 分别代表两种小波函数；SDr、SDy、SDb 分别代表红边面积、黄边面积、蓝边面积；CI 代表红边叶绿素指数。

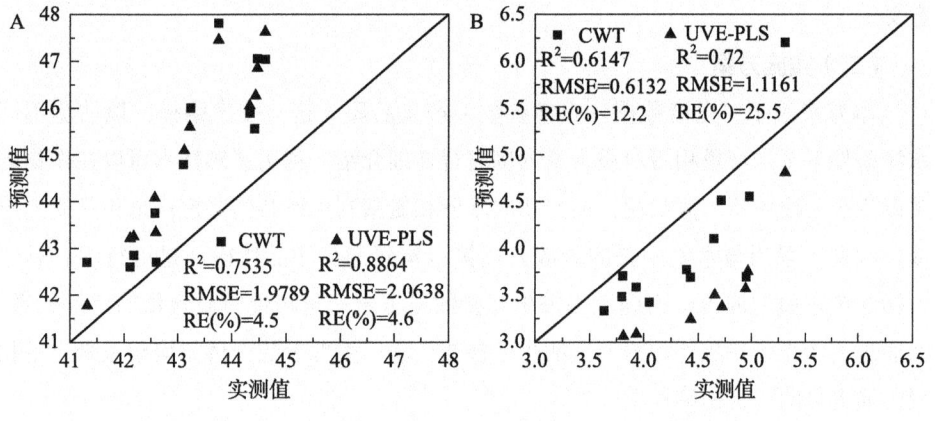

图 3-12 基于 CWT 和 UVE-PLS 的大豆 LCC(A)、LNC(B)、LCNR(C)的验证模型比较

A、B、C 分别表示大豆叶片碳含量、氮含量和碳氮比在 CWT 和 UVE-PLS 模型中的验证能力比较。图中 RMSE 代表均方根误差；RE 代表相对误差。

较好的效果，对农作物群体的营养状况监测具有一定的参考价值。

三、农作物产量品质监测

（一）问题背景

作物的产量和品质取决于生长过程中的各种因素，如品种特性、栽培措施、生态环境和土壤养分状况等。对农作物产量和品质进行估测，可以明确某些因素对产量和品质的影响，如水分、氮素利用率等。在现代农业的发展中，高光谱遥感技术在大面积作物产量和品质监测中发挥着重要的作用。目前，光谱估产模型主要有两种：①基于"光谱参数 – 产量品质"的估测模型。在地面选择农作物的最佳生育期，运用光谱仪测定农作物的反射率，通过波段组合的方式生成各种不同形式的植被指数作为自变量，通过简单的统计学分析方法，建立光谱变量与农作物产量和品质的数学模型。这类模型相对简单可靠，但缺乏应有的农学机制，往往无法解释环境因素对产量的影响。②基于"光谱数据 – 农学参数 – 产量品质"的估测模型。以农学参数为桥梁，衔接光谱变量与产量，间接估测作物的产量和品质水平。这类模型尽管操作较为复杂，但包含了农学生理参数，对作物生长调控和栽培管理更有意义。

（二）实施方案

本方案基于"光谱数据 – 农学参数 – 产量品质"这一技术路径，以估测不同水氮条件下玉米产量和蛋白质含量为例进行详细介绍。利用遥感技术可以在作物的关键生长阶段监测水氮状况，而作物的水分和氮素利用率共同决定产量和品质的形成。因此，采用与水氮相关的参数为连接点构建产量和品质模型是可行的。具体包括 3 个方面的内容：①确定相关生理参数与玉米产量和蛋白质含量的定量关系；②通过最佳光谱参数构建模型监测生理参数；③以生理参数为桥梁构建玉米产量和蛋白质含量的间接估测模型。

（三）具体应用

1. 生理参数与玉米产量和蛋白质含量的定量关系

通过将不同水氮条件下（W、N、WN）玉米不同时期的叶绿素含量（canopy chlorophyll content，CCC）、叶片氮含量（leaf nitrogen content，LNC）、叶片氮积累量（leaf nitrogen accumulation，LNA）、叶片碳积累量（leaf carbon accumulation，LCA）与产量和蛋白质含量进行相关性分析发现，玉米产量与 CCC 和 LCA 呈显著的线性关系，蛋白质含量与 LNC、LNA 在不同水氮条件下也显著相关。因此，基于相关性分析结果，构建不同生育阶段的生理参数与产量、蛋白质含量的线性模型（图 3-13）。结果表明，敏感生理参数对产量和蛋白质含量的估测效果较好，可以

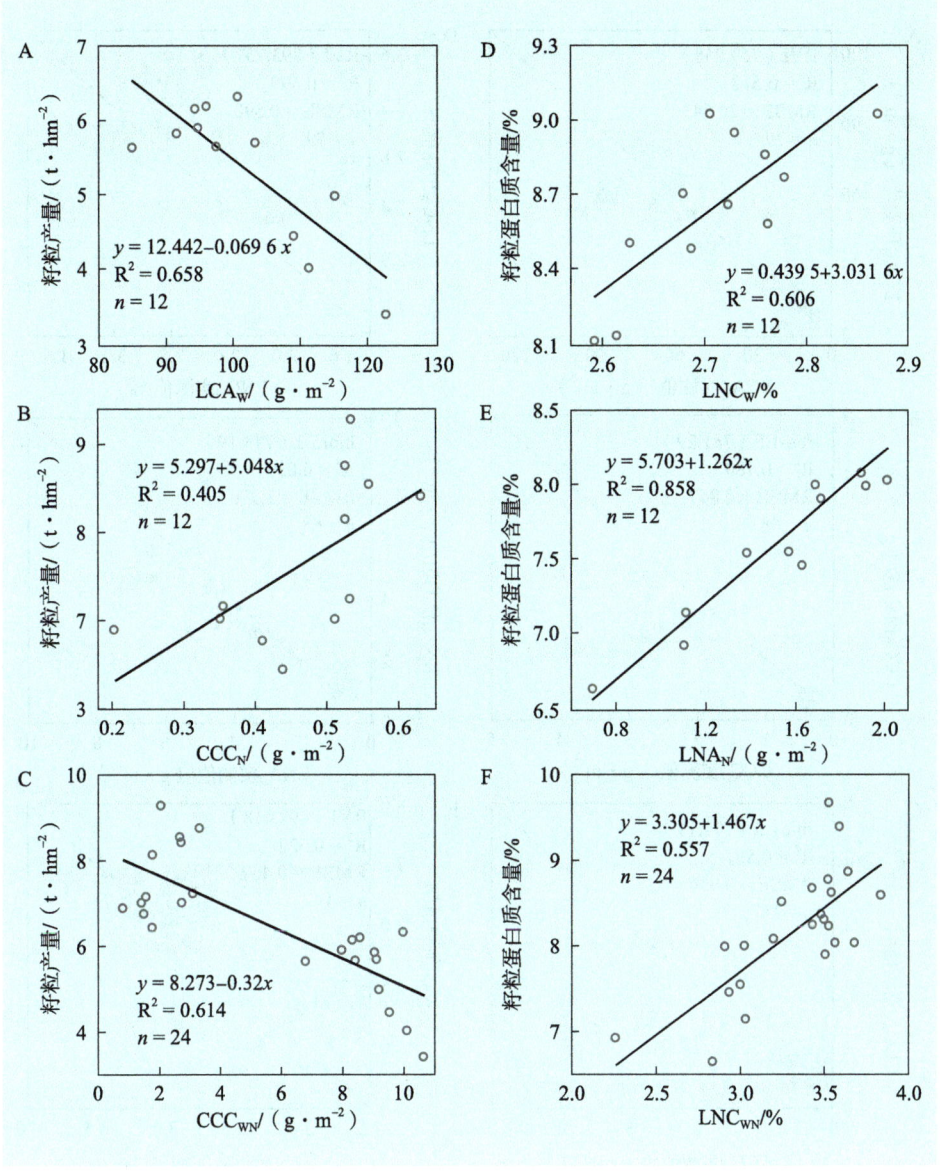

图 3-13 生理参数与玉米籽粒产量、籽粒蛋白质含量的线性模型

A、B、C 分别表示 LCA_W、CCC_N、CCC_{WN} 与籽粒产量的模型；图 D、E、F 分别表示 LNC_W、LNA_N、LNC_{WN} 与籽粒蛋白质含量的模型。其中，LCA_W 和 LNC_W 分别代表不同水分条件下的叶片碳积累量和叶片氮含量；CCC_N 和 LNA_N 分别代表不同氮肥条件下的叶绿素含量和叶片氮积累量；CCC_{WN} 和 LNC_{WN} 分别代表不同水氮耦合条件下的叶绿素含量和叶片氮含量。

利用敏感生理参数预测玉米籽粒产量和蛋白质含量。

2. 生理参数与光谱反射率间的定量关系

将光谱数据进行波段自由组合和连续小波变换，利用波段自由组合植被指数和小波系数与敏感生理参数进行相关性分析。结果表明优选的植被指数和小波系数与敏感生理参数间存在极显著相关性，根据优选的光谱参数构建生理参数预测模型并进行检验（图 3-14）。检验结果表明，优选的植被指数和小波系数可以准确地估测 LCA、LNC、CCC、LNA 等生理参数。

图 3-14 生理参数预测模型的检验

图中 RVI 代表比值植被指数；rbio1.5 和 bior3.3 分别代表两种小波函数；LCA_W 和 LNC_W 分别代表不同水分条件下的叶片碳积累量和叶片氮含量，CCC_N 和 LNA_N 分别代表不同氮肥条件下的叶绿素含量和叶片氮积累量，LNC_{WN} 代表不同水氮耦合条件下的叶片氮含量。

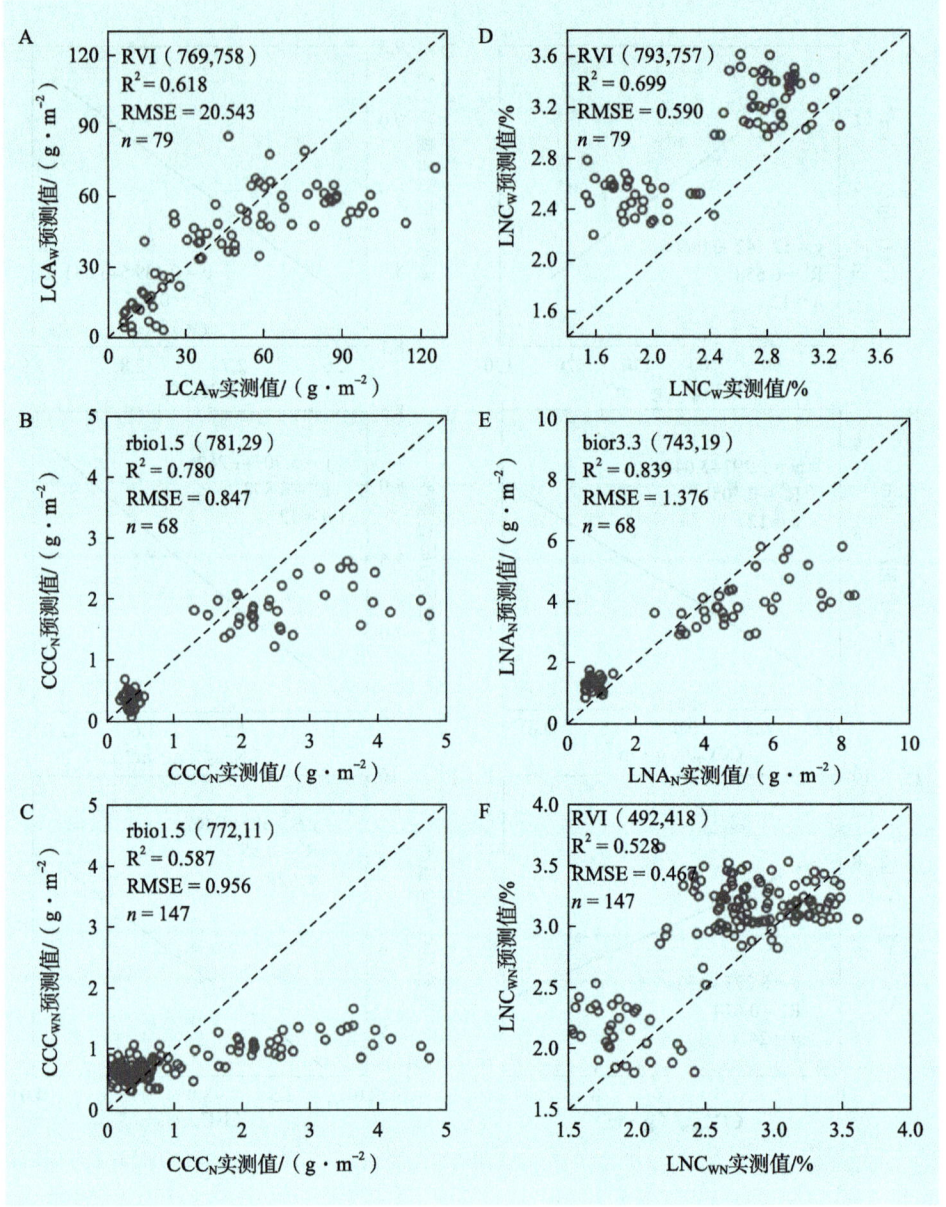

3. 利用光谱数据构建玉米产量和蛋白质含量预测模型

上述内容阐明了敏感生理参数与玉米籽粒产量和蛋白质含量间的线性关系，以及光谱数据与这些敏感生理参数的关系。"光谱数据 – 农学参数 – 产量品质"就是将玉米籽粒产量和籽粒蛋白质含量的农艺估测模型与敏感生理参数的光谱估测模型相结合，以此通过光谱数据构建玉米籽粒产量和籽粒蛋白质含量的间接估测模型的方法。通过将①和②部分优选的模型进行组合构建了不同水氮条件下玉米

表 3-3　玉米籽粒产量和蛋白质含量估测模型及其检验精度

	处理	样本数(n)	光谱参数	回归模型	R^2	RMSE
产量	水分	21	$RVI_{769,758}$	$y=192.476-178.0597x$	0.773	2.509
	氮素	18	$rbio1.5_{781,29}$	$y=10.2743+9.5962x$	0.744	2.850
	水氮组合	39	$rbio1.5_{772,11}$	$y=8.237-0.5421e^{10.45x}$	0.506	2.297
蛋白质含量	水分	21	$RVI_{793,757}$	$y=227.073-354.106x+140.099x^2$	0.704	0.744
	氮素	18	$bior3.3_{743,19}$	$y=8.4504-3.7469x+0.9515x^2$	0.717	0.957
	水氮组合	39	$RVI_{492,418}$	$y=23.8078-18.8407x+4.9673x^2$	0.715	1.224

籽粒产量和蛋白质含量估测模型（表 3-3），结果表明该方法可以实现对产量和品质的准确估测。

（四）主要结论

在不同的水氮条件下，玉米籽粒产量与 CCC、LCA 高度线性相关，籽粒蛋白质含量与 LNC、LNA 显著相关；优选的光谱参数和小波系数与这些敏感生理参数极显著相关。通过构建对应的估测模型并进行模型间的组合，可以利用光谱数据实现对玉米籽粒产量和蛋白质含量的有效预测。这类间接估测模型可以在一定程度上解释环境因素对产量的影响，进而辅助田间栽培措施的调整，为增产稳产和品质提升提供技术支持。

四、农作物病虫害监测

（一）问题背景

病虫害的爆发会影响农业生产，造成作物产量和品质的严重下降。当作物受到病虫害胁迫时，其外部形态和内部生理参数均会出现变化，这必然导致受害作物在不同光谱波段上表现出吸收和反射特性的变化，这种变化被称为作物病虫害胁迫的光谱响应。作物病虫害监测研究的遥感信息主要集中在可见光和近红外波段。通过提取其光谱响应特征并加以分析处理，能够实现对病虫害胁迫发生时间、类型、严重程度的精准、快速、无损监测，以便于田间管理者对症下药。

（二）实施方案

本文以基于无人机高光谱图像的小麦黄锈病监测为例进行说明。首先，利用无人机的高光谱图像提取不同侵染时期的小麦冠层植被指数（vegetation index，VI）和纹理指数（texture feature，TF），再将这些指数与小麦黄锈病病情指数进行相关性分析，根据分析结果的优选指数构建基于偏最小二乘回归（partial least squares regression，PLSR）的不同感染期的病害监测模型，最后依据监测模型绘制病害的空间分布图。

（三）具体应用

1. 小麦黄锈病对光谱反射率的影响

将不同侵染时期（7DPI、16DPI、23DPI、30DPI、36DPI、42DPI）的小麦黄锈病和健康植株的光谱反射率进行比较（图3-15）。随着侵染时期的增加，黄锈病小麦的反射率在近红外波段出现明显变化，整体表现为侵染后期反射率低于前期，且侵染后的小麦冠层反射率在6个时期均低于健康小麦。

图3-15 健康小麦和接种黄锈病小麦的冠层光谱反射率变化（Anting Guo 等, 2021）

2. 植被指数和纹理指数与病情指数的关系及监测模型的构建

将植被指数和纹理指数以及它们的组合分别与早期（7DPI、16DPI）、中期（23DPI、30DPI）和后期（36DPI、42DPI）病情指数进行相关性分析，根据相关性分析结果确定相关系数较大且呈极显著相关的特征指数参与监测模型的建立。通过建立不同空间分辨率下的小麦黄锈病的偏最小二乘回归监测模型，筛选出最优模型（表3-4）。

对上述模型进行进一步检验（图3-16）。基于植被指数的模型在侵染中期的监测精度最好，基于纹理指数的模型在侵染后期的监测精度最好，基于植被指数–纹理指数组合的模型在3个侵染时期都表现出最好的效果。因此，利用监测精度最高的基于植被指数–纹理指数组合的模型在10 cm空间分辨率下绘制3个侵染时期的病害空间分布情况（图3-17）。经过与实地黄锈病的分布和扩散情况进行比较，监测结果基本能够反映真实的情况。

表3-4 不同侵染时期的小麦黄锈病病情指数监测模型（Anting Guo 等, 2021）

特征参数	侵染时期	分辨率	PLSR 回归模型
植被指数	早期	15 cm	DI=−1.6143−3.9349NDVI+6.0053SIPI+7.173PRI+10.3403PSRI−0.263MSR
	中期	15 cm	DI=−391.994+374.044NDVI+59.786SIPI+338.364PRI+759.008PSRI−3.844MSR
	后期	20 cm	DI=26.762−51.012NDVI+39.463SIPI+178.313PRI+91.32PSRI−8.395MSR
纹理指数	早期	3 cm	DI=16.9718−0.1463MEA1−0.2437MEA2−5.8203VAR^2+3.1486CON^2
	中期	10 cm	DI=316.811+0.588MEA1−5.671MEA2−32.4VAR^2+11.707CON^2
	后期	15 cm	DI=479.509+0.54MEA1−8.504MEA2−22.926VAR^2+1.054CON^2
植被–纹理指数	早期	10 cm	DI=−4.355−0.008MEA1−0.011MEA2+0.094VAR^2+0.175CON2−4.272NDVI+8.729SIPI+14.065PRI+7.918PSRI−0.189MSR
	中期	15 cm	DI=209.235+1.339MEA1−1.75MEA2−109.907VAR^2+21.766CON^2−41.262NDVI−18.082SIPI+311.905PRI−10.207PSRI−13.047MSR
	后期	10 cm	DI=−248.697+2.211MEA1−4.391MEA2−14.686VAR^2+4.341CON^2+421.597NDVI+69SIPI+288.678PRI+680.157PSRI−5.277MSR

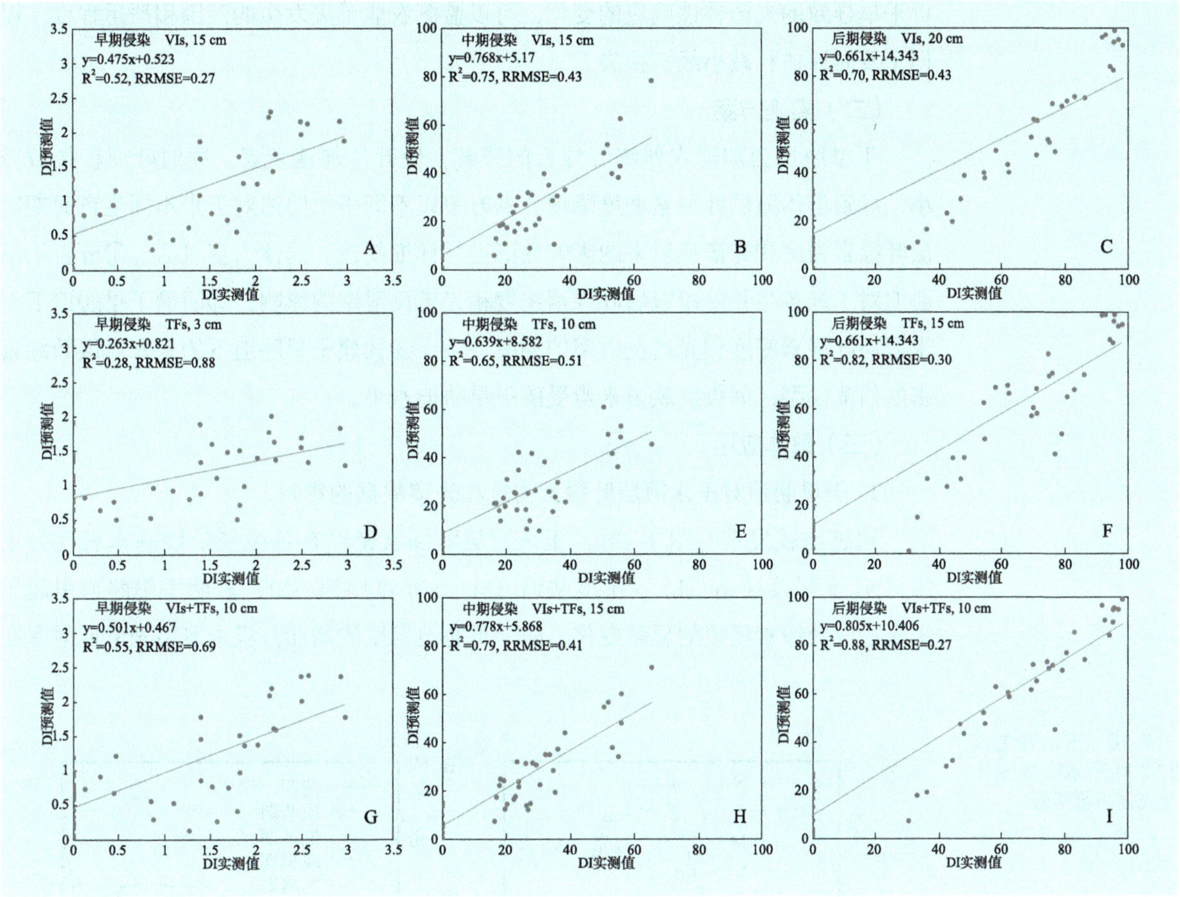

（四）主要结论

利用无人机高光谱遥感技术构建小麦黄锈病的遥感监测模型，可以及时、准确反映其发生的范围、严重程度以及扩散情况，以便于田间管理中的对症、对点下药。此外，该技术克服了传统病虫害监测覆盖范围小、人为调查主观性强等局限，在大面积的快速监测上具有传统方法不可比拟的优势。在现代农业的发展背景下，基于遥感技术的作物病虫害监测将会发挥越来越重要的作用。

图3-16 不同侵染时期的小麦黄锈病病情指数监测模型的检验（Anting Guo等，2021）

图中VIs、TFs分别代表植被指数和纹理指数；DI代表病情指数

五、农作物干旱监测

（一）问题背景

农业旱灾是我国最常见、影响最大的气候灾害。通常旱灾发生面积大，持续时间长，具有一定的规律性。农业旱灾的发生通常会造成农作物水分的亏缺，导致作物蒸腾作用受到抑制，叶片气孔关闭、温度升高，叶绿素含量下降甚至枯萎等一系列生理和形态参数发生改变，进而导致农作物对应的光谱特征发生变化，通过分

图3-17 基于最佳监测模型的小麦黄锈病空间分布示意图（Anting Guo等，2021）

析干旱导致的光谱特性响应的变化，可以监测农业旱灾发生的范围和严重程度，以便于及时评估和减小经济损失。

（二）实施方案

干旱胁迫会加速农作物叶绿素的降解，使叶片加速衰老，同时叶面积指数减小，导致群体冠层叶绿素密度降低。本方案以不同干旱胁迫对玉米不同生育时期冠层叶绿素密度和光谱反射率的影响为例进行详细阐述。具体内容包括：①分析干旱胁迫对玉米各生长阶段冠层叶绿素密度和光谱反射率的影响；②明确干旱胁迫下玉米冠层叶绿素密度和光谱反射率的相关关系；③构建干旱胁迫下的玉米冠层叶绿素密度估测模型，间接反映玉米遭受的干旱胁迫水平。

（三）具体应用

1. 干旱胁迫对玉米冠层叶绿素密度和光谱数据的影响

通过比较发现（图3-18），玉米冠层叶绿素密度在各生长阶段基本表现为正常（N）＞轻度胁迫（L）＞中度胁迫（M）＞重度胁迫（S），表明干旱胁迫引起了玉米冠层叶绿素密度的显著变化。随干旱胁迫程度的增加，玉米冠层光谱反射率在

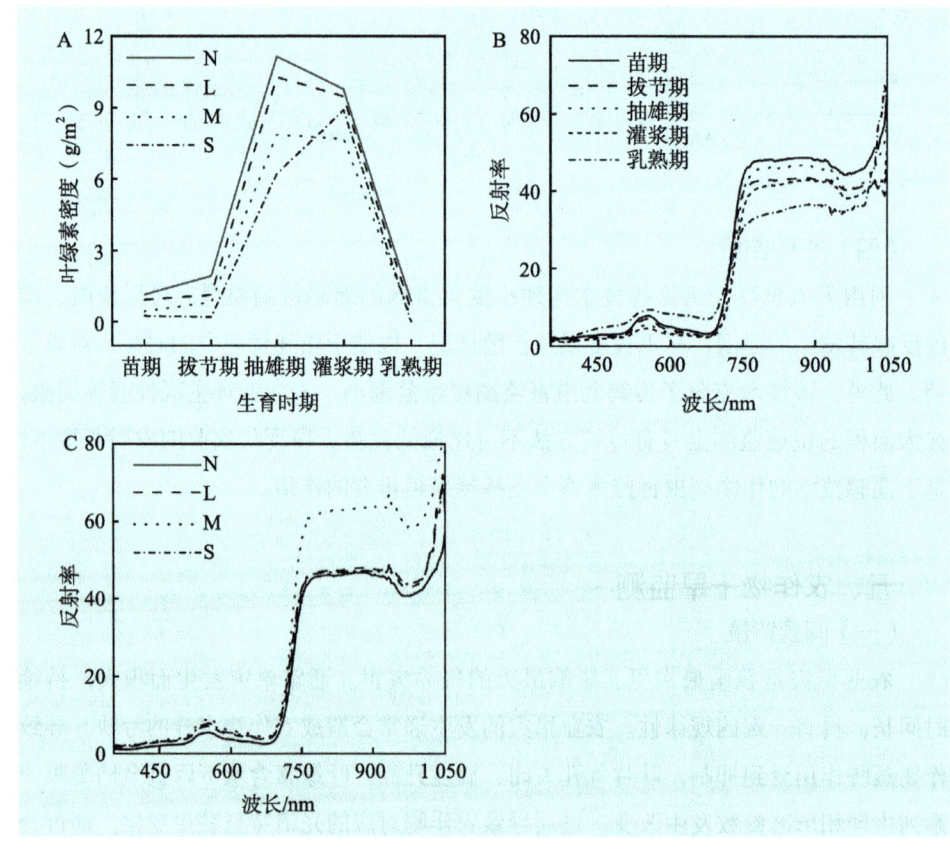

图 3-18 玉米各生育时期叶绿素密度变化及光谱特征响应

注：图A、B表示各生育时期叶绿素密度变化和原始光谱反射率变化，图C表示抽雄期不同干旱胁迫下原始光谱反射率变化。

N：正常；
L：轻度胁迫；
M：中度胁迫；
S：重度胁迫。

350～1 050 nm 出现上升的趋势。

2. 玉米冠层叶绿素密度和光谱数据的相关性分析

冠层光谱数据经过波段自由组合和连续小波变换后，将优选的植被指数和小波系数与冠层叶绿素密度进行相关性分析。根据相关性分析结果（图3-19、图3-20，图中每个像素点对应的横纵坐标为波段，各像素点的色度值表示相关系数的高低），筛选了 DVI（926，910）、RVI（555，538）、NDVI（555，538）、gaus6（21，791）、bior5.5（26，792）和 rbio2.6（22，790）等相关性较强的光谱参量进行模型的构建。

图 3-19 DVI（A）、RVI（B）、NDVI（C）与叶绿素密度相关系数图

图 3-20 bior5.5（A）、rbio2.6（B）、gaus6（C）与叶绿素密度相关系数图

3. 干旱胁迫下的玉米冠层叶绿素密度模型构建

将相关性较好的光谱参量作为自变量，冠层叶绿素密度作为因变量构建线性回归估测模型（表3-5）。结果表明，基于优选的光谱参数和小波系数构建的线性回归模型具有较高的精度和稳定性，能够对玉米冠层叶绿素密度进行较好的估测。

表 3-5 叶绿素密度模型的建模集和验证集结果

变量	模型 Y=ax+b		建模集（n=139）		验证集（n=70）	
	a	b	R^2	RMSE	R^2	RMSE
MTCI	2.334	-4.984	0.681	2.381	0.742	2.107
REM	6.405	-3.924	0.631	2.561	0.687	2.317
RCI	2.520	-3.058	0.607	2.643	0.671	2.374
DVI（926，910）	-18.928	1.195	0.700	2.309	0.675	2.392
RVI（555，538）	-325.750	354.110	0.817	1.805	0.748	2.086
NDVI（555，538）	-701.030	29.247	0.819	1.795	0.750	2.077
bior5.5（26，792）	-21.317	2.129	0.816	1.810	0.853	1.594
rbio2.6（22，790）	-21.051	2.165	0.816	1.808	0.860	1.553
gaus6（21，791）	-16.926	3.082	0.818	1.802	0.864	1.532

（四）主要结论

利用波段自由组合和连续小波变换对光谱数据进行预处理，通过线性回归模型可以实现对干旱胁迫下玉米冠层叶绿素密度的准确估测。通过对冠层叶绿素密度水平的估测，可以间接明确玉米受到的干旱胁迫程度，为玉米生长过程中的及时补水提供依据。此外，该思路也可为其他农作物的干旱监测提供一定参考。

复习思考题

1. 简述健康植被与受病害胁迫的植被在反射率曲线上的差异。
2. 根据遥感技术在智慧农作中的应用案例，简述作物近地面遥感监测预测的步骤。

参考文献

1. 张竟成. 高光谱遥感：基础与应用 [M]. 北京：高等教育出版社，2020.
2. 赵英时等. 遥感应用分析原理与方法 [M]. 2 版. 北京：科学出版社，2013.
3. 赵忠明，孟瑜，汪承义，等. 遥感图像处理 [M]. 北京：科学出版社，2014.
4. THENKABAIL P S. Remote sensing handbook [M]. Boca Raton：CRC Press，2015.

数字课程学习

🖥 教学课件　　🌐 教学视频　　📗 图库　　📝 自测题

第四章
农田信息采集技术

快速、有效采集和处理影响作物生长环境的空间变量信息，是实践"精准农业"的重要基础。传统的人工手动采集方法速度慢、工作量大、费用高，受人为因素干扰严重，数据准确性较差。而以计算机为中心的自动信息采集方法能够大量、及时、准确地获取农田信息，成为农田信息采集的主要手段。

近年来，对地观测技术虽然有了明显的提高，但农田信息快速采集技术的研究还很难满足于信息农业的发展需求。因此，在地面运动中连续获取信息的过程中，传感器技术的深入研究显得尤为重要，尤其是对于时空上变化较快的测量参数。

农田信息采集技术就是利用传感器和监测系统来收集当时当地所需的各种数据，如农田生物物质组成成分和含量、作物外部形态结构、土壤水分、土壤养分、pH、温度、湿度、辐射、降水量等信息。

第一节 气象信息采集

一、大气圈与空气环境

(一)大气概况

地球被一层混合气体包围,这层气体被称为大气圈。大气随着地球转动而运动,太阳与月球的引力对大气形成潮汐作用。大气层对地面的生物与环境有决定性的影响。地球大气的质量约为 5.3×10^{21} g,约占地球总质量的百万分之一。大气密度随高度的增加而呈指数下降,大气总质量的 90% 集中在离地表 15 km 高度以内,99.9% 在 50 km 高度以内。在 2 000 km 高度以上,大气极其稀薄,逐渐向行星际空间过渡,而无明显的上界。在地下、土壤和某些岩石中也会有少量气体,它们也可认为是大气圈的组成部分。

大气层的成分主要有氮气,占 78.1%,氧气占 20.9%,氩气占 0.93%;还有少量的二氧化碳、稀有气体(氦气、氖气、氩气、氪气、氙气、氡气)、水汽和固体颗粒物。大气主要气体成分的组成比例非常稳定。但是大气的温度、湿度、气压等性质随高度而变化。可按照大气的温度和空气的运动状态及分布特征在地球在垂直方向上对大气进行分层,大气自下而上分为:

1. 对流层

靠地表的底层大气,对流运动显著。其厚度因纬度、季节以及其他条件而异,在赤道区 16~18 km,中纬度区 10~12 km,两极区 7~8 km。一般来说,夏季厚而冬季薄。对流层与地表联系最密切,受地表状况影响最大,大气中的水汽大部集中于此层,形成云和降水等现象。对流层的上部称为"对流层顶",厚几百米到 1~2 km。对流层的温度几乎随高度增加而直线下降,到对流层顶时约为 –50℃。

2. 平流层(又称同温层)

由对流层顶到离地表 50 km 高度的一层,大气主要是平流运动。层内温度随高度增加而略微上升,到约 50 km 高度处,达到极大值(–10~20℃)。

3. 中间层(又称散逸层)

高度在离地表 50~85 km 的一层,温度随高度增加而下降,到离地表高度 85 km 的中间层顶,温度接近最低值,约为 –80℃。

4. 热层

中间层以上的一层，温度随高度增加而上升，在离地表 500 km 处，即热层顶，达到 1 100℃左右。这一层的温度因为大气大量吸收太阳紫外辐射而升高。热层顶以上为外大气层。这里的大气已极稀薄，原子密度为 10^7 个 $/cm^3$ 以下（而海平面处为 10^{19} 个 $/cm^3$）。

（二）大气环境

大气环境是指生物赖以生存的空气的物理、化学和生物学特性。物理特性主要包括空气的温度、湿度、风速、气压和降水，这一切均由太阳辐射这一原动力引起。化学特性则主要为空气的化学组成：大气对流层中氮气、氧气、氢气 3 种气体占 99.96%，二氧化碳约占 0.03%，还有一些微量杂质及含量变化较大的水汽。人类生活或工农业生产排出的氨、二氧化硫、一氧化碳、氮化物与氟化物等有害气体可改变原有空气的组成，并引起污染，造成全球气候变化，破坏生态平衡。大气环境和人类生存密切相关，大气环境的每一个因素几乎都可影响到人类。

距离地表较近的大气层在短时间内的物理与化学性质的状态就构成了天气，表现为大气中的各种自然现象，即大气中各种气象要素（如气压、气温、湿度、风、云、雾、雨、闪、雪、霜、雷、雹、霾等）空间分布的综合表现。以下介绍与气象观测关系最密切的一些气象要素。

1. 气压

它是在任何表面的单位面积上，空气分子运动所产生的压力。气压的大小与高度、温度、密度等有关，一般随高度增高按指数级递减。在气象上，通常用测量高度以上单位截面积的铅直大气柱的质量来表示。常用单位有毫巴（mb）、毫米水银柱高度（mm·Hg）、帕（Pa）、百帕（hPa）、千帕（kPa），其间换算关系是：1 mm·Hg ≈ 4/3 mb，1 mb = 100 Pa = 1 hPa = 0.1 kPa。国际单位制通用单位为帕。

2. 气温

气温是表示大气冷热程度的量。在一定的容积内，一定质量的空气，其温度的高低只与气体分子运动的平均动能有关。即这一动能与绝对温度成正比。因此，空气冷热的程度，实质上是空气分子平均动能的表现。当空气获得热量时，其分子运动的平均速度增大，平均动能增加，气温也就升高。反之当空气失去热量时，其分子运动平均速度减小，平均动能随之减少，气温也就降低。习惯上以摄氏温度（t℃）表示，也有用华氏温度（t°F）表示的，理论研究工作中则常用绝对温度（TK）表示。其间换算关系是：t℃ = 5/9 (t′°F–32)；t℃ = TK – 273.15。地面大气温度一般指地面以上 1.25～2 m 的大气温度。测量气温的仪器有温度表和温度计。

3. 露点

在空气中水汽含量不变，气压一定下，使空气冷却达到饱和时的温度，称露点温度，简称露点（Td）。其单位与气温相同。在气压一定时，露点的高低只与空气中的水汽含量有关，水汽含量越多，露点越高，所以露点也是反映空气中水汽含量的物理量。在实际大气中，空气经常处于未饱和状态，露点温度常比气温低（Td < T）。

4. 降水

降水指从云中降落的液态水和固态水，如雨、雪、冰雹等。降水观测包括降水量和降水强度，前者指降到地面尚未蒸发、渗透或流失的降水物在地平面上所积聚的水层深度，以 mm 为单位；后者指单位时间内的降水量，常用的单位是 mm/10 min、mm/h、mm/d。测量降水的仪器有雨量器和雨量计等。

5. 风向

空气运动产生的气流称为风。风向是指风的来向，最多风向是指在规定时间段内出现频数最多的风向。通常人们认为的风向是八方位，在气象观测中，风的方向是十六方位。

6. 风速

风速是指单位时间内空气在水平方向运动的距离，单位用 m/s 或 km/h 表示。通常人们认为的风速是某一时刻的风速最大值，这与气象观测中最大风速的含义又有不同。

7. 辐射

气象上常测定以下几种辐射：①太阳辐射，又称日射，指太阳放射的辐射；②地球辐射，指由地球（包括大气）放射的辐射；③地表辐射，指由地球表面放射的辐射；④大气辐射，指地球大气放射的辐射；⑤全辐射，指太阳辐射与地球辐射之和；⑥太阳直接辐射，指来自太阳圆面的立体角内投向与该立体角轴线相垂直的面上的太阳辐射；⑦天空辐射（或太阳漫射辐射），指地平面上接收到的来自 2π 立体角（除去日面所张之立体角）范围内的向下的散射和反射的太阳辐射；⑧太阳总辐射，指水平面接收的，来自 2π 立体角范围内的太阳直接辐射与散射辐射之和；⑨反射的太阳辐射，指从地表所反射的太阳辐射以及从地表与观测点之间的空气层向上空漫射的太阳辐射之和；⑩净辐射，指向下和向上（太阳和地球）辐射之差，即一切辐射的净通量。在地面气象观测中，通常测量的是太阳总辐射。测量各种辐射分量的仪器有绝对日射表、天空辐射表、直接日射表、净辐射仪等。

8. 日照

表示太阳照射时间的量，分为可照时间和实照时间两种，分别以可照时数和实照时数表示，均以小时为单位。可照时数是一天内可能的太阳光照时数。也即一天内太阳中心从东方地平线升起，直到进入西方地平线之下的全部时间，完全由该地的纬度和日期决定。

二、太阳辐射传感器

太阳辐射直接为地球提供了光热资源，地球上生物的生长发育均离不开太阳。太阳辐射能还维持着地表温度，是促进地球上水体运动、大气运动和生物活动的主要动力。同时，太阳辐射是地质作用中外力作用的主要能量来源，各种外力作用共同改变着地表形态。太阳辐射到达地球大气层的部分被称为总辐射，也称为短波辐射。总辐射包括太阳的直接辐射和太阳散射辐射。太阳辐射从低纬向高纬递减的规律，形成了自然带分布上的规律之一，即纬度地带分异规律。

太阳辐射在大气中的传输过程中对地球系统的辐射平衡有着重要作用，地表辐射的准确测量可以减少辐射平衡研究中的不确定性，太阳辐射在穿过大气的过程中辐射光谱和辐射强度会发生改变，这就需要从大气顶层的太阳总辐射到地面的不同高度上的太阳辐射进行准确测量。

（一）太阳辐射传感器原理

太阳辐射测量主要依靠处在不同高度的各类辐射测量仪器，包括搭载在卫星、飞机和气象气球上的各类特制辐射仪器。太阳辐射的接收器主要分为两类，一类是光电式太阳辐射传感器，它采用光电原理，内部含有高精度的感光元件，宽光谱吸收，全光谱范围内吸收量高，稳定性好；同时感应元件外安装透光率高达95%的防尘罩，防尘罩采用特殊处理，减少灰尘吸附，有效防止环境因素对内部元件的干扰，能够较为精准地测量太阳辐射量。还有一类是热电式太阳辐射变送器，采用热电原理，可用来测量光谱范围在 $0.3 \sim 3~\mu m$ 的太阳辐射。感应元件采用绕线电镀式热电堆，感应面为吸收率高的黑色图层。利用辐射的热效应，吸收太阳辐射并转化为温差电动势，并具有温度补偿功能，能够较为精准地测量太阳辐射量。感应面上方采用双层玻璃罩，不但能够减弱空气对流对设备的影响，而且能够阻断外罩本身的辐射，测量散射辐射。光电式和热电式太阳总辐射传感器可采用485方式或模拟量方式输出，可读取换算当前太阳总辐射值，广泛应用于太阳能利用、气象、农业、建筑材料老化以及大气污染等方向做太阳辐射能量的测量。

（二）常用太阳辐射传感器

1. 太阳直接辐射计

用来测量垂直照射在物体表面的太阳直接辐射，因而辐射接收器要求可以连续追踪太阳的移动路径，相较于以往的手动或时钟调整方式，这一部分功能目前主要由计算机控制的追踪器来实现。直接辐射计主要由具有较窄接收角度的辐射导引装置和传感器组成，大多数的导引装置呈筒形或使用光阑电子管。

太阳直接辐射的测量需要将太阳从天空背景中分离出来进行，因此仪器需要装配一个带有一系列光阑的准直管。光阑保证仪器的视场，防止管壁辐射和气流的影响。日面对地面上任何地点的张角约为0.5°，要将其分离需要将准直管做得很长，但会带来对准的难度，使得直接辐射的测量仪器很难消除大气散射辐射。因此，来自垂直于太阳表面（视角约0.5°）的辐射和太阳周围很窄的环形天空的散射辐射称为太阳直接辐射。

现代直接辐射仪器视窗的半张角从太阳中心向外扩展的度数有两种，即半开敞角约2.5°或5°［分别相当于$5×10^{-3}$或$5×10^{-2}$球面度（sr）］。直接辐射表支架的结构应能迅速而平稳地调整方位角和高度角。通常有一瞄准装置，当接收表面完全垂直于太阳直射光束时，瞄准装置中有一小光点会正落在目标点标志上。若连续测量直接辐射，需使用自动跟踪太阳装置。

2. 太阳总辐射表

太阳总辐射表也称为太空辐射表，是用来测量水平面上，在2π立体角内所接收到的太阳直接辐射和太阳散射辐射之和的总辐射（短波）。它是辐射观测最基本的项目，多用于太阳能辐射站上总辐射数据监测。总辐射表由感应件、玻璃罩和附件组成，一般在底部装有干燥器。感应件由感应面与热电堆组成，涂黑的感应面通常为圆形，也有方形。热电堆由康铜、康铜镀铜构成。仪器的灵敏度一般为$7 \sim 14\ \mu V \cdot m^2/W$。响应时间≤60 s（响应稳态值99%时）。取决于太阳高度角与方位角的传感器的方向性响应，分别称为朗伯余弦响应和方位响应。在理想情况下，接收器的响应必须正比于太阳光束天顶角的余弦，而对所有方位角保持定常。对于总辐射表，余弦响应指标规定为：太阳高度角为10°和30°时，余弦响应误差分别为≤10%和≤5%。玻璃罩由半球形双层石英玻璃构成。它既能防风，又能透过波长$0.3 \sim 3.0\ \mu m$的短波辐射，其透过率为常数且接近0.9。双层罩的作用是为了防止外层罩的红外辐射影响，减少测量误差，使总辐射表感应面朝下，即可测定短波反射辐射，此时总辐射表就称为反射辐射表。

3. 散射辐射表

把总辐射中来自太阳直射辐射的部分遮蔽后测得的辐射值即为散射辐射或天空辐射。散射辐射用总辐射表配上有关部件进行测量。

遮蔽太阳直接辐射的方式有两种：一种是直接用遮光装置把太阳直接辐射从传感器上遮蔽；另一种是用电机带动自动跟踪太阳的遮光球（板）或使用手动的遮光环，以阻挡太阳直接辐射。在电机带动的遮光装置中，应经常检查遮光装置，以保证支撑细杆的转动与太阳的视运动同步，否则难以发现不正常的记录。遮光环式的散射辐射只需要较少的人工调整，一般只需一天或几天调整一次即可，但需要考虑遮光环装置对散射辐射有明显的遮挡而必须对记录进行修正。我国气象观测站使用的散射辐射表是由总辐射表和遮光环两部分组成。遮光环的作用是保证从日出到日落能连续遮住太阳直接辐射。它由遮光环圈、标尺、丝杆调整螺旋、支架、底盘等组成。

4. 净全辐射表

净全辐射表由感应件、薄膜罩和附件等组成，感应件是由涂黑感应面与热电堆组成。与总辐射表不同，它有上下两个感应面，两面均能吸收波长 0.3~100 μm 的全波段辐射。热电堆两端与上下两个感应面相贴。由于上下感应面吸收的辐照度不同，使得热电堆两端产生温度差异，其输出的电动势与涂黑感应面接收的辐照度差值成正比。净全辐射表有长波与全波段两个灵敏度，其要求范围一般在 7~14 $\mu V \cdot m^2/W$。长波与全波段灵敏度允许误差≤15%。响应时间≤60 s（99% 响应）。白天（净全辐射为正值）采用全波段灵敏度，夜间（净全辐射为负值）采用长波灵敏度。为防止风的影响和保护感应面，净全辐射表上下感应面装有既能透过短波，又能透过长波辐射的半球形专用聚乙烯薄膜罩。薄膜罩上放置橡皮密封圈，然后用压圈旋紧，使得薄膜罩牢牢固定住。

5. 紫外辐射表

紫外辐照度主要受大气层中臭氧、云的影响，另外受地表散射的作用，特别是有雪覆盖时，周围地表的影响也很重要。由于到达地球表面的紫外辐射能量很小，使得紫外辐射的测量较为困难。紫外辐射表的灵敏度一般较高，现用仪器的范围多数为 200~400 $\mu V \cdot m^2/W$。地面紫外辐射表分为单通道宽带、多通道窄道滤光片和扫描光谱三种类型。目前，宽带类型使用最多。较常用的单通道宽带紫外辐射表有两种。

（1）TUVR 型紫外辐射表　TUVR 型紫外辐射表感应元件是阻挡层硒光电池，主要由带硒阻挡层、石英窗密封的光电池、紫外滤光片和干净的聚四氟乙烯散射片组成，光电管的终端与一个精密的电阻相连接，信号的测定通过测量电阻的压降实现，其测量范围为 0.295~0.385 μm，用于测量全紫外辐射。在短波端由于臭氧的吸收作用，影响并不大；但是在 0.385~0.4 μm 波段，仪器不能检测到辐射。因此，TUVR 测量的辐照度不能等同于 UVA+UVB 或紫外总辐照度。

（2）CUV5 型紫外辐射表　CUV5 型紫外辐射表外观与总辐射表相似。它的感应元件是硅光电器件，附加珀尔贴器件进行恒温，感应面部分为聚四氟乙烯材料制作的散射片，在 CUV3 型、CUV4 型的基础上不断改进了玻璃保护罩和对 UV–B

具有更好穿透性的材料，在全紫外辐射范围具有较好的光谱特性。测量范围可达 0.28～0.4 μm，其中在 0.29～0.385 μm 波段光谱响应可达 0.5 μm 以上。

6. 长波辐射表

长波辐射表其构造、外观与总辐射表基本相同，由传感器（感应面与热电堆）、外罩和附件等组成。不同在于：①长波辐射表的半球罩必须由只透过长波而不透过短波的熔融硅材料加镀干涉膜制作而成，玻璃罩内镀上硅单晶，保证了 3 μm 以下的短波辐射不能到达感应面；②由于表体本身也向外发射长波辐射，为确定其辐射出射度，必须加装热敏电阻，以测定其温度；③由于半球罩本身也向外发射长波辐射，为确定其辐射出射度，也加装了热敏电阻测定其温度。

7. 光合有效辐射表

目前，国际上通用的光合有效辐射波长范围是 0.4～0.7 μm。对光合作用真正起作用的是光量子，要求以光量子单位 $[zmol/(m^2 \cdot s)]$ 来计量光合有效辐射。用能量探头测量光合有效辐射照度时，测量结果以 W/m^2 为单位，用量子探头测得的结果以 $\mu mol/(m^2 \cdot s)$ 为单位。

光合有效辐射表可分为能量单位型和光量子单位型两种，均为测量半球向辐照度而设计的，结构比较简单，仪器的关键部分是滤光片，均属于总辐射表类型。两种类型的光合有效辐射表在构造上并无差别，仅在于测量的单位不同，仪器主要由余弦修正器、滤光片、光电器件和外壳组成。

(1) 能量单位型　从感应元件所采取方式的不同，将能量单位型光合有效辐射表分为总辐射表型和专用型两种。

① 总辐射表型　将两台总辐射表的外层玻璃罩卸下，换上用锐截止型有色光学玻璃制作的半球罩之后，进行平行测量，并分别除以各自的灵敏度，再将前者的结果与后者相减，所得到的就是以能量单位表示的光合有效辐照度。利用这种方法测得的结果，直接取决于所用两台总辐射表本身的质量和仪器的安装质量。由于一个结果来自两台仪器，其误差是两台仪器误差的总和。

② 专用型　这是一种光电探测器型的总辐射表，在光电器件前面加装了相应的滤光器，滤除光合有效波段以外的杂光。在仪器的顶部进光部位装有乳白色圆片，由于其改善了入射光余弦特性，也称余弦散射器。

(2) 光量子单位型　光量子单位型光合有效辐射表在外观与结构上与专用型光合有效辐射表完全一样，最大区别仅在于校准时所得到的灵敏度或能量单位的不同。该传感器可以直接连接在电压表或者数据采集器上进行测量，并直接获得以 $\mu mol/(m^2 \cdot s)$ 为单位的读数。

三、空气温湿度传感器

(一) 空气温度传感器原理

温度只能通过物体随温度变化的某些特性来间接测量，物质的任何物理性质如果是温度函数，都可作为温度表的依据。温度测量有接触式和非接触式两种测量方式，接触式是将测温仪器直接放入大气、土壤或其他介质中，可利用液体膨胀特性、固体线膨胀系数之差、热电效应、半导体电阻的温度特性等制成测温元件进行测量。非接触式是以遥感方式测量大气温度，可利用声速随大气温度变化特性、物质的辐射效应与温度的特性等。

地面气象观测目前使用的主要都是接触式测温元件。最广泛应用的性质是电阻随温度的变化和热膨胀。根据这些性质可制成电阻温度传感器和玻璃温度表，用以测量常规温度和极端温度。

1. 电阻温度传感器

这种传感器以电阻作为温度敏感元件，根据敏感材料不同又可分成热电阻式和热敏电阻式，热电阻式一般用金属材料制成，如铂、铜、镍等。热敏电阻是以半导体材料制成的陶瓷器件，如锰、镍、钴等金属的氧化物与其他化合物按不同配比烧结而成。热电阻的温度系数一般为正值，在一定温度范围内，阻值与温度近似呈线性关系，由于铂电阻测温范围宽，精度高，制作误差小，结构简单且已有统一的国际标准，铂电阻温度传感器已广泛应用于许多场合的温度测量与控制。热敏电阻具有体积小、灵敏度高、反应速度快、分辨率高等优点，在各个领域广泛用作测温控温及温度补偿的敏感元件，热敏电阻温度传感器的缺点是线性度低、稳定性差。

2. 热电偶温度传感器

热电偶是一种感温元件，是一种一次仪表，它直接测量温度，并把温度信号转换成热电动势信号，通过电气仪表（二次仪表）转换成被测介质的温度。热电偶测温的基本原理是两种不同成分的材质导体组成闭合回路，当两端存在温度梯度时，回路中就会有电流通过，此时两端之间就存在电动势——热电动势，这就是所谓的塞贝克效应。两种不同成分的均质导体为热电极，温度较高的一端为工作端，温度较低的一端为自由端，自由端通常处于某个特定的温度下。根据热电动势与温度的函数关系，制成热电偶分度表，分度表是自由端温度在0℃时得到的，不同的热电偶具有不同的分度表。

以上所述利用热电阻和热电偶检测温度，需将其与被测物体直接接触以充分进行热交换，热交换不充分就会造成测量误差，因此普通的热电偶只能用于测量气体、液体的温度。为便于测量各种形状的固体的温度，人们研制出了特殊的热电偶，如薄膜热电偶、表面热电偶等。热电阻测温同样存在问题，以往采用的绕线式电阻耐压及振动能力差，如今已出现薄膜式铂电阻和薄膜式铜电阻感温元件，随着计算机技术的发展，测温精度不断提高，现已可将热电偶测温、热电阻测温及计算机技术相结合，大大地扩展了测温范围，提高了测量精度。

（二）空气湿度传感器

空气湿度是表示空气中的水汽含量和潮湿程度的物理量。大气中的湿度及其变化与天气变化有着密切的关系，大气中的水汽是形成云雾、降水现象的重要因素，水汽的水相转换是重要的能量传递方式。

测量空气湿度的主要方法可分为5种：①称量法。这是直接称量出一定体积湿空气中的水汽含量，计算出绝对湿度的方法。②吸湿法。利用吸湿物质吸湿后的形变或电性能变化来测湿度。如常规使用的毛发、肠膜元件、氯化锂湿度片（电阻式）、炭膜湿度片、氧化铝感湿元件等。③露点法。利用凝结面降温产生凝结时的温度（露点），来计算空气的湿度。还有氯化锂露点测湿元件，是利用氯化锂溶液来测出露点温度，再换算成湿度。④光学法。利用测量水汽对光辐射的吸收衰减作用，来测定水的含量。⑤热力学方法。利用蒸发表面冷却降温的程度随湿度而变的原理来测定湿度。目前人工观测常用的测量湿度的仪器主要有干湿球温度表、毛发湿度表、通风干湿表和湿度计等，自动观测最常用的是湿敏电容湿度传感器。

1. 湿敏电容湿度传感器

湿敏电容湿度传感器是用有机高分子膜作介质的一种小型电容器。有机高分子膜就是高分子薄膜湿敏电容中具有感湿特性的电介质，其介电常数随相对湿度变化而变化。湿敏电容器的上电极是一层多孔金膜，厚度为 $0.02\ \mu m$，能透过水汽。下电极为一对刀状或梳状电极，为两块相互分离金属膜，引线由下电极引出。基板是玻璃。整个感应器是由两个小电容器串联组成。传感器置于大气中，当大气中水汽透过上电极进入介电层，介电层吸收水汽后，介电系数发生变化，导致电容器的电容量发生变化。电容量的变化正比于相对湿度。湿度变化引起湿敏电容的变化，由信号变换电路将电容的变化转换为电压信号，当相对湿度在 0%～100% 变化时，信号变换电路输出 0～100 mV 电压，经放大得到 0～1 V 或 0～5 V 的电压，输出给测量及控制系统。

2. 高分子湿敏电容湿度传感器

高分子湿敏电容湿度传感器是利用高分子聚合物制成的薄膜湿敏电容。该传感器的感温元件为 Pt100 铂电阻，是无源的电阻输出；感湿元件为电容式薄膜聚合物感应元件（HUMICAP180），是有源的 0～1 V 电压输出。温度和湿度感应元件装在传感器头部带有滤膜的保护罩内。该传感器与数据采集器之间用一根 8 芯屏蔽电缆连接，其中 4 芯为温度传感器铂电阻四线制引线，另外 4 芯分别为湿度传感器的电源、电源地线、信号输出、信号地线，电缆最外层有屏蔽线。信号地线用于差分测量时信号输出。使用信号地线，电缆延伸到超过 100 m 也不会影响测量准确度。当输出不是用信号地线测量时，输出地线和信号地线接在同一点上。感湿膜常用醋酸纤维素制作，厚度极薄，为 $0.5 \sim 1 \mu m$。厚度太薄会使表面与底部的电极短路，太厚会影响测湿的响应特性。表面金电极用真空蒸镀法制成，厚度要求为 $0.02 \mu m$，能良好地渗透水汽分子。基片金膜电极用腐蚀法制成，电极材料是贵金属和碳。在外界相对湿度发生变化时，作为感湿膜的高分子聚合物能对水汽分子吸附和释放，其介电常数 ε 随之变化，促使湿敏电容量发生变化。为避免在极薄的表面电极上焊接引线，两根引线均从基片电极引出，元件等效为两个电容的串联，其电容量是薄膜吸附水分子时的比电容率，将其接在探测器的电子线路中，将电容变化量转化为电压的变化量，输出电压范围为 $0 \sim 1 V$，测量输出的电压即可得到相对湿度。

3. 称重法湿度计

称重法也称绝对法，这是实验室内测湿的标准方法。使体积为 V 的湿空气流过一个干燥管（或几个串联的干燥管），让它把空气中的水汽全部吸收，然后称量干燥管所增加的质量，同时确定流经干燥管的空气体积或干空气的质量，可直接确定空气的混合比或绝对湿度。样本空气通过干燥管进入容器中，管中盛有高效能的吸湿剂五氧化二磷或高氯酸镁。容器中装有气压表和温度表，以便计算实际进入容器中样本空气的体积或质量。称重法测湿是目前测湿方法中最精确的一种，但测试一次的周期很长，否则既不能使空气中的水汽完全被干燥剂吸收，也无法使足够体积（或质量）的空气流过干燥管。因此不适用于气象观测站的日常湿度测定。

4. 紫外湿度表和红外湿度表

光谱吸收法是根据空气中水对红外辐射吸收程度不同的原理确定空气湿度的方法。主要以两束波长不同的光线（一束波长为 $1.37 \mu m$，能被水汽强烈吸收，另一束波长为 $1.24 \mu m$，不被水汽吸收）轮流横穿被考察的空气层，在出口处，用两束光线能量的比值来直接测定湿度（含水量）。

5. 冷镜湿度表

若使空气通过一个光洁的金属镜面时等压降温，当空气降低至露点温度时，金属面上开始有微小的露珠凝结。测定金属镜面的表面温度，就可确定流过镜面样本空气的露点温度。当气温低于 $0℃$ 时，镜面凝结出小冰晶，此时镜面的表面温度称为霜点温度。露点仪就是根据此原理设计的。通常露点测湿仪由感应器、热控装置、凝结观测装置等几部分组成。感应器是一个高度抛光的金属镜面，热控装置包含冷却器和加热器，凝结观测装置包含光源系统和显微镜系统。新型露点仪多采用半导体制冷系统，可以控制，初始阶段的冷却速率较快，而后在接近露点前逐渐减缓其冷却速率。一旦首次从镜面检测到露或霜的形成，半导体制冷系统则在露点附近进行数次冷却和加热过程，形成几次露滴的生消，直到其温度显示在露点上下作很小的幅度摆动时为止。

6. 碳膜湿度片测湿

碳膜湿度片是用溶胀性较好的高分子聚合物——羟乙基纤维素和聚丙烯酰胺为感湿材料，加上导电材料碳黑，以及分散剂凝胶配制成胶状液体浸渍到聚苯乙烯片基上。两侧溅射上银电极。高分子聚合物吸湿后膨胀，使悬浮于其中的碳粒子接触概率降低，元件的电阻值增大；反之，当湿度降低时，聚合物脱水收缩，使碳粒子相互的接触概率增加，元件的电阻值减小。通过测量元件的电阻值可以确定空气的相对湿度。碳湿敏元件测湿存在一定的升湿和降湿滞差。这种滞差有别于动态测量中的滞后效应，是一种永久性的落后效应。碳湿敏元件的另一个缺点是存在明显的温度系数。

7. 氯化锂测湿

氯化锂测量湿度元件有两种类型。一种是电阻式氯化锂元件，另一种是露点式氯化锂元件。

(1) 电阻式氯化锂元件　它是根据氯化锂吸湿后电阻发生变化这一特性制成的。由于氯化锂吸收水汽的多少与空气的相对湿度有关，相对湿度大时，吸收水分多，电阻小；相对湿度小时，吸收水分少，电阻大。因此测定氯化锂的电阻，便可得出空气的相对湿度。一定浓度的氯化锂溶液的感湿范围只能测定 20% 范围内的相对湿度，所以整个测量范围就需要有 5 个以上的元件串联组合。

(2) 露点式氯化锂元件　它的工作原理与电阻式氯化锂元件有很大不同，是通过测量氯化锂饱和溶液的水汽压与环境水汽压平衡时的温度来确定空气露点的。氯化锂饱和溶液的水汽压，仅仅与温度有关，它随温度的上升而增大。如果在某一温度下，氯化锂溶液的饱和水汽压等于周围大气中的水汽压时，此时水汽与氯化锂溶液中的水分交换量正好平衡。如果改变氯化锂饱和溶液的温度，随着温度的增减，饱和溶液就会吸收或释放部分水汽。同样，如果温度不变而改变大气中的水汽含量，也同样会发生水汽的吸收与释放。

四、雨量传感器

降水是指从天空降落到地面上的液态或固态（经融化后）的水。由于云内及云层到地面间气层的温度、气流分布等状况的差异，降水具有不同的形态，包括雨、雪、米雪、霰、冰粒、冰雹等。降水观测主要包括观测降水量和降水强度。气象上常用的测量降水的仪器有雨量器、翻斗式雨量计、虹吸式雨量计、双阀容栅式雨量传感器、称重式降水量传感器等。

1. 双翻斗式雨量计

双翻斗式雨量计由感应器与计录器组成。感应器安装在室外，采集降水进行计量；记录器安装在室内，两者用导线连接，用来遥测并连续采集液态降水量。感应器主要由承水器、汇集漏斗、上翻斗（匀强翻斗）、中翻斗（计量翻斗）、下翻斗（计数翻斗）和干簧管等组成。感应器工作原理：承水器收集的降水通过漏斗进入上翻斗，当雨水累积到一定量时，由于雨水本身的重力作用使上翻斗翻转，雨水进入汇集漏斗。雨水从汇集漏斗的节流管注入计量翻斗时，把不同强度的自然降水，调节为比较均匀的降水强度，以减少由于降水强度不同所造成的测量误差。当计量翻斗承受的降水量为 0.1 mm（有的为 0.5 mm 或 1 mm 翻斗）时，计量翻斗把雨水倾倒到计数翻斗，使计数翻斗翻转一次。计数翻斗在翻转时，与它相关的磁钢对干簧管扫描一次，干簧管因磁化而瞬间闭合一次。这样，降水量每达到 0.1 mm 时，就送出去一个开关信号，通过二芯电缆传输到记录器，进行记录、计数。在自动气象站中，双翻斗雨量传感器与双翻斗式遥测雨量计感应器的组成完全相同，工作原理也完全相同，只是外形结构有所不同。

2. 单翻斗式雨量计

与双翻斗式雨量计结构类似，主要由承水器（口径为 159.6 mm）、过滤漏斗、翻斗、干簧管和底座等组成。降水通过承水器，再通过过滤网流入翻斗里，当翻斗流入一定量的雨水后，翻斗翻转，倒空斗里的水，翻斗的另一个斗又开始接水，翻斗的每次翻转动作通过干簧管转成脉冲信号（一个脉冲为 0.1 mm）传输到采集系统。

3. 虹吸式雨量计

虹吸式雨量计是用来连续记录液体降水的自记仪器，它由承水器（通常口径为 20 cm）、浮子室、自记钟和虹吸管等组成。降水时，雨水从承水器经漏斗进入水管引入浮子室。浮子室是一个圆形容器，内装浮子，浮子上固定有直杆与自记笔连接。浮子室外连虹吸管。降水使浮子上升，带动自记笔在钟筒自记纸上划出记录曲线。当自记笔尖升到自记纸刻度的上端（一般为 10 mm）浮子室内的水恰好上升到虹吸管顶端，虹吸管开始迅速排水，使自记笔尖回到刻度"0"线，又重新开始记录。自记曲线的坡度表示降水强度。

4. 称重式降水量传感器

称重式降水量传感器既可以作为单独的传感器挂接在自动气象站上，又可以作为观测仪独立使用，相对于翻斗式雨量计和虹吸式雨量计而言，只有称重式降水量传感器适用于全天候降水的测量。称重式降水量传感器使用高精度的电子称重原理，它由一个大容量的高稳定载荷元件和内桶组成，载荷元件是传感器的核心，通过对质量变化的快速响应测量固体降水。根据载荷元件测量原理来分，目前称重式降水测量技术主要有两种：一种是基于电阻应变技术，敏感梁在外力作用下产生弹性变形，使粘贴在它表面的电阻应变片也随之产生形变，电阻应变片变形后，它的阻值将发生变化，再经相应的测量电路把这一电阻变化转换为电信号，进而得到质量；另一种是振弦技术，以弦丝为弹性部件，根据其质量与振动频率的对应关系，通过相应的测量电路得到质量。承水器由进入口和锥形筒组成，进入口承接来自天空的降水，汇集到集水桶，集水桶应保持水平，在集水桶中装有防冻剂（无降雪站或非降雪季节可只加入机油，以减少蒸发），可以融化固态降水，集水桶位于靠三个相互独立的弦振传感器钩住的支撑盘上，通过弦振传感器进行称重，然后给出一个频率，频率被作为一个 0~5 V 的方波信号输出，这种信号可以很方便地连接到数据采集器系统上进行测量，计算得到总降水量。在每个弦振传感器的侧面有锁紧螺钉，用于锁住传感器称重。仪器无机械移动部件，消除了一些可能的系统误差。单个传感器出现故障也可以方便地探测到。降水采集传感器通过精密的全桥载荷传感器提供与收集容器中降水的质量成正比的电路输出，每 10 s 采样一次。有机光电探测器（OPD）提供一个降水发生信号，载荷传感器提供一组与降水量计中液体的质量成正比的信号输出，输出是仿效翻斗式雨量计的脉冲，通过采集系统完成液体质量的测定，并进行温度与风的信号补偿。由此实现每小时正点自动测量，存储当前小时的分钟降水量、累计降水量。

5. 双阀容栅式雨量传感器

双阀容栅式雨量传感器是用于自动测量降水量的仪器，可与自动气象站采集器连接。主要由承水器、贮水室、浮子与感应极板，以及信号处理电路等组成。工作原理：雨水降落时，由承水器收集，经过漏斗和进水阀，进入贮水室使水位上升，从而带动浮子上升，带动感应极板通过容栅位移传感器产生电容变化，经计算机处理转换成位移计量，输出无源脉冲。如果连续降水，贮水室的水位继续上升到特定水位的时候，进水电磁阀关闭，而后排水电磁阀打开，开始放水；待放水完毕，排水电动阀关闭，同时进水电动阀打开，继续降水计量。采用上、下两个电动水阀控制雨水的进水和放水，进而对降水实现持续计量。

6. 激光降水粒子谱仪

激光降水粒子谱仪可以实现对各种类型降水的测量。它不仅可以测量降水量、颗粒大小和速率，而且可以分辨降水类型，如毛毛雨、小雨、冰雹、雪及混合降水。其工作原理是以激光测量为基础的粒子测量传感器，采用平行激光束和光电管阵列结合，当有降水粒子穿越采样空间时，自动记录遮挡物的宽度，通过穿越时间计算降水粒子的尺度和速度，根据各种参数的综合信息对降水粒子进行分类，并能够以数字形式显示瞬时降水强度、降水粒子总数、累积降水量、降水时的能见度和雷达反射因子，可以得到降水粒子尺度谱、速度谱、降水粒子分类，且自动生成天气现象代码，实现天气现象的自动识别。仪器对降水分布和降水量的测量可以在无须维护下进行，不需要考虑降水的密度、持续时间或降水类型，可以直接通过测量获得每种粒子的粒径和速度。

它能够按照 WMO 天气代码的规定，识别天气现象代码，无论在何种天气状况下，都可以确定水汽凝结体的类型、数量、组成以及大气的能见度。同时还可以作为降水性质区别的天气现象传感器。利用地面雨滴谱的连续观测资料，可以分析降水特征和降水的形成机制，开展降水微物理特征研究，因而该仪器被广泛应用于云降水物理及人工影响天气领域。由于激光降水粒子谱仪在测量时的准确性和可靠性还不尽完善，目前多用在研究领域。

五、风速风向传感器

气象学规定空气的水平运动称作风。空气的水平运动和气压的分布有直接的关系，空气运动的结果会造成各地热量和水汽的交换，这个过程伴随天气的变化，标志着某种天气过程的发生或演变，在天气预报中有重要作用。

1. 单翼风向传感器

单翼风向传感器为单翼风标。采用光电转换即格雷码盘来传送和指示风向标所在方位。格雷码盘将风向标轴转动角度的度数变换成一个二进制的数字信号。通过光电转换线路，把光信号转换为电信号，输入指示、记录装置。风标转动时，带动格雷码盘转动，就形成 n 位格雷码信号，实现风向与 n 位格雷码的转换，每一个码表示一个风向，风向的分辨率为 $360°/2n$。若采用 7 位格雷码，则分辨率为 $360°/27 = 2.8°$。

2. 风杯风速传感器

风杯风速传感器采用三杯式感应器，风杯由碳纤维增强塑料制成。当风杯转动时，带动同轴的多齿截光盘转动，使下面的光敏三极管有时接收到上面发光二极管发射的光线而导通，有时接收不到上面发光二极管照射来的光线而截止。这样就能得到与风杯转速成正比的脉冲信号，该脉冲信号由计数器计数，经换算后就能得出实际风速值。还有一种风速计的工作原理是：当风杯转动时，带动同轴的磁棒旋转，在霍尔集成电路中感应出与风速成正比的脉冲信号，经计数器处理后，输出实际风速值。

3. 螺旋桨式风向风速传感器

螺旋桨式风向风速传感器具有抗强阵风、耐海洋性气候、测风范围宽、空气动力性能好、工作稳定可靠、使用方便等特点。风速信号的变换采用机电一体化电磁感应原理。在风向尾翼作用下，叶片旋转平面始终对准风的来向。叶片系统受到风压的作用，产生一定的扭力矩，使叶片旋转，带动螺旋桨轴上的六磁极磁盘旋转，线圈中即感应出交流正弦波信号，其频率与螺旋桨的转速成正比，螺旋桨每转一周，线圈中就感应出 3 个周期的正弦波信号。经过电路板信号放大和整形，输出频率正比于风速的方波信号。电路板上设有多个快速反应二极管，能够起到防雷电干扰和其他电磁脉冲干扰的作用。风向变换器采用精密导电塑料作为角度传感器元件，安装在固定机身座内，通过该电位器来感知叶轮角，一个已知的激励电压作用于电位器，输出电压直接与叶轮角成比例。上机身通过尾翼和风的作用带动风向电位器输出 0～5 V 或 0～2.5 V（对应 0°～360°）的直流电压风向信号。

4. EL 型电接风向风速计

EL 型电接风向风速计是由感应器、指示器、记录器组成的有线遥测仪器，可连续记录每天 24 h 风的行程，同时每隔 2.5 min 记录一次瞬时风向。记录经过整理后，可以得出任意 10 min 的平均风速及相应风向和当日最大风速值。感应器由风向和风速两部分组成。风向部分由风标、风向方位块、导电环、接触簧片等组成；风速部分由风杯、交流发电机、蜗轮等组成。指示器由电源、瞬时风向指示盘、瞬时风速指示盘等组成。记录器由八个风向电磁铁、一个风速电磁铁、自记钟、自记笔、笔挡、充放电线路等部分组成。风速部分的工作原理：发电机由磁钢和定子线圈组成，随着风杯的转动，带动磁钢也在定子线圈中转动，从而在定子线圈两端产生交流电压，风速越大，磁钢转动越快，定子线圈两端的电压越高，电流也越大，因此可以用电流表间接测出风速的大小。线圈两端产生的交流电压，其值基本上与风速成正比，当风速 < 2 m/s 时，产生的交流电压为 0.2 V 左右；当风速为 10 m/s 时，电压约为 3 V；风速为 20 m/s 时，电压约为 6 V。由于发电机定子线圈两端输出的是交流电，而仪器上使用的是直流微安表，因此，必须把交流电变为直流电才能测量。指示器所用的电表最大量程只有 100 μA，所以发电机的电流需要降压后才能加到电表上。由于降压电路是串在发电机和整流器之间，因此发电机的电流受降压电路的限制（也称为限流电路），即减小电路中的电流，交流电流经限流电路，根据欧姆定律（$A = V/R$），其中 R 由 4 个电阻组成并分为两挡（即 0～20 m/s 低速挡和 0～40 m/s 高速挡），当电压不变，电阻 R 改变，电流 A 就改变，故分别对应 0～20 m/s、0～40 m/s 刻度盘的数值。由此得知，指示器电表读数与发电机输出的电压和指示器中的降压电路的 R 值有关，因此，风速感应器与指

示器必须配套使用。风向部分的工作原理：通过接触器导通方位灯泡亮闭来指示风的来向。风向接触器有内、外两个环，外环接在机壳上，称作导电环。内环等分为相互绝缘的 8 个方位块。电接簧片上有 3 个接点，外面 1 个接点在导电环上，靠里面的 2 个接点在 8 个方位块上，电接簧片固定在风标座上随风标座转动而转动。在风标的带动下，外面 1 个电接点在导电环上滑动，靠里面的 2 个接点在 8 个方位块上滑动。8 个方位块与指示器上的 8 只小灯泡连通。随着风向的改变，3 个电接点停在不同的位置。里面的 2 个接点可能停在一个方位块上，使这一方位块和导电环接通，也就是使 8 只小灯泡的某一只亮，8 只灯泡固定代表 8 个方向，某只灯亮就指示某方向风的来向。但也可能这 2 个接点分别停在相邻的 2 个方位块上，这时就把这两个方位块与导电环接通，也就是使 8 只小灯泡中的某 2 只接通并亮起来。而这相邻的 2 只灯泡同时接通又表示同一方向，因此可以测出 16 个方位的风向。

5. 声学风速表

声学风速表是利用声波在大气中的传播速度与风速密切相关的特性测量风速分量的仪器。如果两组声音发生器和接收器在一定距离上成等距平行对向排列，则受风速影响，同时发出的声波，其顺向和逆向接收信号就会有时间差。因声波在顺风和逆风两相反方面传播的时间差与风速成正比，故可得到该方向的风速分量。如在水平（x、y）和垂直（z）3 个方向各设置两组元件，则可测得风的 3 个分量。声学风速表高频响应好，不干扰气流，能精确测量瞬时风速，是理想的湍流测量仪器，但造价较昂贵。因超声波的抗干扰性和方向性均好，故常用超声波段，使用超声波测风的仪器即为超声风速仪。

6. 压力式风速仪

压力式风速仪利用风的压力来测定风速。该仪器有两种：一种称为风压板，是利用自然下垂的板所受到的风压大小（表示为板的倾角大小）与风速的平方成正比的原理来测定风速的；另一种是压管式，是利用流体的全压力与静压力之差来测定风速，经常采用的是皮托管。

7. 散热式风速表

散热式风速表利用一个被加热物体（如金属丝、金属膜或金属球）的散热速率与周围空气流速的关系来测定风速。散热式风速传感器的主要器件是加热元件和测温元件，通常散热式风速传感器采用尺寸很小的加热和热敏元件，因而频率相当高，时间常数很小，在很小的空间内可以安装很多测量元件，空间分辨率很高。散热式传感器在安装时要求热线与气流来向垂直，即散热体的方向必须与气流的方向正交，否则由于对流热交换系数随热线与风向交角的不同而变化，从而使测量误差偏大，一般交角误差应当在 10° 以内。另外，物体的热交换系数与通风量有关，即空气密度的变化直接影响风速的测量结果，若使用地点与检定地点的空气密度不同，应进行空气密度修正。

第二节　土壤信息采集

田间土壤信息主要是指表征土壤状态与性能的一系列物理信息与生化信息的数值，如土壤的质地、机械特性、含水量及各种与作物生长有关的营养成分等。对于某一特定土壤，这些参数都是基本固定不变的，一般不必多次测定；而对于土壤含水量、含盐量、土壤养分含量以及其地表状况等参数，则随时间不断变化，因此必须进行动态的多次测定。

一、土壤水分测定

土壤水是作物吸收水分的主要来源，土壤水分含量的多少直接影响作物根系的生长。土壤潮湿时，作物根系不发达，生长缓慢，分布于浅层；土壤干旱时，作物根系下扎，伸展至深层。土壤水分低于作物需水量时，则作物萎蔫、生长停滞，以致枯萎；若高于需水量，则根系缺氧、窒息，最终死亡。只有土壤水分适宜，根系吸水和叶片蒸腾才能达到平衡状态。因此，及时了解作物不同生育时期土壤的水分状况，并结合天气情况，对农业生产提出有针对性、科学性的灌溉建议是十分必要的。土壤水分检测的传统方法是烘干法，但此法测量土壤水分的变化受多方面的影响，同时也存在费时、费力、费工等缺点。随着传感器技术的发展，目前对于土壤水分含量的测定方法主要有 TDR 土壤水分测定法、TDT 土壤水分测定法、电阻/电容式土壤湿度监测系统、中子土壤湿度仪、FDR 土壤水分测定法、SWR 型系列土壤水分传感器等。

（一）TDR 土壤水分测定法

TDR（time domain reflectometry）土壤水分测定法也称为时域反射测定法，是 20 世纪 80 年代初发展起来的一种测定土壤电磁量的方法，用于土壤含水量的测定，其结构紧凑、便于携带、即插即用、方便快速。TDR 系统主要由阶跃脉冲信号产生器、接收器、示波器、时间控制电路和波导棒等部件组成，图 4-1 为 TDR-200 土壤水分速测仪，其主要技术参数为：①分辨率：1%；②精度：±3.0% 体积水含量（当 EC 小于 2 ds/cm，黏土含量小于 30%）；③测定范围：0% 到饱和（土壤典型饱和体积含水量在 50% 左右）；④LCD 显示，可显示容积含水量和灌溉管

图 4-1 TDR-200 土壤水分速测仪

理模式两种方式；⑤数据存储（4 096 个），RS-232 接口和下载软件；⑥可与 GPS 连接，测量记录指定点参数，并绘制水分分布图。

TDR 对土壤水分的测定原理主要通过测定探测器发出的电磁波在不同介电常数物质中的传输时间来计算出被测土壤的含水量。通常水的介电常数（$\varepsilon = 80$）要大于空气（$\varepsilon = 1$）和干燥土壤（$\varepsilon = 3 \sim 7$），利用土壤的这一特性即可测得土壤中水分含量。将长度为 L 的波导棒插入土壤介质中，高频电磁脉冲信号从波导棒的始端传播到终端，并在探头周围产生一个电磁场，由于波导棒终端处于开路状态，脉冲信号受反射又沿波导棒返回到始端。检测脉冲从输入到反射回的时间以及反射时的脉冲幅度的衰减，可以反映土壤的电导率，计算土壤水分含量（图 4-2）。在田间进行土壤含水量测定时应将电极完全插入土壤中。若电极没有完全插入土壤则其测定的主体中会含有空气，降低土壤含水率的读数值。土壤水分测定时探针要垂直插入土壤中，否则测定的主体中会进入空气，影响水分的测定精度。

TDR 系统具有直接、快速、方便、实地监测土壤水盐状况的特点，与其他测定方法相比，TDR 具有更强的独立性，其测定结果几乎不受土壤类型、密度、温度等的影响。另外利用 TDR 技术进行结冰条件下土壤水分状况的测定，可得到满意的结果，而其他测定方法则是比较困难的。

（二）TDT 土壤水分测定法

TDT（time domain transmissometry）土壤水分测定法也称为时域传播测定法，也是目前国内外广泛使用的先进的土壤水分测量方法之一。它可快速、实时、精确

图 4-2 TDR 测定原理示意图

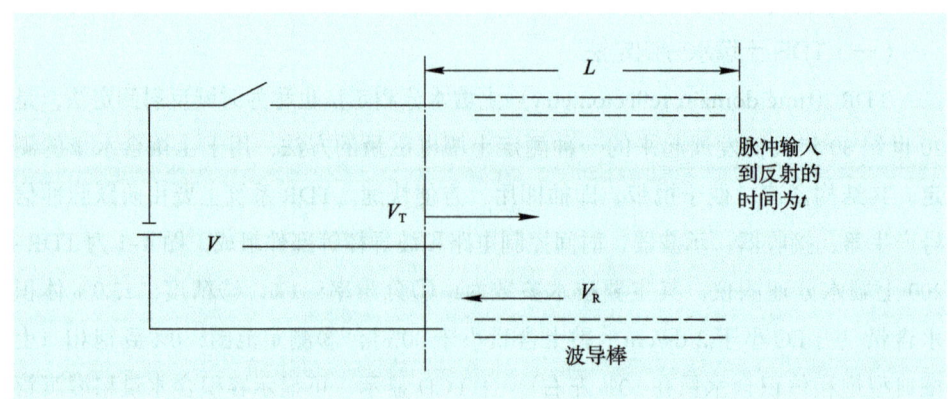

地监测土壤水分状况，使用方便灵活，适用于不同类型的土壤环境。

TDT 测定水分的基本原理与 TDR 相同，不同的是 TDT 电脉冲信号是在单根波导棒中传播的，信号接收端在远离发射端的波导棒终端（图 4-3）。同时 TDT 测量的是传输脉冲，而不是反射脉冲，传导的结构特征有更高的信噪比，对土壤的电导率不敏感。另外，TDT 土壤水分传感器使用的是低频标准电路，所测定的土壤水分数值，还可根据土壤温度和电导率进行校正。因此，与其他水分传感器相比，TDT 土壤水分传感器具有较高的精度和稳定性以及较低成本，性价比高，适用于浅根植物的水分灌溉控制。

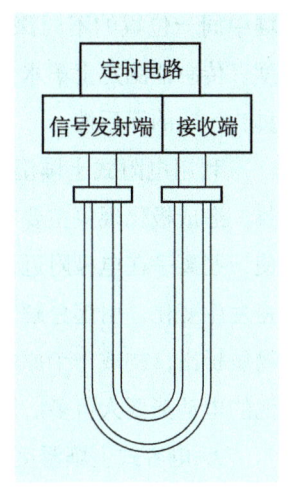

图 4-3 TDT 传感器示意图

由 Acclima 公司研制的数字 TDT 土壤水分传感器由测微比较仪、模拟数字转换器、定时脉冲器、阶梯信号发生器、锁存比较器和不锈钢传输线等部件组成（图 4-4）。其中，SDI-12 数字式 TDT 土壤水分温度电导率传感器的波形穿透力高，避免电容式传感器的近表面灵敏性问题。其主要技术参数：①分辨率：1%；②精度：土壤水分，±2.0%（1~50℃，0~5.0 dS/m）；温度，±2.0℃（1~50℃）；电导率，±0.2 dS/m（1~50℃，0~5.0 dS/m）；介电常数，±1%（1~50℃，0~5.0 dS/m）；③测定范围：0% 到饱和。

（三）电阻/电容式土壤湿度监测系统

1. 电阻式土壤湿度监测系统

电阻式土壤湿度监测系统采用的是电阻式土壤湿度传感器，通过测量埋入土

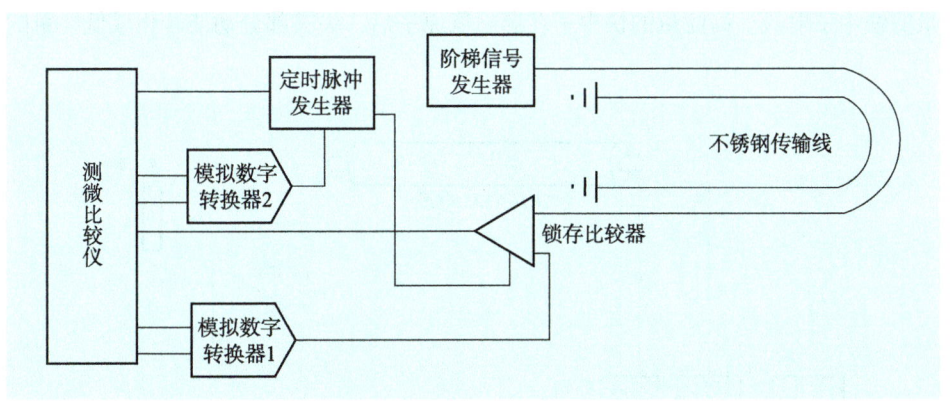

图 4-4 Acclima 数字 TDT 传感器基本组件示意图

壤中同一位置的不同深度感湿元件的电阻值得到感湿元件的湿度，来求得土壤湿度。传感器测定土壤水分时，受土壤盐分和温度的影响，其中盐分影响较大，并且具有一定的滞后性。

利用电阻式土壤湿度传感器测定土壤水分最大的缺点是电阻块易发生极化现象。造成极化现象主要有三方面的原因：一是长期通直流电造成离子同向移动，致使一些离子在电极附近聚集，从而增加溶液内的电阻；二是电解过程中造成溶液浓差发生变化，引起分解点位绝对值增大；三是电解质进行电解时，阴、阳极分别有物质析出，构成一个原电池，形成了反电动势，而实际上所加的外电压必须比该电池的电动势要大得多。因此，在测量时应避免或降低这些影响，以提高检测精度。

2. 电容式土壤湿度监测系统

电容式土壤湿度监测系统采用的是电容式土壤湿度传感器，根据土壤介电常数随土壤湿度变化的原理来测定土壤湿度。传感器测定土壤水分时，受土壤盐分和温度的影响较小，但受土壤紧实度的影响较大。因此，在实际的测定工作中必须保持土壤密度不变。在不同的灌溉条件下传感器有不同的放置方法。

典型电容式土壤湿度传感器的基本结构是在测定电极的外边，按照同心圆配置外加同电位的保护电极，外侧用金属外壳（接地）加以保护（图4-5）。这种两重性的屏蔽结构可有效减少杂散电容的影响，提高传感器的稳定性。而两重屏蔽同轴电缆也可抑制微量静电电容产生的低噪声。而将电容上的静电量转换成电压则是利用图4-6的电路来进行的，图中输出电压V_1和输入静电电容呈比例。实际的检测中由于电容变化量数值比较小，对直接测量造成一定的困难，因此需借助电子线路放大和转换才能显示与远传。

（四）中子土壤湿度仪

中子土壤湿度仪安装有中子放射源，在测试过程中，中子源向土壤发出高能量的快中子射线。高能量的快中子在遇到氢原子后，失去部分动能转化成低能量的

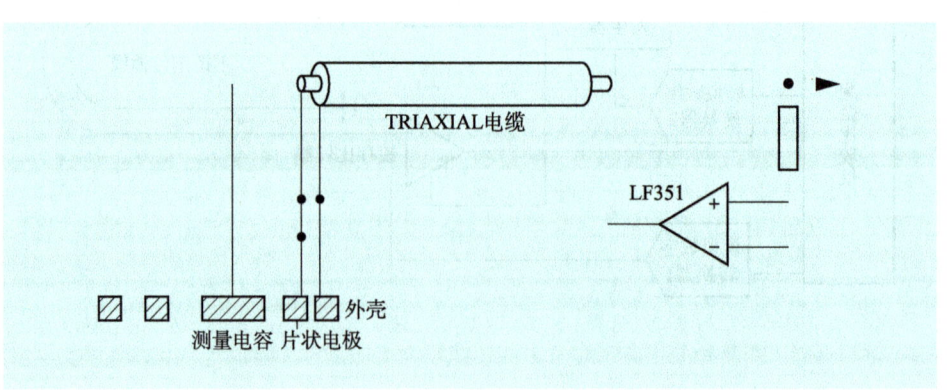

图4-5 电容式土壤湿度传感器的基本结构示意图

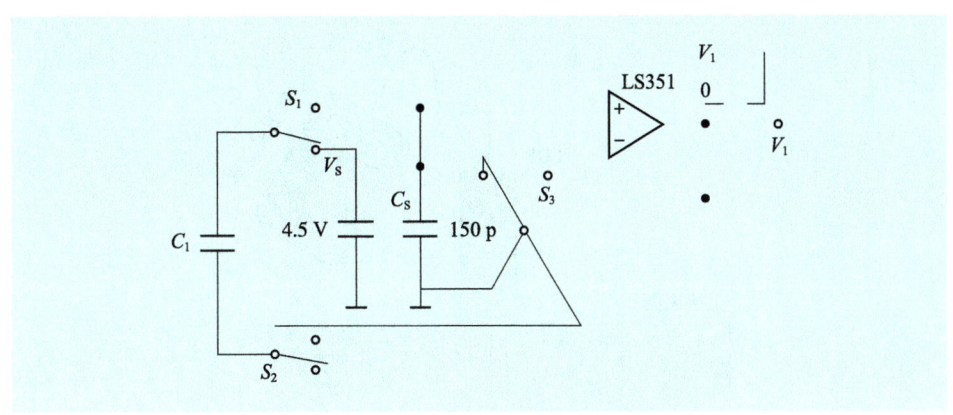

图 4-6 变换电路

慢中子，仪器根据测出的慢中子数量计算出土壤含水量。土壤含水量越多，土壤中氢原子越多，快中子与氢原子碰撞时，损失能量最大，更易于慢化，从而使快中子转化为慢中子的数量也越多，仪器可以将计数器的计数转换为土壤含水量值。

中子土壤湿度仪具有方便、快速、不扰动土壤等优点，在同一地点可进行多次测量，测量范围宽，不受滞后影响。缺点是率定曲线确定具有一定的难度，深度分辨不够准确，对浅层土壤水分的测定精度低，而作物的生长与浅层土壤含水量关系密切。另外，在测定过程中，如果屏蔽不好，易造成射线泄漏，危害人体健康。这在很大程度上限制了中子法的进一步推广应用，这种方法在发达国家已被禁止使用。

（五）FDR 土壤水分测定法

FDR（frequency domain reflectometry）频域反射仪是一种用于测量土壤水分的仪器，图 4-7 为 FDR 测量示意图。FDR 的传感器主要由一对电极（平行排列的金属棒或圆形金属环）组成一个电容，其间的土壤充当电介质，电容与振荡器组成一个调谐电路，振荡器工作频率 F 随土壤电容的增加而降低。

$$F = \frac{1}{2\pi\sqrt{L}} \left[\frac{1}{C} + \frac{1}{C_b} \right]^{0.5} \qquad (4-1)$$

式中，L 为振荡器的电感，C 为土壤电容，C_b 为与仪器有关的电容。

土壤的介电特性是电磁频率、温度、盐度、土壤容积含水量、束缚水与土壤总容积含水量之比、土壤容重、土壤颗粒形状及其所包含水的形态等因子的函数。而水的介电常数（$\varepsilon \approx 81$）远大于干燥土壤（$\varepsilon \approx 3 \sim 5$）和空气（$\varepsilon \approx 1$）的介电常数，所以土壤介电常数的大小主要依赖于土壤含水量的多少。也即土壤电容随土壤含水量的增加而增加，于是振荡器频率与土壤含水量呈非线性反比关系。FDR 使用扫频频率来检测共振频率（此时振幅最大），土壤含水量不同，发生共振的频率

图 4-7 FDR 测量示意图

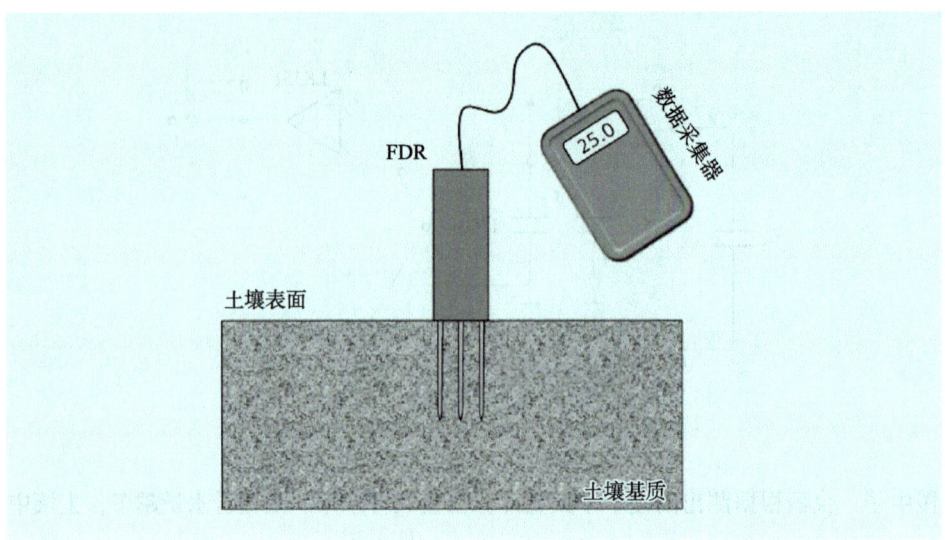

不同。因此，共振频率与土壤含水量之间具有了一定的联系，通过分析共振频率可以反演出土壤水分情况。如果使用固定频率（这与 TDR 类似），通过测量其标准波的频率变化来测量土壤含水量。FDR 具有简便安全、快速准确、定点连续、自动化、宽量程、少标定等优点，在土壤干旱条件下测定结果误差小于 TDR。

（六）SWR 型系列土壤水分传感器

由中国农业大学研制的土壤水分传感器和土壤水分速测仪 SWR 型系列土壤水分传感器（图 4-8），主要由 100 MHz 信号源、一节同轴传输线和一个四针不锈钢探头组成。信号源产生无线电波，此波沿着传输线传送到探头。由于探头的阻抗与传输线的阻抗不匹配，一部分的信号将反射回信号源，在传输线上，入射波与反射波叠加形成驻波，在传输线上各点的电压幅值存在变化。这样，通过测量传输线上的驻波率可以达到测量土壤体积含水量的目的。根据无线电工程中的传输线理论，可将 SWR 传感器等效成图 4-9 所示的电路。

该传感器采用最新技术设计，其性能已与时域反射仪和中子仪相当，并且有一定突破，性价比远高于 TDR 和中子仪。其主要特点为测量精度高，响应速度快、互换性好，土质影响较小，应用地区广泛，密封性好，可长期埋入土壤中使用，且不受腐蚀。表 4-1 给出了 SWR3 型土壤水分传感器的性能指标。

图 4-8 SWR3 型土壤水分传感器

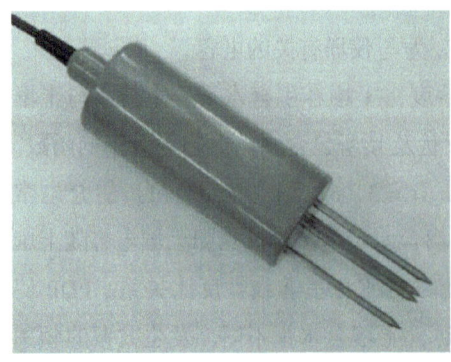

（七）土壤湿度检测仪

简易土壤湿度检测仪可以粗略地

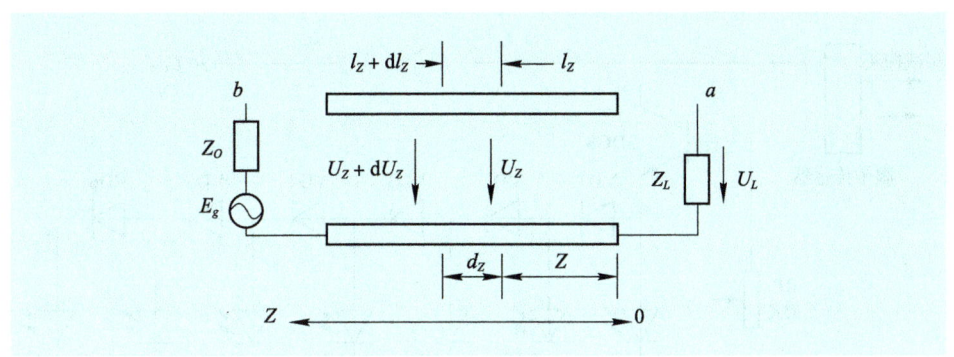

图 4-9 SWR 传感器等效电路图

表 4-1　SWR3 型土壤水分传感器性能指标

指标	技术参数
测量参数	土壤容积含水量
测量范围	0～100%（m^3/m^3）
精度	0～50%（m^3/m^3）范围内为 ±2%（m^3/m^3）
输出信号	0～2.5 V
测量区域	90% 的影响在围绕中央探针的直径为 3 cm，长为 6 cm 的圆柱体内
响应时间	小于 1 s
供电电压	10～30 VDC，典型值 12 VDC 或 24 VDC
工作电流	20～30 mA，典型值 25 mA
电缆长度	标准长度 10 m，最长 400 m
探针材料	不锈钢，强度大，不易折断
密封材料	ABS 工程塑料
外形尺寸	Φ50 mm×115 mm
工作温度	−50～50℃

判断土壤湿度，用发光二极管颜色的变化来指示土壤相对湿度的大小，使用起来十分方便。图 4-10 为简易土壤湿度检测仪电路，由湿度传感器检测探头、晶体三极管 VT、二极管 VD1～VD6（2CPll 型硅普通二极管）、发光二极管 VL1～VL7（Φ3 mm 的高亮度发光二极管）、电位器 RP（合成膜电位器）、电源开关 S 和 9 V 电源组成。

在传感器检测探头未插入土壤中或土壤太干时，三极管 VT 和二极管 VD 均处于截止状态，则发光二极管 VL 均不发光。当土壤含水量达到一定的程度时，检测探头两电极之间的阻值变小，使 VT 导通，VL 按顺序点亮，依次发出棕、红、橙、黄、绿、蓝、紫七种颜色的光。VL 亮光的个数越多，表明 VT 的导通能力越强，则土壤含水量越高。通过发光二极管点亮个数的多少来说明土壤的湿度高低。

图 4-10 简易土壤湿度检测仪电路

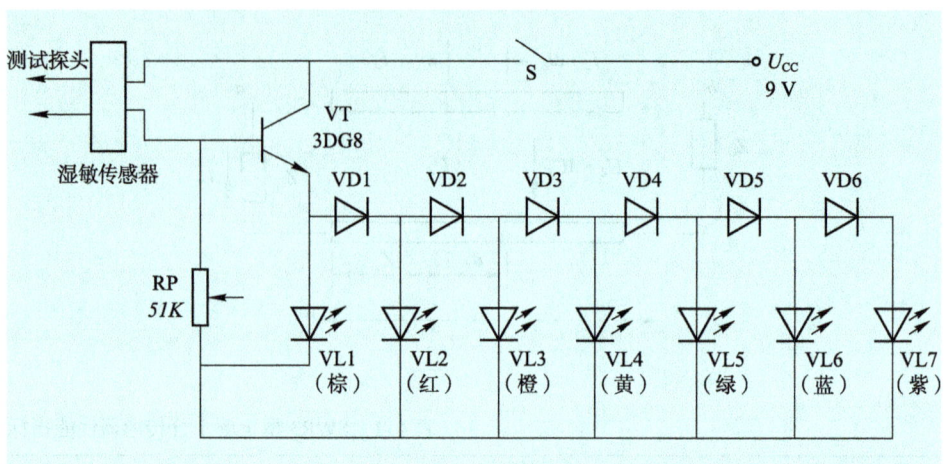

二、土壤盐含量测定

土壤中的盐含量过低或过高都不利于作物的正常生长和发育。比如土壤缺氮时，会导致作物叶绿素合成受到影响，枝叶变黄、甚至干枯，导致产量降低；而过量施用氮肥，可导致土壤有机质含量降低，影响微生物的活性，从而影响土壤团粒结构的形成，导致土壤板结。土壤缺磷时，作物细胞分裂受阻，分蘖分枝减少，幼芽、幼叶生长停滞，茎秆纤细，植株矮小，成熟延迟；而过量施入磷肥时，磷肥中的磷酸根离子与土壤中钙、镁、锌等阳离子结合形成难溶性磷酸盐，既浪费磷肥，又导致这些阳离子有效性的减少，同时也破坏了土壤团粒结构，致使土壤板结。缺钾时，作物茎秆柔弱，易倒伏，叶片失水，叶绿素被破坏，叶色变黄，逐渐坏死；而过量钾肥的施入会导致钾肥中的钾离子置换性特别强，能将形成土壤团粒结构的多价阳离子置换出来，使土壤团粒结构的键桥被破坏，致使土壤板结。因此，及时测定土壤的盐含量，有利于促进作物的生长发育。

（一）TDR 土壤含盐量测定法

TDR 可以通过考察电磁能量在土壤介质中的衰减来反映土壤的电导率，从而估算出土壤含盐量。

若设电磁脉冲从长 L (m) 的波导棒始端输入，则终端反射又返回到始端所用的时间 t_L 为：

$$t_L = \frac{2L\sqrt{\varepsilon_a}}{c} \tag{4-2}$$

式中，L 为波导棒长度，ε_a 为土壤表观介电常数，c 为光在真空中的传播湿度。

依据电磁场理论，电磁脉冲通过导电介质时，脉冲信号幅度（电压）按指数衰减，即：
$$V_R = V_\tau \exp(-\alpha \cdot 2L) \tag{4-3}$$

式中，V_R 为反射脉冲幅度（电压 V），V_τ 为进入波导棒始端的脉冲幅度（电压 V），α 为衰减系数。

对于低损耗土壤介质，a 可表示为：
$$a = 60\pi\sigma_T/\varepsilon_m^{1/2} \tag{4-4}$$

式中，σ_T 为土壤有效电导率（ms/cm）。

由式 (4-2)，(4-3)，(4-4) 可得：
$$\sigma_T = ct \ln(V_R/V_\tau)/240\pi L^2 \tag{4-5}$$

因此，在 TDR 系统中若能测得 t、V_τ、V_R 的值，则可即时获得土壤电导率 σ_T。σ_T 在土壤三相物质中主要决定于土壤液相、固相和土壤含水量。

Rhoades 等人在 1976 年对土壤有效电导率、土壤溶液电导率和土壤固相表面电导率进行了研究，得到如下公式：
$$\sigma_T = \sigma_w \theta_v \tau + \sigma_s \tag{4-6}$$

式中，σ_w 为土壤溶液电导率（ms/cm），σ_s 为土壤固相表面电导率（ms/cm），θ_v 为土壤容积含水量，τ 为土壤空隙弯曲系数。

土壤溶液电导率与溶液的离子浓度呈线性正相关，而且截距很小，因此土壤溶液电导率可表示为：
$$\sigma_w = a_1 S_{Mv} + b \tag{4-7}$$

式中，S_{Mv} 为土壤溶液离子浓度（g/m³），σ_w 为土壤溶液的电导率，a_1、b 为拟合系数。

土壤含盐量与土壤溶液离子浓度有一定的正相关关系，但两者并非简单的线性关系，其关系应该是关于盐的种类、含水量、土壤因素等的函数，为简化这种复杂的关系，采用拟合的方式来定标两者关系：
$$S^a = \frac{S_{Mv} \cdot M_V^\beta}{\rho} \tag{4-8}$$

式中，S 为土壤含盐量（g/g），ρ 为土壤容重（g/m³），M_V 为土壤体积含水量，a、β 为拟合系数。

由式 (4-6)、(4-7)、(4-8) 可得：
$$S^a = M_V^\beta \cdot \frac{\sigma_T - \sigma_s - b\theta_v \tau}{a_1 \rho \theta_v \tau} \tag{4-9}$$

因此，通过 TDR 测得 θ_v 和 σ_T 后，即可得到土壤的含盐量或盐渍度。

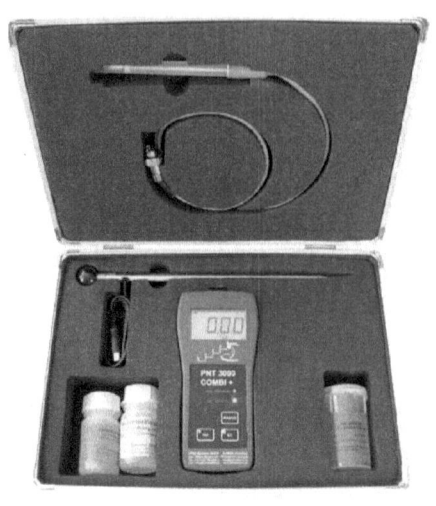

图 4-11　PNT3000 土壤盐度活度计

（二）土壤盐度活度计

溶解于土壤中的盐可被植物吸收利用，会直接影响植物的生长。如硝酸盐、钾等都是盐离子，通过对这些活性盐离子的测量可及时获得植物营养状况信息。Tepe 首先提出了测量"活度"的基本原理，该方法简单、快速和可靠，在植物营养控制领域得到了广泛的应用。

PNT3000 是德国 STEPS 生产的一款土壤盐度活度计（图 4-11），其生产工艺采用了最新式 SMD 技术，比常规技术更可靠，且耐温性能好，因此在德国的使用较为普遍。该仪器使用前无须校准，将不锈钢探针直接插入土壤中，可立即显示出土壤的含盐量。具有方便、快捷、准确等优点。

PNT3000 主要技术参数：①量程：0～10 activity in g/L；②分辨率：0.01 activity in g/L；③校准：出厂已校准，无须再次进行校准；④探针：具有特殊 2-针传感器的不锈钢探针；⑤探针长度：250 mm、500 mm 和 750 mm。

三、土壤营养成分的测定

作物生长和产量形成需要有营养的保证，土壤营养成分表现为土壤中各种有价值离子成分的含量，如 K^+ 等。

（一）ISFET 法

1. ISFET 的结构

ISFET（ion sensitive field effect transistor）即离子选择场效应晶体管，是一种离子敏传感技术，具有广泛的离子测量范围。Begivel 在 20 世纪 70 年代首次提出了 ISFET 的基本结构，ISFET 是离子敏感、选择电极制造技术与固态微电子学相结合的产物，它是在 MOSFET 的基础上发展起来的，具有输入阻抗高、输出阻抗低、全固态化结构、体积小、低能耗和易于集成等特点。

ISFET 是一种新型半导体器件，当它与试液接触并与参比电极组成测量体系时，使得漏极电流 I_D 在流过晶体管漏极和源极之间时，通过栅极调制电压 V_{GS} 将漏极和源极之间的电压 V_{DS} 放大，从而产生相应的漏-源电流 I_{DS} 变化，I_{DS} 与响应离子活度之间具有相似于能斯特公式的关系，以显示该种离子的浓度（图 4-12）。

1983 年 Bochris 等人利用氧化电解质接触面和质子浓度构建的模型对 ISFET 法

进行了描述，模型为：

$$E = E_0 + g\left(\frac{\beta}{\beta+1}\right)\lg[H^+] \quad (4\text{-}10)$$

式中，E 为平衡电极电位；E_0 为标准电位；g 为理论能斯特响应斜率（59.15 mV·dec^{-1}，25℃）；β 取决于栅极材料的性质。

在实际测定过程中由于有误差存在或者电极性能不是很完美，一般将响应斜率规定在 57~61 mV·dec^{-1} 范围内即可，在此范围内的斜率称之为近能斯特斜率（ner-Nernstian），斜率偏大称之为超能斯特响应（super-Nernstian），偏小则称之为低能斯特响应（sub-Nernstian）。由于 β 为恒正值，所以 ISFET 对溶液 pH 的灵敏度来说是低能斯特响应。如果栅极材料为氧化物（如 Al_2O_3），则 β 值较高，此时响应斜率就会非常接近于理论值。

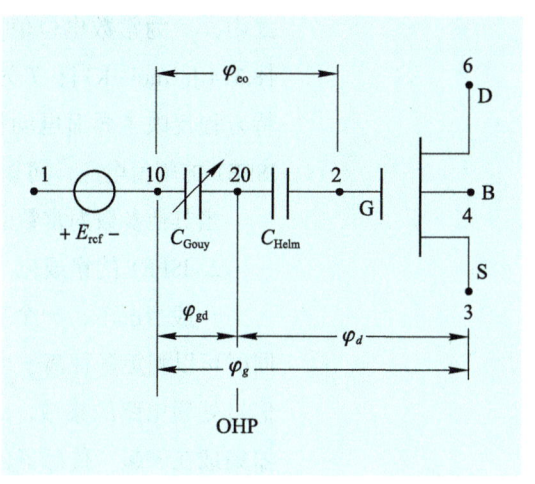

图 4-12 ISFET 等效电路图

ISFET 的主要探测元件为固态或液态的离子敏感膜，不同的敏感膜有其特有的灵敏度和选择性，可以测定不同的离子浓度。敏感膜和基体之间的绝缘层可以是 Si_3N_4，也可以是 SiO_2。场效应管工作时需通过试液中的参比电极提供栅极电压 V_{GS}。构成测量系统时，S、D 极的用法和电路与普通的场效应管没有区别（图 4-13）。

当敏感膜为 K^+ 离子选择性膜，参比电极为 SCE 时，则阈值电压

$$U_T = \varphi^\circ + \frac{RT}{F}\ln a_{K^+} \quad (4\text{-}11)$$

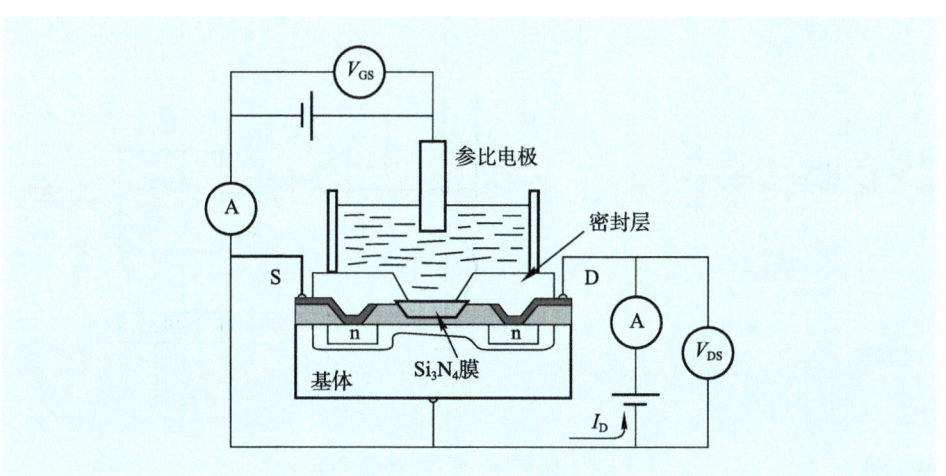

图 4-13 ISFET 结构示意图（Artigas，2001）

式中，φ° 为常数电位值，由场效应、敏感膜和参比电极共同决定；R 为气体常数 [8.314 J/(mol·K)]；T 为热力学温度；F 为法拉第常数（9.49×10⁴ C/mol）。能斯特方程反映了界面电动势和溶液离子浓度的定量关系，界面电位的变化进而影响 ISFET 的阈值电压，可以用如图 4-14 所示的等效电路作为 ISFET 的电路模型。

当其他参数为常数时，I_{DS} 与 $\ln a_{K^+}$ 呈线性关系。

2. ISFET 的集成化

一般情况下，一个离子成分传感器通常由几个具有不同选择膜的 ISFET 组成，同时可以测定多种离子含量。ISFET 传感器的集成化包括两个方面：一是传感器与信号处理电路的集成；二是多传感器的集成，即把同类型或不同类型的多个传感器集成在一起。传感器的集成化有利于 ISFET 传感器性能的优化和可靠性的提高，同时也能降低成本，使传感器向着多功能、智能化的方向发展。

图 4-14 为 ISFET 运放式电路集成图，其中场效应管 Q_1 为 ISFET，与单一的 ISFET 相比，具有一般运放的优点。图 4-15 为四功能集成 ISFET，可进行 H⁺、K⁺、Na⁺ 和 Cl⁻ 的测定。模拟开关由编码器进行控制，译码器有 φ_A 和 φ_B 两个输入端，输出的控制信号数可达 2^2，从而减少芯片引出线的数量。

目前，ISFET 的应用主要集中于土壤营养变化的快速测定，在作物生产过程中以此来控制营养过剩，进行智能灌溉以及施肥管理，从而达到环境控制的目的，如可以避免硝酸盐进入地下水。

（二）土壤养分测试仪

国内研制的 TFC-203PCA 型土壤养分测试仪（图 4-16），配备土壤养分测试及配方施肥互动系统和旋转比色测试装置，可进行野外流动测试，能同时检测多个

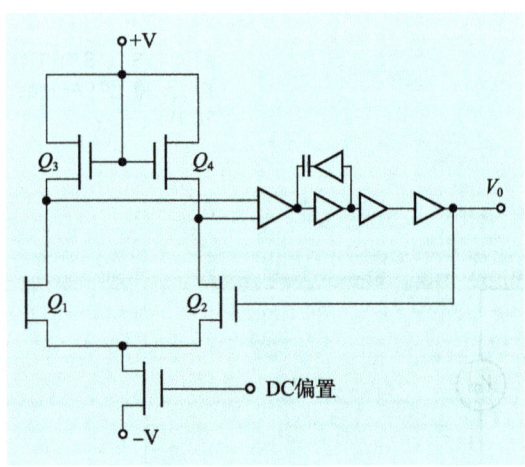

图 4-14 ISFET 运放式电路集成图

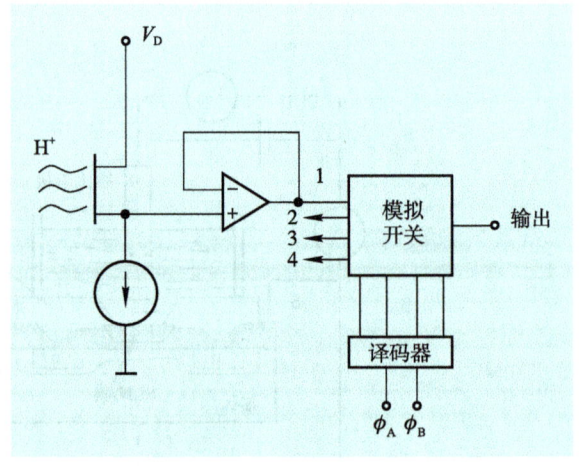

图 4-15 四功能集成 ISFET

样品。可快速检测土壤样品中的速效氮、速效磷、有效钾、全氮、全磷、全钾、有机质含量以及酸碱度（pH）和含盐量。主机系统可以根据当地情况设定作物品种、作物产量、肥料品种，并自动计算出施肥量。其养分测量技术指标：①稳定性：A 值（吸光度）3 min 内漂移小于 0.003；②重复性：A 值（吸光度）小于 0.005；③线性误差：小于 3.0%；④灵敏度：红光 $\geq 4.5 \times 10^{-5}$，蓝光 $\geq 3.17 \times 10^{-3}$；⑤波长范围：红光 620 ± 8 nm，蓝光 440 ± 8 nm。

图 4-16　TFC-203 PCA 型土壤养分测试仪

国外生产的 Rqflex 便携式土壤养分测定仪（图 4-17），采用反射光测试原理，可进行多种有机物质和无机离子的测定。同时，双光束测量系统和测试条上的两个反应区使得在一次测试操作中同时进行两次，从而使测量值更加精确。可测试的种类有氨氮、维生素 C、钙、氯、铬、铜、甲醛、葡萄糖、铁、锰、钼、镍、硝酸盐、亚硝酸盐、过乙酸、过氧化物、pH、磷酸盐、钾、硫酸盐、酒石酸、脂肪酶等。原地实时测量，数据随即存储，方便用户的即时决策。仪器包括反射光度计表头、显色试纸以及含仪器校正和控制功能的条形码三部分。主要技术指标：①分辨率：0.1%；②测量范围：4% ~ 90%；③光源：Ds（570/657+/-10 nm），双光源；④测量表面积：4 mm×6 mm。

图 4-17　Rqflex 土壤养分测定仪

四、地表状况监测

超声位移传感器可用于地表粗糙度的检测，也可进行种床表面粗糙度的检测，还可以进一步检测土壤颗粒的尺寸分布，图 4-18 为超声波回波曲线，对回波数据进行直方图统计，可得到地表起伏状况或种床表面粗糙度的分布曲线（如图 4-19）。其测定原理是利用超声波在空气中的传播速度为已知，测量声波在发射后遇到障碍物反射回来的时间，根据发射和接收的时间差计算出发射点到障碍物的

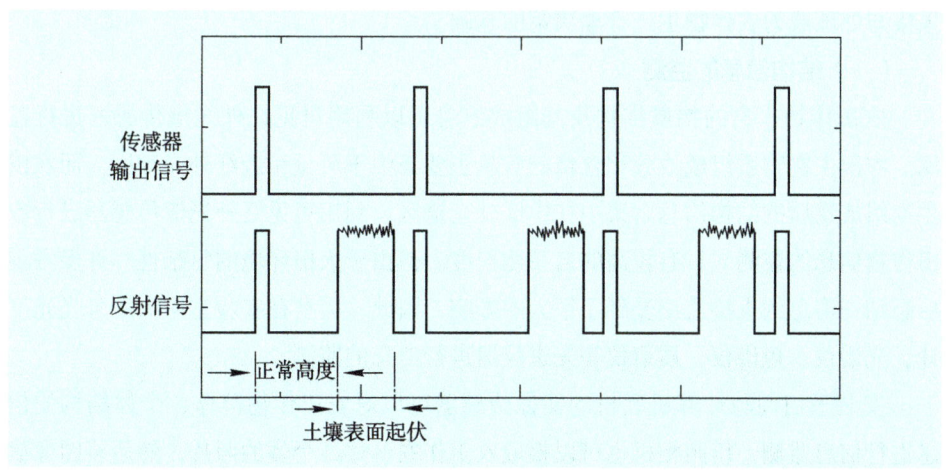

图 4-18　超声波回波曲线

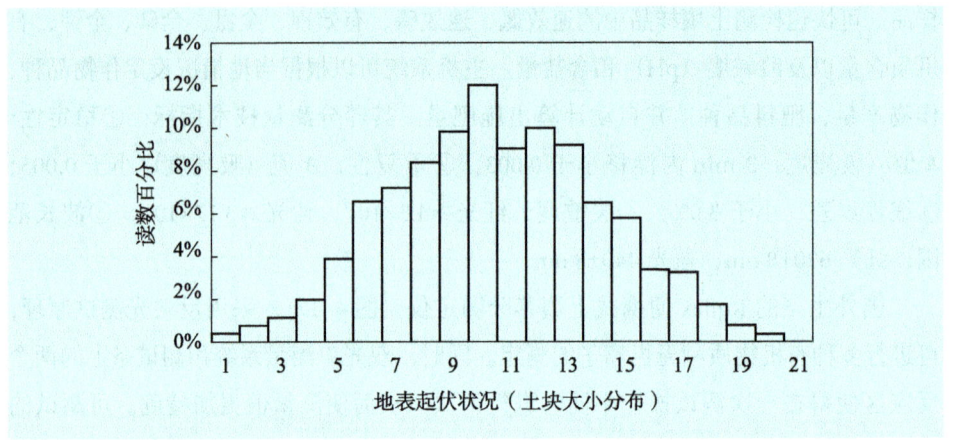

图 4-19 地表起伏状况分布曲线

实际距离。如果地表是不平整的那么每个发射脉冲都会引起一连串的反射脉冲，起伏变化越大则反射脉冲延续的时间越长。根据不同的脉冲延续时间出现的频数可以统计拟合出给定颗粒尺寸上下限之间的颗粒百分比。经过若干秒钟（前进时段）的读数即可求出表面粗糙度。

目前，已有研究利用激光扫描和遥感技术进行地表粗糙度的监测，并建立了相关关系模型，精度较高，为地表状况监测提供了新方法。

第三节 作物监测

一、作物生理信息监测

作物生产系统是以农作物为主要管理对象的农业生态系统，农田生物信息的采集与处理成为农作物生产管理决策的基础。

（一）结构信息的监测

农田作物丰富的物质结构及其组成信息可以利用可见红外光谱传感器进行监测。农田生物物质组成成分和含量的信息主要集中于可见和近红外光谱区，而农田生物组成物质的结构信息则集中在中红外光谱区。利用可见红外光谱传感器进行农田作物信息的监测，具有较高的自动化程度。但由于大田环境的复杂性，许多微观形态结构信息的直接监测受到了很大的影响，因此，需要在实验室中借助分光光度计、光谱仪、色谱仪、质谱仪等先进仪器进行信息的监测。

安装于田间与计算机联机的图像传感器可以对农田作物群体、个体结构的信息进行信息监测，用照相机也可以摄取农田作物群体或个体的照片，然后将图像信息输入并存储于计算机中。此外，利用三维数字化仪可以在作物生长过程中对作物形态结构的三维空间坐标信息进行快速、精确地连续采集和监测。利用计算机视觉技术不仅可以监测作物的外部形态参数（如叶片面积、叶片周长、茎秆直径、叶柄夹角等），还可以判别果实成熟度（表面颜色和大小）。利用实验室显微照相技术、摄像技术可以获得植物器官、组织、细胞、染色体等的形态结构信息，然后利用图像扫描仪或与计算机直接联机的摄像机将信息输入计算机中。

（二）生理功能信息的监测

带有微型处理机的植物光合作用测定仪，可直接监测农田作物光合作用的信息，也可以对多个与光合作用有关的信息指标进行监测。利用生物微电极在植物不同植株、不同部位采集到的电位信息和电阻信息，可以用来监测植物体内的生理活动；利用红外线气体分析传感器可进行植物叶片光合速率信号的采集；利用微重量电子传感器可监测植物蒸腾量和叶面的蒸腾速率（叶片质量变化）。监测到的信息以数据文件的形式存放于微处理机中，便于计算机自动处理。在农田中不能监测到生理功能信息，可以在实验室内利用仪器进行监测。田间与室内信息监测相结合，以此实现对农田生物信息全面、准确、系统的监测。

PTM-48A 植物生理及环境监测系统（如图 4-20 所示）可以利用叶片温度、茎流速率、茎秆微变化、茎秆与果实生长传感器等，来连续监测并记录完整的植物的光合速率、蒸腾速率、植物生长环境因子和植物生长状况等参数。适用于实验室、温室和生长箱中的植物生理的科学研究，更适用于户外长期监测研究。

PTM-48A 的特点是有 15 个传感器通道。其中 4 个输入通道用于连接自动开合的叶室，测量叶片的光合与蒸腾速率（图 4-21）；另外的 11 个通道用于其他传感器，主要用于环境（PAR、空气温湿度、土壤湿度）与植物生长（叶片温度、茎

图 4-20　PTM-48A 植物生理及环境监测系统

图 4-21　叶片的光合与蒸腾速率测量

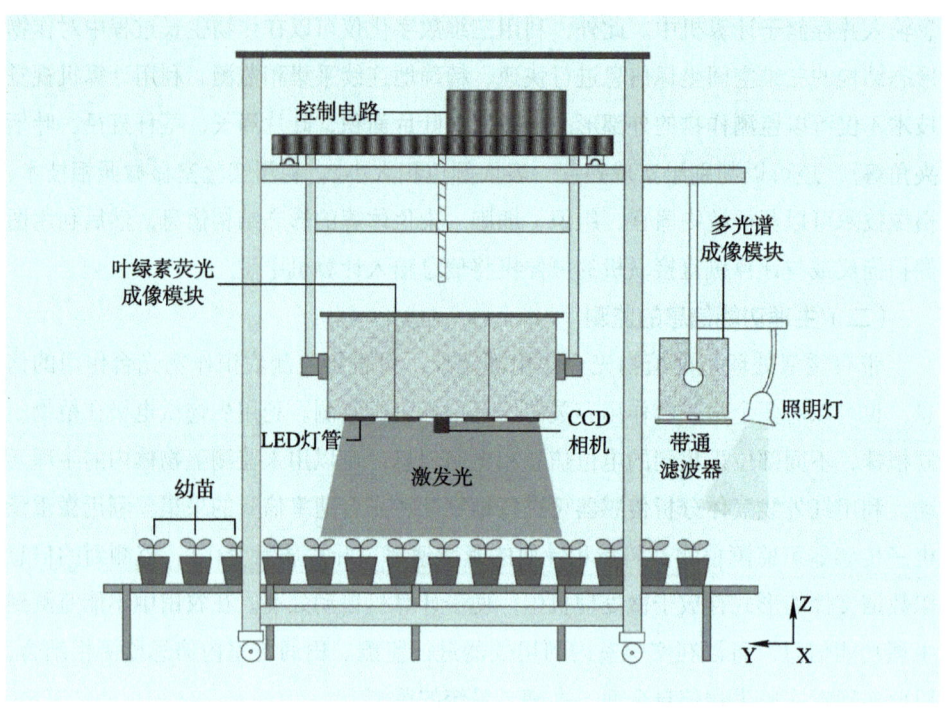

图 4-22 作物生理监测系统示意图（Wang 等，2018）

图 4-23 干旱胁迫下番茄各参数假彩色图像（Wang 等，2018）

流速率、茎秆微变化、果实生长、茎秆测量仪）的监测。

叶绿素荧光是植物光合作用的探针，广泛用于作物品种筛选、表型分析、胁迫诊断等方面。作物生理监测系统是由集成叶绿素荧光成像模块和多光谱成像模块的系统组成的，如图 4-22 所示。测量过程中，叶绿素荧光参数 $\Phi PSII$ 和 F_v/F_m 对植物生理敏感，应用广泛。多光谱图像中不同波长之间的相对反射率变化可以反映叶片组成引起的叶片色度变化，降低了光源对空间域均匀性的要求。3 个参数的组合可以实现典型的作物生理胁迫监测（图 4-23）。

（三）营养指标监测

氮素是影响作物生长与产量的主要因素之一，氮是作物生长发育所需的生命元素，是构成生命物质蛋白质的主要成分，缺氮会使植株生长变慢、植株变弱、茎秆细小、叶片小而黄、产量和品质下降。因此，对于作物氮素营养的诊断就显得尤为重要。

目前，作物氮素营养的诊断主要有叶绿素仪法和光谱反射率法两种方法。

1. 叶绿素仪法

作物叶片含氮量与冠层叶绿素含量有密切的相关性，即用叶绿素仪检测作物冠层叶绿素含量，然后来监测植株氮素营养状况。由日本 Konica Minolta 公司生产的 SPAD-502 叶绿素仪采用红光（约 650 nm）和红外光（约 940 nm）分别照射于作物叶片表面，通过比较透过叶片的透射光的光密度差异来计算 SPAD 值。

SPAD 值是一个无量纲的比值，与叶片中的叶绿素含量呈正相关。SPAD-502 叶绿素仪测定方法简便，体积小，质量轻，便于携带，是当前广泛使用的叶绿素活体测定仪器。但叶绿素仪得到的作物氮肥含量是从测试样本的有限个点得到的，只能对整块田间氮含量结果做粗糙的估算，因此依靠叶绿素仪进行整个地块作物氮含量的监测是不现实的。

2. 光谱反射率法

目前，随着光谱技术的发展，可见/近红外光谱技术已广泛应用于作物氮素营养的快速监测。通过测量作物叶片或作物冠层的光谱反射率来建立作物氮素含量的定量监测模型，也可以通过单波段光谱反射率组合形成的植被指数来建立作物氮素含量的定量关系模型，从而实现作物氮素含量的预测。由美国 ASD 公司生产的 Fieldspec 3（350~2 500 nm）便携式光谱仪可以进行冠层和单叶光谱的测定，受外界因素的干扰少，可获取稳定而连续的光谱反射率曲线，从而提高作物氮素营养的反演精度。图 4-24 为不同氮素水平冬小麦冠层光谱反射率特征曲线。

另外对于作物氮素营养的监测还有 Greenseeker 手持式光谱仪以及归一化差值植被指数（NDVI）仪，可通过对太阳入射光和植被的反射光进行探测，得到 NDVI 值，反推出叶面积指数、植被覆盖度、发育程度、生物量等指标，据此对作物长势、营养诊断等方面作出评估。

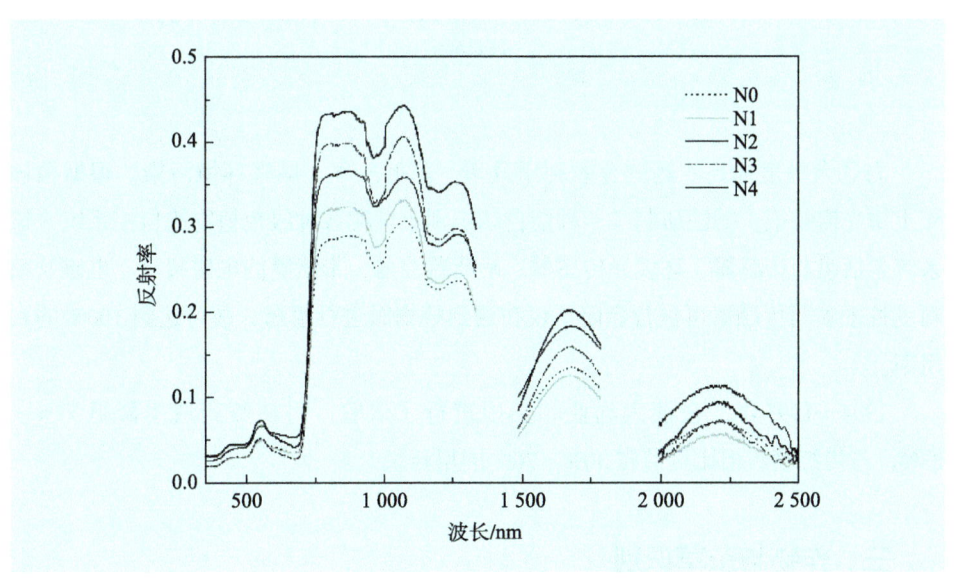

图 4-24　不同氮素水平冬小麦冠层光谱反射率特征曲线

二、植物与土壤识别

目前,植物与土壤识别技术主要是利用近红外光谱、多光谱成像、图像处理等高新技术来实现的。以近红外光谱为例,图4-25分别显示了绿色植物与干燥土壤的光谱反射特征曲线。绿色植物(冬小麦)在可见光区域(400~700 nm)由于色素的强烈吸收会形成两个吸收谷,而在短波近红外区域(700~1 300 nm)因叶肉内的海绵组织结构中有很多大反射表面的空腔,同时也由于细胞内的叶绿素呈水溶性胶状态,因此呈现强烈的红外反射。干燥土壤的反射率通常在可见光区域明显高于绿色植物,而在近红外区域则明显低于绿色植物。

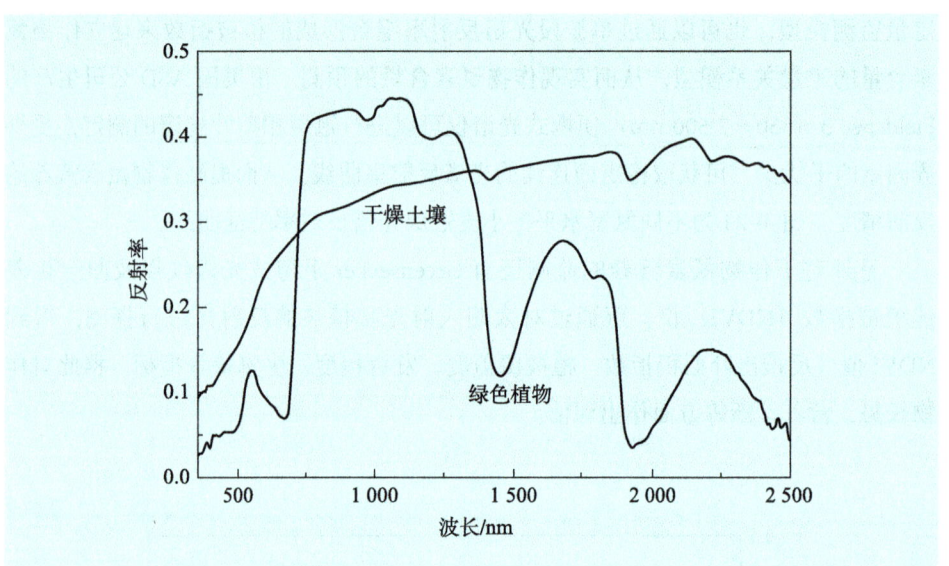

图4-25 绿色植物与干燥土壤的反射光谱特征曲线

为了大幅度提高农药的有效利用效率,降低成本,减轻环境污染,根据植被和土壤光谱特征,德国研制了一种能自动识别土壤和各种绿色植物的自控系统。该系统包括喷药传感器、环境光传感器、喷药监控器、带喷嘴的电磁阀等。电磁阀喷嘴受控于喷药传感器可进行启闭,仅在遇到植物时进行喷药,故可达到100%的利用率。

1994—1995年,在澳大利亚和美国进行了试验,可使喷药成本降低77%~83%,与传统喷药相比可节省30%~70%的用药量。

三、作物与杂草识别

农田杂草危害是影响农作物丰产丰收的一个重要因素。杂草具有传播方式多,繁殖与再生力强,适应能力强,具有C_4光合途径,能迅速生长发育,群落具有多

第三节 作物监测

样性等特点。杂草与作物共生并竞争性吸收养分、水分、光照与空气等生长条件，严重影响农作的产量和品质。因此，杂草信息监测是杂草防治的关键环节。传统农业生产中主要通过锄地、中耕和人工拔草等方法来防治草害，费时、费工、费力且除草效果不佳，而化学除草又存在着大面积喷施、药液浪费等缺点。现代信息技术的发展为解决上述问题提供了有效手段。

作物、杂草和土壤在可见光和近红外波段反射率的差异，提供了在农机操作的同时利用特征波长区分三者的可能性。

各种植物（包括作物和杂草）叶面光谱反射曲线的形状是相同的，均在可见光区域（400~700 nm）形成两个吸收谷，在 550 nm 附近形成反射波峰，而在短波近红外区域（700~1 300 nm）形成强烈的红外反射平台（如图4-26）。然而杂草及作物叶片的反射光谱仍然存在着显著的区别。例如，玉米和马齿苋及牛筋草的反射光谱极为相近，但在 550 nm 附近及 750~1 300 nm 反射平台均表现为玉米明显高于马齿苋及牛筋草的谱线，因此采用特征波长上的反射率数据可以区分作物与杂草。

另外，增多特征波长也能降低其分类误差，如表 4-2 所示。借助 3~7 个特征窄带（10 nm）谱值可以正确地进行作物、杂草和土壤的区分。

除可见/近红外光谱技术外，应用较广的是机器视觉识别杂草技术。机器视觉用机器代替人眼进行测量，用计算机代替人的大脑来完成对周围环境和目标的识别和解释。利用机器视觉技术来识别杂草，采用精确对靶喷施除草剂的方法来杀灭杂草。目前已有大量关于利用机器视觉技术进行除草的研究，效果较好。

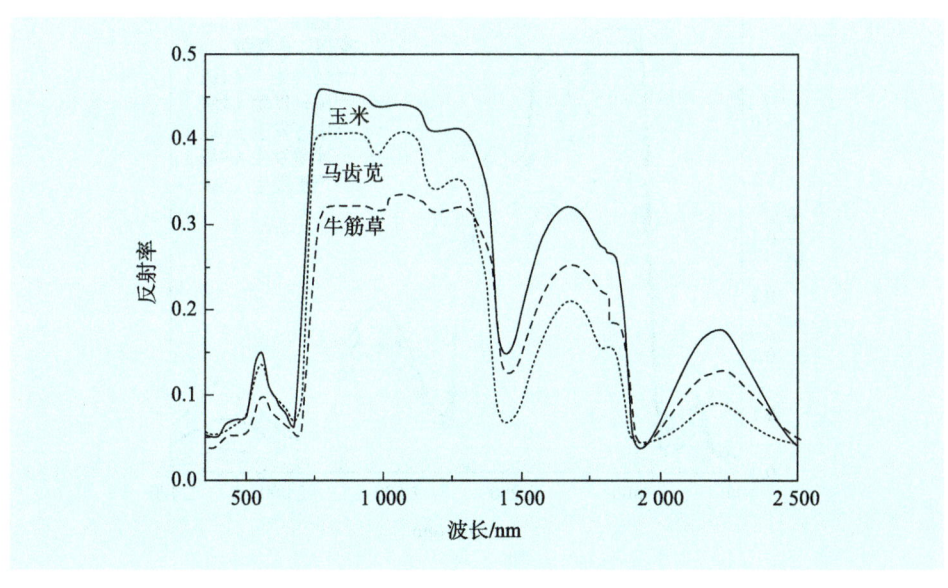

图 4-26 玉米、马齿苋和牛筋草的反射光谱曲线

表 4-2 玉米、稗草、杂草和土壤分类情况表

种类	特征波长 /nm	a 组分类误差 /%	b 组分类误差 /%
玉米和稗草 / 杂草 / 土壤	1 285/455	6.4	6.6
玉米和稗草 / 杂草 / 土壤	1 285/455/355	2.7	2.9
玉米和稗草 / 杂草 / 土壤	1 285/455/355/685	1.0	1.5
玉米 / 稗草	1 085/645/695	0.0	0.0

四、作物病虫害监测

近年来，全球气候变化导致作物面临病虫害发生频率高、危害面积广、严重程度大的严峻现实。传统植保方法在监测病虫害方面存在着预测不准和滞后性严重，以及费时、费力、识别度低、效率不高等缺点。随着高光谱遥感技术、图像处理技术、大数据分析技术等现代信息技术的兴起，通过加强光谱遥感与植物病理学之间的理论联系，结合传感系统、特征提取与算法，高效地获取、处理、分析作物病虫害数据信息，实现了作物病虫害防治的精准管理。

（一）病虫害遥感监测

当作物受到病虫害侵扰时，因缺乏营养和水分而生长不良，海绵组织受到破坏，局部叶片叶绿素含量减少，叶片形态、结构发生改变，从而改变了叶片和冠层的光学特性，导致叶片光谱也发生了相应的变化。以作物病害为例，图 4-27 为不同等级细菌性疫病红芸豆叶片反射率光谱曲线，细菌性疫病导致红芸豆叶片失绿、

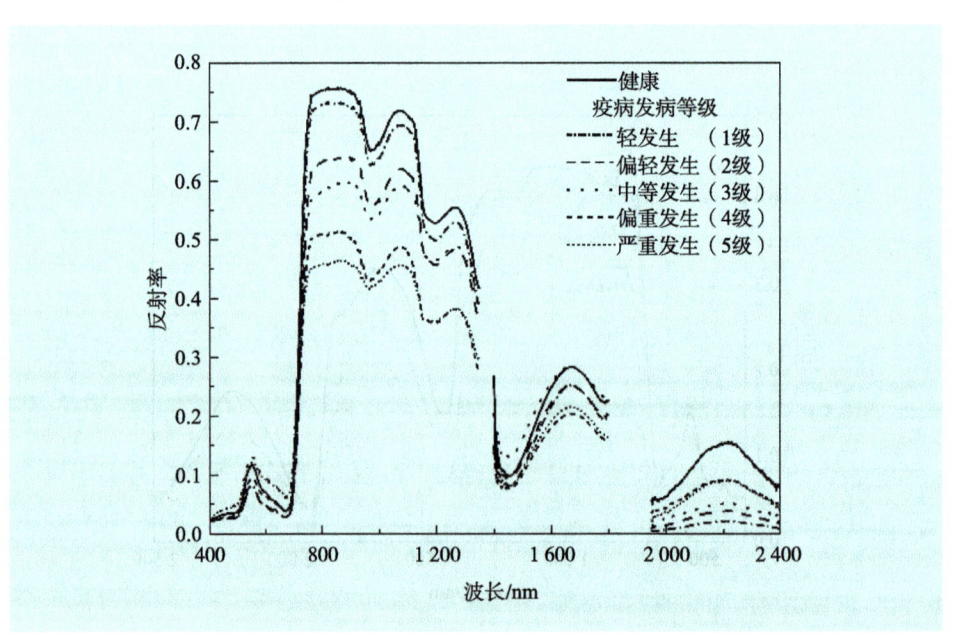

图 4-27 不同等级细菌性疫病红芸豆叶片反射率光谱曲线

失水，随着细菌性疫病等级的增加，近红外平台光谱反射率表现为逐渐降低的趋势。可以通过构建病情指数，建立光谱特征参数与病情指数之间的关系模型，实现病害的实时监测。

叶片和冠层尺度病虫害监测的实现，为大范围全覆盖的作物病虫害胁迫监测和预警提供了可能。目前，常用于作物病虫害监测的遥感数据主要包括可见光遥感、多光谱遥感、高光谱遥感、热红外遥感和雷达遥感等数据。针对不同遥感数据源的特点，通过分析不同病虫害胁迫下的光谱响应特征，选取病虫害敏感性波段所表现的波谱特性，分析遥感信号并进行建模，实现病虫害的监测和分类。

单一遥感数据不能兼顾辐射、空间、光谱和时间分辨率，所获得的结果不能全面地反映病虫害监测情况。通过多源遥感数据的融合能实现优势互补，为作物病虫害监测提供更全面的信息，从而实现更好的监测效果。

（二）病虫害监测预警系统

病虫害监测预警系统一般由环境信息监测设备、虫情信息采集设备、病菌孢子捕捉系统、苗情信息监测设备以及预警预报系统、专家系统、信息管理平台等组成。系统可以对监测点的作物生长情况、病虫害发生状况、空气温湿度、土壤温湿度、光照强度等各种作物生长过程中重要的参数进行实时监测和管理。

环境信息监测设备通过一系列传感器自动采集土壤温湿度、空气温湿度、风速、风向、太阳辐射、CO_2 等环境参数，并自动上传到信息管理平台。虫情信息采集设备通过图像识别技术自动完成害虫的拍照、识别、数据传输等系统作业，实现自动识别计数。病菌孢子捕捉系统用于实时采集和分析病害孢子存量及其扩散动态，可将孢子图片自动上传至管理平台，识别孢子种类及数量。苗情信息监测设备由自动监测系统对农作物的生长发育状态进行实时监控（包括日间图像和夜间的红外图像）。结合预警预报系统和专家系统等模块，对作物病虫害进行实时预警预报，并提供智能化、自动化管理决策。

复习思考题

1. 什么是农田信息采集？农田信息采集技术包含哪些类型？
2. 常用太阳辐射传感器有哪些？
3. 什么是田间土壤信息？其采集方法有哪些？
4. 简述农田生物信息的采集技术。
5. 土壤含水量和营养成分的采集有哪些方法？各有什么特点？
6. 简述农田土壤盐含量的测定方法。
7. 试述作物氮素营养监测的方法。

参考文献

1. 杨武德. 精确农业概论 [M]. 北京：中国农业出版社，2016.
2. 马新明，杨林楠. 农业信息技术 [M]. 北京：中国农业出版社，2010.
3. 何勇，赵春江，刘飞. 精细农业 [M]. 4版. 杭州：浙江大学出版社，2023.
4. 江苏省教育委员会. 农业信息处理技术 [M]. 北京：高等教育出版社，1999.
5. 吴朝霞，齐世清，宋爱娟. 现代检测技术 [M]. 5版. 北京：北京邮电大学出版社，2025.
6. 李军. 农业信息技术 [M]. 2版. 北京：科学出版社，2010.
7. 王凤花，张淑娟. 精细农业田间信息采集关键技术的研究进展 [J]. 农业机械学报，2008，39（5）：112-121.
8. 王人潮. 农业信息科学与农业信息技术 [M]. 北京：中国农业出版社，2003.
9. 王玉洁. 农业信息技术概论 [M]. 北京：中国农业出版社，2009.
10. 郑丽敏. 农业信息系统原理及其应用 [M]. 北京：化学工业出版社，2006.
11. WANG H, QIAN X, ZHANG L, et al. A method of high throughput monitoring crop physiology using chlorophyll fluorescence and multispectral imaging [J]. Frontiers in Plant Science, 2018, 9: 407.
12. 黄文江，师越，董莹莹，等. 作物病虫害遥感监测研究进展与展望 [J]. 智慧农业，2019，1（4）：1-11.
13. ARTIGAS J, BELTRAN A, JIMÉNEZ C, et al. Application of ion sensitive field effect transistor based sensors to soil analysis [J]. Computers and Electronics in Agriculture, 2001（31）：281-293.

数字课程学习

教学课件　　教学视频　　图库　　自测题

第五章
地理信息系统及其应用

农业资源分布的强烈地域性和明显季节性，表现出极其复杂的时空变化组合特征。采用传统的数据表格和文字描述方式，通常难以得出直观和清晰的农业资源与生产状况的地域分异规律。地理信息系统能够存储、管理、集成和处理各种来源的农业系统数据，进行空间数据分析、预测预报、地理作图、辅助决策等，特别适用于组织、分析和图示同一区域内各种类型的空间信息资料，已成为目前农业地理信息管理的重要工具。

第一节　地理信息系统概述

一、地理信息与地理信息系统

（一）信息与数据

信息（information）是向人们或机器提供关于现实世界新的事实的知识，是数据、消息中所包含的意义，它不随载体物理设备形式的改变而改变。数据（data）是指对某一目标定性、定量描述的原始资料，包括数字、文字、符号、图形、图像以及它们所能转换成的各种形式。数据是用以载荷信息的物理符号，数据通常由三个方面表示：数据名称、数据类型和数据长度。一般常见的数据类型有：数值型数据、字符型数据、图表数据、音频数据和视频数据。

信息与数据是不可分离的。信息由与物理介质有关的数据表达，数据中所包含的意义就是信息。地理信息系统的建立和运行，就是信息（或数据）按一定方式流动的过程。

（二）地理信息与地理数据

1. 地理信息

地理信息（geographic information）是关于地理圈（大气、生物、土壤、岩石、水）或地理环境中地理实体的性质、特征和运动状态的表征以及一切有用的知识，是对地理数据的解释。在地理信息中，地物的位置信息是通过空间数据进行标识的，即具有空间性，这是地理信息区别于其他类型信息最显著的标志。

地理信息是表征地理系统诸要素的数量、质量、分布特征、相互联系和变化规律的数字、文字、图像和图形等的总称，包含对地理现象的空间特征、属性特征、时域特征的抽象描述和分布特征、时空演变规律的解释等内容。

地理信息具有区域性、多维结构性和时序性：①区域性是通过经纬网等建立的地理坐标来实现空间位置的标识；②多维结构性即在二维空间的基础上实现多专题的三维结构；③地理信息的时序性十分明显，可以按时间尺度将地理信息划分为超短期的（如台风、地震、森林火灾）、短期的（如江河洪水、秋季低温）、中期的（如土地利用、作物估产）、长期的（如城市化、水土流失）、超长期的（如地壳变动、气候变化）等。

2. 地理数据

地理数据（geographic data）是指表征地理圈或地理环境固有要素或物质的数量、质量、分布特征、联系和规律的数字、文字、图像和图形等的总称，是各种地理特征和现象间关系的符号化表示。

（三）地理信息系统

地理信息系统（GIS）是以地理空间数据库为基础，采用地理模型分析方法，实现地理信息的采集、存储、检索、分析、显示、预测和更新，实时提供多种空间的和动态的地理信息，为地理研究和地理决策服务的计算机技术系统。

GIS 是一个空间型的信息系统，具有采集、管理、分析和输出多种地理空间信息的能力，具有空间性和动态性。以地理研究和地理决策为目的，以地理模型方法为手段，具有区域空间分析和动态预测的能力。GIS 的操作对象是地理数据，既有空间数据，又有属性数据，并通过数据库管理系统将两者联系在一起共同管理、分析和应用，从而提供了一种认识地理现象的新方法。在计算机系统支持下，利用空间分析模型，完成空间地理数据管理、地理分析、地理决策。现代地理信息系统是具有地理图形和空间定位的空间型数据管理系统。能够对空间信息数据进行图形化输出，表达形象直观，便于决策应用。GIS 与地球科学、环境科学、管理科学、应用数学、遥感、GPS、空间数据库、图形图像处理及各种应用技术有着不可分割的关系。一些 GIS 软件还提供了和其他系统软件的数据接口，实现和其他软件的数据共享，还提供了二次开发工具，方便用户进行二次开发。

二、地理信息系统的分类

GIS 从诞生到目前的广泛应用，一直以来都没有统一的类型划分标准。GIS 的分类一般可根据 GIS 的使用人员、数据结构、空间维数、运行环境和方式等划分（表 5-1）。

表 5-1 GIS 的分类

GIS	使用人员	应用型	专业型 GIS	专题 GIS、区域 GIS 和全球 GIS
			大众型 GIS	手持 GIS
				车载 GIS
				网络 GIS
		开发型	平台 GIS（二次开发平台 GIS）	
	数据结构		矢量 GIS、栅格 GIS、矢量-栅格 GIS	
	空间维数		2D GIS、3D GIS、TGIS（时态 GIS）	
	运行环境和方式		桌面 GIS、网络式 GIS、集成式 GIS、模块化 GIS（组件式 GIS）和互操作 GIS	

1. 使用人员

从使用人员角度出发，GIS 可分为应用型和开发型两大类，前者强调 GIS 的社会服务，可再分为专业型 GIS 和大众型 GIS；后者侧重 GIS 的二次创新，主要是指二次开发创新平台，由成熟的商业化 GIS 软件提供。

(1) 应用型 GIS　应用型 GIS 是面向用户需求和应用目的，解决人们生产和生活中面临的实际问题，主要应用于专业领域和大众生活的一类或多类专门型 GIS，一般是在开发型 GIS 的平台上进行二次开发完成的。应用型 GIS 兼具 GIS 基本功能和专业应用功能，但专业应用功能的目的性很强，是应用型 GIS 的重点。

应用型 GIS 按使用人员的专业素质可以划分为专业型 GIS 和大众型 GIS 两种类型。专业型 GIS 主要包括以下三种：专题 GIS、区域 GIS 和全球 GIS。专题 GIS 是为特定专业服务的、具有很强专业特点的 GIS，如水利 GIS、水资源 GIS、城市管网 GIS、土建 GIS、港口航道 GIS 等。区域 GIS 主要以区域综合地理信息研究为目标，按区域大小一般有国家级、地区、省级、市级等不同行政区域的 GIS，如江苏省 GIS、深圳市 GIS；也可以是按照地理、海区、流域等自然区域为单位的区域 GIS，如南方电网 GIS、北方海区 GIS 和黄河流域 GIS。全球 GIS 主要以全球综合地理信息研究为目标，如 Google Earth、全球植被覆盖 GIS 等。

大众型 GIS 是一种服务于社会大众，用户不需要很强的 GIS 专业素质，只需要有一般的地图常识即可操作的 GIS。如手机定位 GIS、车载导航 GIS、百度地图和 Google 地图等。

(2) 开发型 GIS　GIS 是一个复杂、庞大的软件系统，成熟的商业化 GIS 软件不可能解决所有的专业问题，因此用商业 GIS 解决实际问题尚需用户进行一定程度的专业开发。开发型 GIS 具有 GIS 操作空间数据的基本功能，并且向用户提供大量接口，称为 GIS 二次开发平台。开发型 GIS 可以降低人力、物力和时间的浪费以及开发成本，相当于站在巨人的肩膀上前进。开发型 GIS 为 GIS 用户提供接口技术，结合专业领域的模型或算法，二次创新开发专业应用的 GIS，完成相应任务。目前比较流行的二次开发平台有 ArcGIS、MapInfo、GeoStar、MapGIS 和 SuperMap 等。

2. 数据结构

从 GIS 支持的数据结构出发，GIS 可分为矢量 GIS、栅格 GIS 和矢量—栅格 GIS 三种类型。这种划分是以 GIS 支持的空间数据作为划分标准。尽管可以按照空间数据结构划分 GIS 的类型，但一般没有严格的分界。例如，矢量 GIS 并不是不能处理栅格数据，只是功能强弱的问题；同样，大部分遥感图像处理软件并不是不能处理矢量数据，而是处理矢量数据的功能相对专业的 GIS 要弱一些。

3. 空间维数

从 GIS 处理空间数据的维数出发，GIS 可分为二维 GIS（2D GIS）、三维 GIS（3D GIS）和时态 GIS（temporal GIS，TGIS）等类型。

以处理二维空间数据和二维空间分析为主的地理信息系统，称为二维 GIS。在二维 GIS 基础上增加高程信息，并将高程信息称作属性信息，高程信息作为因变量构建数字高程模型的 GIS，称为 2.5 维 GIS。当二维平面位置和高程信息都作为自变量构建数据模型时，即形成所谓的三维 GIS。当把时间作为一个维数构建空间数据模型时，用以描述地理要素在空间上随时间变化的空间信息变化情况，形成时态 GIS。随着 GIS 的发展，GIS 空间维数由二维向 2.5 维和三维甚至更高的维数发展。但是 2.5 维 GIS 和三维 GIS 之间一直存在分歧和争议。先后还曾出现了一些新的名词，如 2.75D GIS、表面 3D GIS、3D 城市模型、真 3D GIS 等。实际上，不管是 2.5D、2.75D、假 3D GIS，它们与真 3D GIS 的区别在于：前者构建的是表面数据模型，不表达空间实体的内部结构属性；而后者构建的是实体数据模型，表达实体表面的同时还表达实体内部的结构属性。

4. 运行环境和方式

从软件运行环境和方式出发，GIS 可分为桌面 GIS、网络式 GIS、集成式 GIS、模块化 GIS（或称组件式 GIS）和互操作 GIS 等几种类型，这些类型实际上代表了 GIS 软件的运行环境和方式。

（1）桌面 GIS　桌面 GIS 主要运行于单机或服务器电脑桌面的 GIS，其特点是 C/S 模式架构，GIS 往往只能满足单个用户或局域网内部的用户需求。

（2）网络式 GIS　网络式 GIS 主要通过网络传输运行，其主要特点是 B/S 模式架构，GIS 能够面向广域网用户的需求，但是运行于局域网之内的网络式 GIS 可以是 C/S 模式架构的。随着国际互联网的高速发展，GIS 迎来了新的发展机会，Web GIS 是 Web 技术和 GIS 技术结合之后诞生的新技术。

（3）集成式 GIS　随着 GIS 技术的发展，各种商业化、成熟稳定的 GIS 逐步形成大型软件包，走向集成化。集成式 GIS 的特点是系统复杂、庞大，向专业领域延伸，如 ArcGIS 软件包中集成了水文模块、商业选址等。尽管这样，集成式 GIS 还是只能作为基础平台，不能作为专业应用平台，但是集成化会导致 GIS 开发成本增高。

（4）模块化 GIS　模块化 GIS 有时也称作组件式 GIS。GIS 面对不同的专业领域和功能划分模块，基于标准的组件式平台，按功能模块开发组件式的 GIS，形成模块化组件形式的 GIS。模块化 GIS 从技术角度出发，便于开发、维护和应用，如同搭积木；从服务和销售角度出发，便于用户灵活选择和组合。模块化 GIS 具有较大的软件工程性目的,但是与专业领域的应用模型等进行集成时,增加了无缝集成的难度;模块组件具有可视化的界面和使用方便的标准接口,使用户进行二次开发更方便。

(5) 互操作 GIS 在计算机网络通信环境下,遵循公共接口标准,GIS 可实现互操作。互操作 GIS 方便空间数据传输和处理功能的共享。

三、地理信息系统的组成

完整的 GIS 主要由四个部分构成,即硬件系统、软件系统、地理空间数据和人员。软硬件系统是其核心部分,空间数据库反映了 GIS 的地理内容,而管理人员和用户则决定系统的工作方式和信息表示方式。

1. 硬件系统

GIS 硬件系统构成一般包括计算机与一些外围设备(图 5-1),如 GPS 接收器、PDA 采集系统、数字化仪(图 5-2)、扫描仪、打印机和绘图仪等,主要实现地理空间数据输入、存储、处理和输出等。

(1) 计算机系统 计算机是 GIS 的数据管理、加工和分析设备,是提高 GIS 运行及数据处理效率的关键,可以组成网络也可以单独使用。目前能够运行 GIS 的计算机包括服务器、工作站和微型计算机等。服务器能够管理资源并为用户提供服务,在稳定性、安全性等方面都有更高的要求;工作站是一种通用的高性能计算机,在图形处理,任务并行处理方面具有较强的性能。计算机的主要部件包括

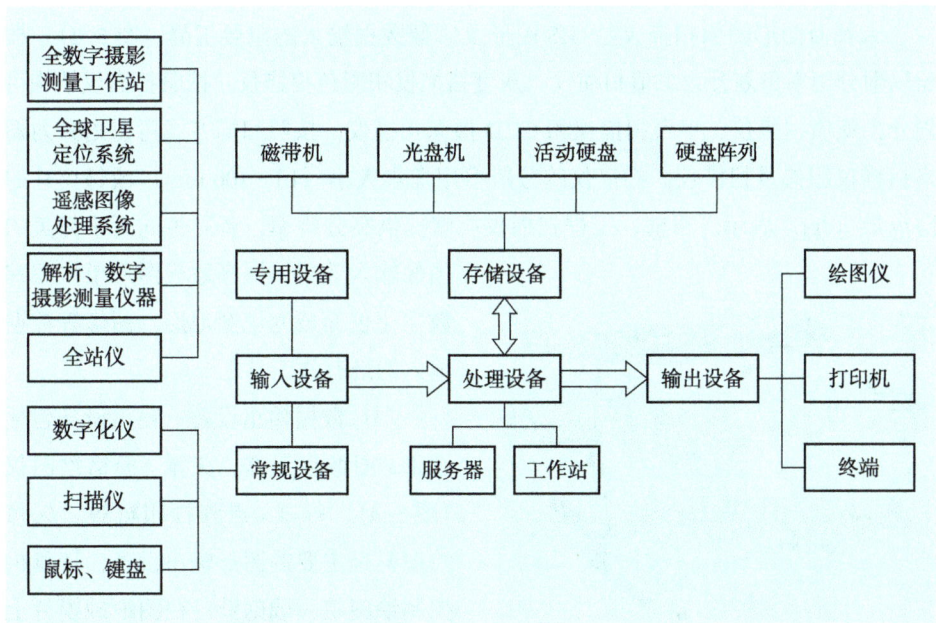

图 5-1 GIS 的硬件设备

图 5-2 数字化仪示意图

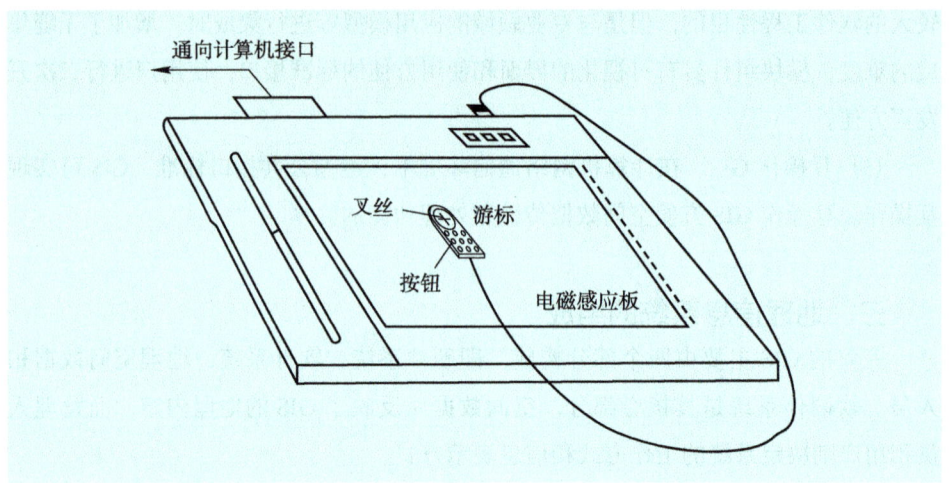

CPU 和主存储器,其性能主要由时钟频率、字长和存储器容量来描述。

(2) 数据采集设备 包括 GPS 接收器、PDA 数据采集系统、数字化仪、扫描仪等。GPS 接收器是接收 GPS 卫星信号并确定地面空间位置的仪器。PDA(process data acquisition)是一套生产过程数据采集系统,具有高速率、高吞吐量等特点,系统具备实时采集、实时存储、实时监视以及分析处理等功能,可用于野外调查和数据采集。数字化仪是由电磁感应板、游标和相应的电子电路组成,当使用者在电磁感应板上移动游标到指定位置,并将十字叉的交点对准数字化的点位时,按动按钮,数字化仪则将此时对应的命令符号和该点的位置坐标值排列成一组有序的信息,然后通过接口传送到计算机内。

大幅面图形图像扫描仪是 GIS 图形及影像数据输入的重要工具(图 5-3),按照辐射分辨率可划分为二值扫描仪、灰度扫描仪和彩色扫描仪,按照扫描仪结构可划分为滚筒扫描仪、平台扫描仪和 CCD 摄像扫描仪,按照扫描方式可以划分为栅格扫描仪和矢量扫描仪。扫描仪的分辨率用像素大小(10~100 mm)或每英寸的网点数(dpi)表示。目前,工程扫描仪能够提供高分辨率、真彩色的近乎完美的图像输入效果,逐渐取代图形手扶跟踪数字化仪而成为地图地形、图像等数据输入的最有效工具之一。

图 5-3 大幅面图形图像扫描仪

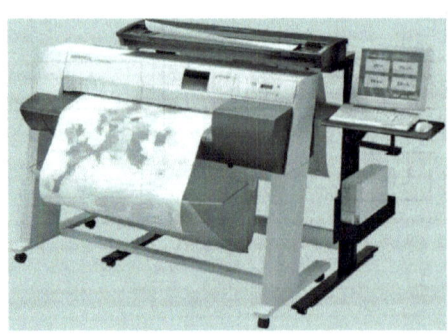

(3) 数据输出设备 输出设备包括图形/图像显示器、矢量/栅格绘图仪(图 5-4)、行式/点阵打印机等。矢量绘图机是主要的图形输出设备,计算机控制绘图笔(或刻针)在图纸或模片上

第一节　地理信息系统概述

绘制或刻绘出图来。喷墨绘图机是一种高精度的绘图设备，由栅格式数据的像元值控制喷到纸上的墨滴大小来绘制图形。

图 5-4　大幅面绘图仪

（4）网络设备　包括交换机、集线器、路由器等网络通信设备。

2. 软件系统

软件系统是指 GIS 运行所必需的各种程序，通常包括计算机系统软件、GIS 平台软件和 GIS 应用软件三类。计算机系统软件是指 GIS 运行所必需的各种软件环境，包括操作系统、数据库管理系统、图形处理系统等；GIS 平台软件包括 GIS 功能所必需的各种处理软件，一般包括空间数据输入与转换、空间数据编辑、空间数据管理、空间查询与分析、制图与输出等；GIS 应用软件一般是在 GIS 平台软件基础上，通过二次开发所形成的具体的行业应用软件（图 5-5）。

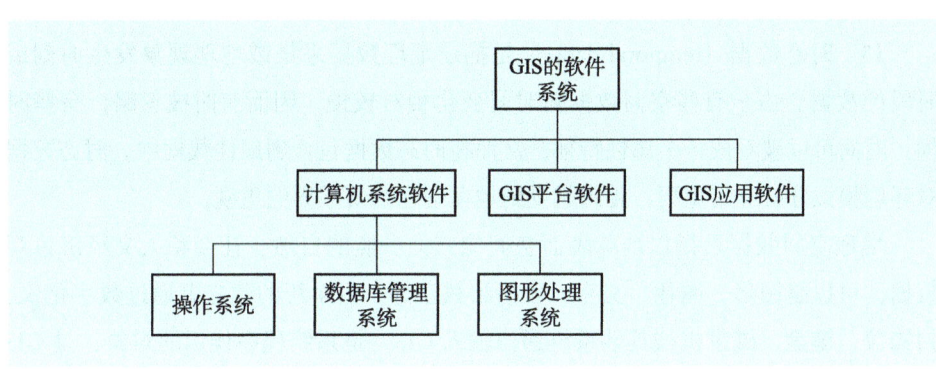

图 5-5　GIS 的软件系统

3. 地理空间数据

地理信息具有数据量大、数据时空分布不均、拓扑关系复杂、多重属性结构、数据来源多样化和地图表现形象化等特点。GIS 可以把各种图形图像数据和其他数据集成在一起，进行综合应用（图 5-6）。数据是地理信息系统中最重要的组件，数据之于 GIS 可类比汽油之于汽车。通常 GIS 工作量投入比为：硬件：软件：数据 = 1：2：7。

地理空间数据包括如下三部分：

（1）空间数据（spatial data）　是指单个的或群体的以空间位置为参照的数据，描述地物所在位置，这种位置既可以根据大地参照系定义，如大地经纬度坐标，也可以定义为地物间的相对位置关系，如空间上的距离、邻接、重叠、包含等。

图 5-6 GIS 可以处理的数据类型

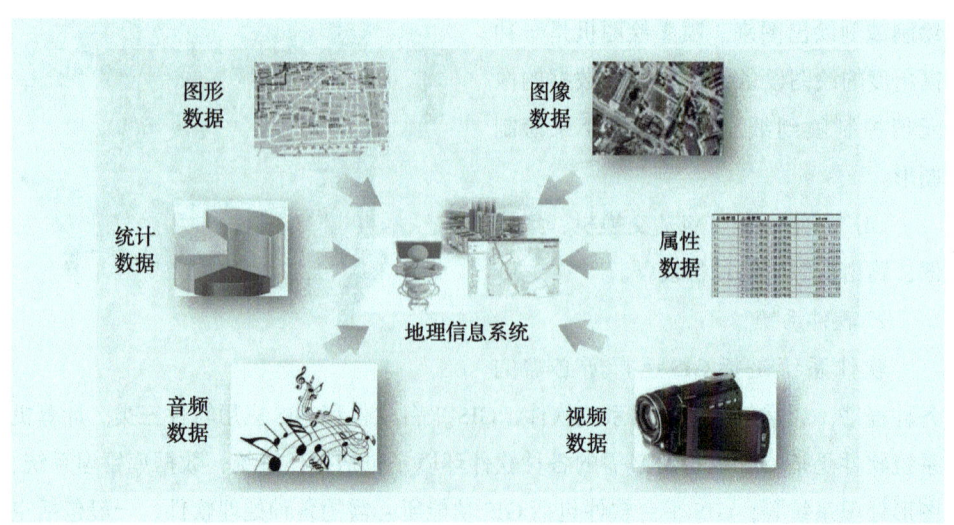

(2) 属性数据（attribute data） 又称为非空间数据（non-spatial data），是属于一定地物、描述其特征的定性或定量指标，即描述了信息的非空间组成部分，包括语义数据与统计数据等，通常以数字、符号、文本和图像等形式来表示。

(3) 时态数据（temporal data） 是描述地理数据采集或地理现象发生时刻或时段的数据。由于有些空间数据随时间变化相对较慢，因而有时被忽略；有些时候，时间可以被看成一个属性特征，从而将时态数据包含到属性数据中。时态数据对环境模拟分析非常重要，越来越受到地理信息系统学界的重视。

地理空间数据是指以地球表面空间位置为参照的自然、社会和人文经济景观数据，可以是图形、图像、文字、表格和数字等，由系统的建立者通过数字化仪、扫描仪、键盘、磁带机或其他系统通信输入 GIS，是系统程序作用的对象，是 GIS 所表达的现实世界经过模型抽象的实质性内容。

4. 系统开发、管理和使用人员

人是 GIS 中的重要构成因素，GIS 是一个动态的地理模型，仅有系统软硬件和数据还构不成完整的地理信息系统，需要人进行系统组织、管理、维护和数据更新、系统扩充完善、应用程序开发，并灵活采用地理分析模型提取多种信息，为研究和决策服务（图 5-7）。

在 GIS 中，计算机硬件部分是骨架，没有硬件，其他部分就无从依附；GIS 的软件部分是其精髓，没有软件，就不称其为 GIS；地理数据则如血液一样，没有了地理数据，地理信息系统就成了空壳；而对用户来说，当他能熟练地选择和使用各种 GIS 工具进行复杂的分析工作（如空间分析和模拟预测等）并且熟悉与所用的数据有关的知识时，才能视为 GIS 的一部分。

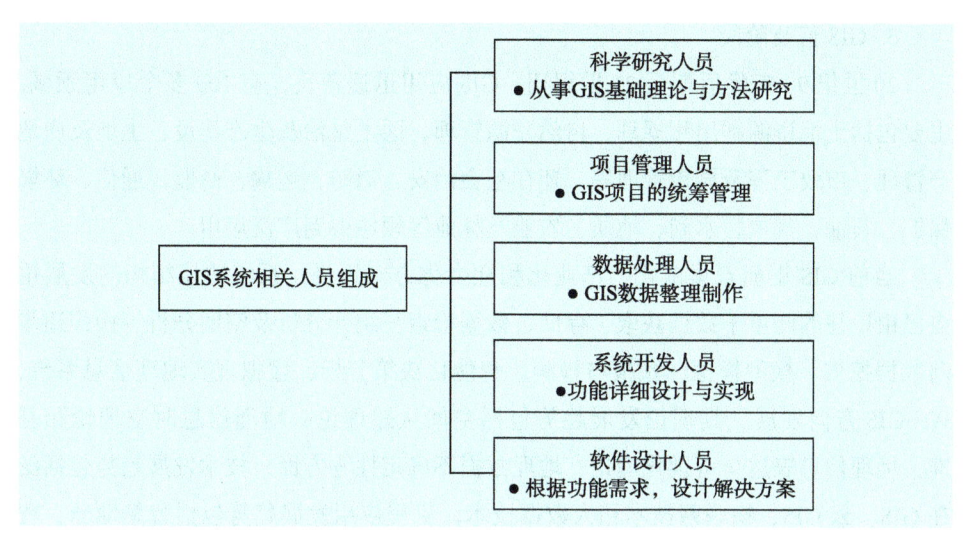

图 5-7 地理信息系统相关人员组成

四、地理信息系统的发展

从 20 世纪 60 年代初 GIS 概念的提出到现在，GIS 的发展经历了 5 个历史阶段：

1. GIS 起步阶段

1960 年美国 R. F. Tomlinson 提出了数字地图的概念，1965 年 W. L. Garrison 第一次提出了"地理信息系统"术语，1971 年加拿大土地管理局开发出第一个地理信息系统——加拿大地理信息系统（CGIS）。

2. GIS 发展阶段

20 世纪 70 年代，西方国家政府机构需要解决自然资源开发、环境保护及国土规划等问题，成为 GIS 的主要用户或潜在用户，而计算机技术的发展为地理信息的管理、分析和处理提供了强有力的硬件支持。

3. GIS 应用阶段

20 世纪 80 年代是 GIS 迅速发展和应用的年代。计算机硬件技术、软件开发工具和数据库技术等推动了 GIS 的发展，其数据处理能力、空间分析功能、人机交互对话、地图的输入、编辑和输出技术均有了较大发展，出现了一大批商品化的地理信息系统软件，如 ArcInfo、MapInfo 等。1986 年，我国第一个实验性地理信息系统——黄土高原信息系统建成。

4. GIS 成熟阶段

进入 20 世纪 90 年代，计算机软硬件技术迅速发展，GIS 已经成为支持多种硬件平台的高技术产品，并利用 Windows 开发工具与多媒体技术，为用户提供了多窗口环境与更为良好用户界面。遥感技术的全面发展提供了 GIS 数据源及应用需求，推动了 GIS 的理论、方法和技术逐步趋向成熟。

5. GIS 普及阶段

20 世纪 90 年代后期至 21 世纪初，GIS 应用迅速普及，有 100 多个应用领域，主要包括土地资源利用和规划、自然资源管理、国土整治及生态建设、土地及房地产管理、市政工程及城市管理等，还在社会治安、消防、运输、商业、通信、环境保护、石油、气象、水利、地质、农业及林业等领域得到广泛应用。

当前 GIS 正朝着集成化、产业化和社会化方向迈进，系统功能结构的发展重点已由以往的侧重于数据获取、存储、数据检索与统计分析及空间分析等操作逐步向数据挖掘、模型模拟、预报与预测、智能化决策分析、虚拟现实地理信息系统、WebGIS 方向发展。其理论发展趋势包括空间认知理论、地理信息时空理论和基准、地理信息表达与可视化理论、地理数据不确定性等方面；技术发展趋势包括泛在 GIS、云 GIS、物联网技术和大数据技术；工程应用发展趋势包括智慧地球、智慧城市、智慧农业等。

第二节　地理信息系统的基本功能

目前，商用 GIS 软件包的功能多样化，技术各有特点，优缺点各不相同。但通过总结，不难发现这些 GIS 软件包都提供了如下功能：数据采集与编辑、数据存储与管理、数据处理与变换、空间查询与空间分析、产品输出与表达。

一、数据采集与编辑

地理信息系统的数据通常抽象为不同的专题或层。数据采集与编辑功能就是保证各层实体的地物要素按顺序转化为 x、y 坐标及对应的代码输入计算机中，各类数据的转化和输入方法。

数据采集是把现有地理实体或资料转换为计算机可以处理的数字形式，并保证数据的完整性与逻辑的一致性（图 5-8）。数据来源包括统计数据、地图、地面测量、遥感影像等。采集方式包括：①定位设备数据采集。采用大平板仪、全站仪、GPS、移动测绘系统等设备对小范围数据进行采集或局部数据更新，特点是精度高、效率较低。②数字化设备数据采集。采用数字化仪、扫描仪、摄影测量设备等，对大面积数据进行采集、资源普查等，特点是范围大、速度快。③数据交换。将不同地理信息系统的数据按照一定标准进行数据交换。

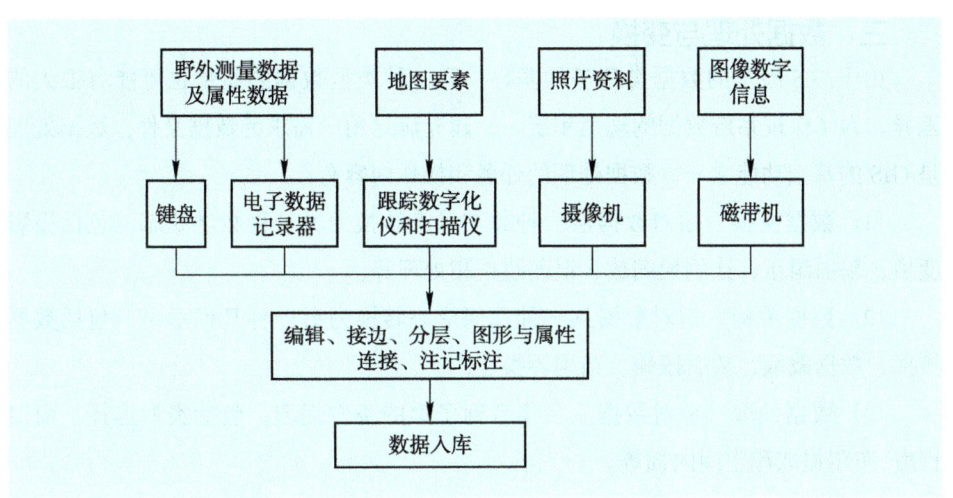

图 5-8 GIS 数据采集流程图

二、数据存储与管理

对数据的存储管理是建立地理信息系统数据库的关键步骤，涉及对空间数据和属性数据的组织。数据格式分为栅格数据和矢量数据（经、纬度）两大类，如何在计算机中有效存储和管理这两类数据是地理信息系统构建的基本问题。栅格模型、矢量模型或栅格/矢量混合模型是常用的空间数据组织方法。空间数据结构的选择在一定程度上决定了系统所能执行的数据与分析功能。在地理数据组织与管理中，关键的是如何将空间数据与属性数据融为一体。大多数地理信息系统中采用了分层技术，即根据地图的某些特征，把它分成若干层（如道路层、水系层、公共设施层等），整张地图是所有层叠加的结果。在与用户的交互过程中只处理涉及的层，而不是整幅地图，因而能够对用户的要求做出快速反应。

地理信息系统的主要功能之一是管理大量的专业地图，按专题分类将各部门所需的地图合理地组织为空间数据库。几十乃至上百张图按地图网格拼装为一个图层，而每张图层上包括的对象在取舍上有严格的分类标准。按专业含义由粗到细划分为层次状专题分类，每一图层上的空间对象归属于某一专题类，因此常称为专题图层。这些图层与各行业的更为专业的图层相叠置（透明叠放在一起），并进行空间关系分析，可以得出有用的决策信息。数据库技术是数据存储和管理的支撑技术。在 GIS 中，数据库具有数据量大、空间数据和属性数据联系紧密，以及空间数据之间具有显著的拓扑结构等特点，因此 GIS 数据库管理功能，除了与属性数据有关的 DBMS 功能之外，还包括对空间数据的管理功能。对空间数据的管理主要包括空间数据库的定义、数据访问和提取、空间检索、数据更新和维护等。

三、数据处理与变换

由于 GIS 涉及的数据类型多种多样，同一种类型数据的质量也可能有很大的差异。为了保证系统数据的规范和统一，建立满足用户需求的数据文件，数据处理是 GIS 的基础功能之一。数据处理的任务和操作内容有：

（1）数据变换　指对数据从一种数学状态转换为另一种数学状态，包括投影变换、辐射纠正、比例尺缩放、误差改正和处理等；

（2）数据重构　指对数据从一种几何形态转换为另一种几何形态，包括数据拼接、数据截取、数据压缩、结构转换等；

（3）数据抽取　指对数据从全集合到子集的条件提取，包括类型选择、窗口提取、布尔提取和空间内插等。

四、空间查询与空间分析

空间数据查询的含义一般是指从地理信息系统数据库中找出所满足属性约束条件和空间约束条件的地理对象或数据内容。空间查询大致可分为三类：针对空间特征的查询（单纯的空间查询）、针对非空间属性的查询（单纯的属性查询）、结合空间关系和非空间属性的查询（与空间位置和属性条件同时相关的联合查询）。空间数据查询方式可分为四种：基于关系数据库的查询语言扩充的空间查询（spatial query），即在数据库查询语言上加入空间关系查询；可视化空间查询；超文本查询；基于自然语言的查询。

空间数据分析是对分析空间数据有关技术的统称，可以分为基于空间图形数据的分析运算、基于非空间属性的数据运算、空间和非空间数据的联合运算等。它是以地理空间数据库为基础，通过各种几何的逻辑运算、数理统计分析、代数运算等数学手段，提取和传输地理空间信息，解决人们所涉及的地理空间实际问题，特别是隐含信息，以满足辅助决策的需要。

GIS 的基本空间操作包括空间插值、缓冲区分析、叠加复合分析和 DEM 分析。空间插值用于解决根据已知点的测量数据得到整个区域内该现象的空间分布特征，可用于土壤湿度、肥力等的计算。缓冲区分析则体现了空间影响随距离的衰减规律，可以用于影响范围的计算和规划。叠加复合分析则体现了多个因素之间的相互影响，可以用于精准农业中的多因子评价。DEM 分析主要用于计算研究区内地形的变化，可以探讨地形因子对作物种植的影响。

1. 空间插值

空间插值常用于将离散点的测量数据转换为连续的数据曲面。对于收集的采样点数据，要按照一定方法推演出整个区域的参数分布，以便与其他空间现象的分布模式进行比较。通常包括空间内插和外推两种算法。空间内插法是一种通过已知点的数据推求同一区域其他未知点数据的计算方法，空间外推法是通过已知区域的数据，推求其他区域数据的方法。

空间插值方法可以分为整体插值和局部插值方法。整体插值用于研究区内所有采样点的数据进行全区特征拟合，局部插值仅用邻近的数据点来估算未知点的值。

整体插值方法包括边界内插法、趋势面分析、变换函数插值等。边界内插法假定任何主要的变化都发生在边界上，而边界内变化是均匀和同质的，经常用于土壤和景观制图。只根据采样点的属性数据与地理坐标关系，进行多元回归分析得到平滑数学平面方程的方法，叫作趋势面分析。根据一个或者多个空间参量的经验方程进行整体空间插值的方法，称为变换函数插值。

局部插值方法通常定义一个邻域或搜索范围，搜索落在此邻域范围的数据点，选择表达有限个点的空间变化的数学函数，为落在规则格网单元上的数据赋值，重复这个步骤直到所有点赋值完毕。局部插值方法包括泰森多边形插值、距离倒数插值、样条函数插值和克里金（Kriging）插值等方法。

2. 缓冲区分析

邻近度（proximity）描述了地理空间中两个地物距离相近的程度。沟渠的灌溉范围、播种机的播种范围等均属于邻近度问题。缓冲区分析是解决邻近度问题的空间分析工具。缓冲区（buffer）就是地理空间目标的一种影响范围或服务范围。

缓冲区分析是给定一个空间对象或集合，确定它们的邻域，邻域的大小由邻域的半径确定。也就是根据数据库中点、线、面实体自动建立周围一定范围内的缓冲区多边形，查找这个多边形范围内具有某种特征的点状地物、线状地物或面状地物（图 5-9）。缓冲区计算的基本问题是双线问题，即图形加粗、加宽和中心线扩展等。栅格数据的缓冲区分析称为推移或扩散。在基于矢量结构的 GIS 中，缓冲区分析比较复杂，除了要按某种规则建立缓冲区多边形外，需要用到点在多边形内的判别技术和多边形叠置技术。如果将缓冲区分析转到栅格域进行，则可以使用逻辑交运算，以缓冲区多边形和某种查询的地物分别作为两个子集，然后求得它们的交集，非常简单和快速。

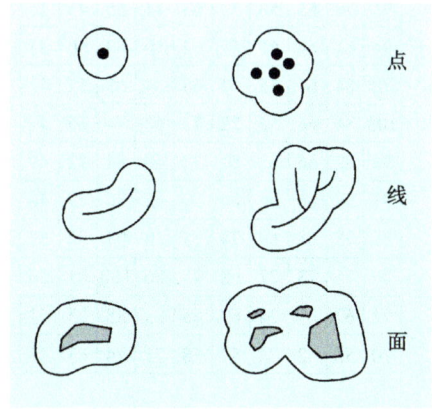

图 5-9 点、线、面的缓冲区示意图

3. 叠加复合分析

GIS 软件以分层方式组织地理景观，将地理景观按照主题分层提取，每个主题层可以称作一个数据层面。叠加分析源于绘有不同数据源图形的传统透明材料叠加，在透明光桌上勾画感兴趣区域和提取感兴趣信息。GIS 的叠加分析就是将两层或者多层数据层面叠加产生一个新的数据层面的操作，综合了原有数据层所具有的属性（图 5-10）。叠加分析类型包括视觉信息叠加、点与多边形叠加、线与多边形叠加、多边形叠加、栅格图层叠加等。视觉信息叠加是将不同侧面的信息内容叠加显示在结果图层或屏幕上，以便研究者判断其相互空间关系，获得更为丰富的空间信息。视觉信息叠加不产生新的数据层面，只是将多层信息复合显示，便于分析。

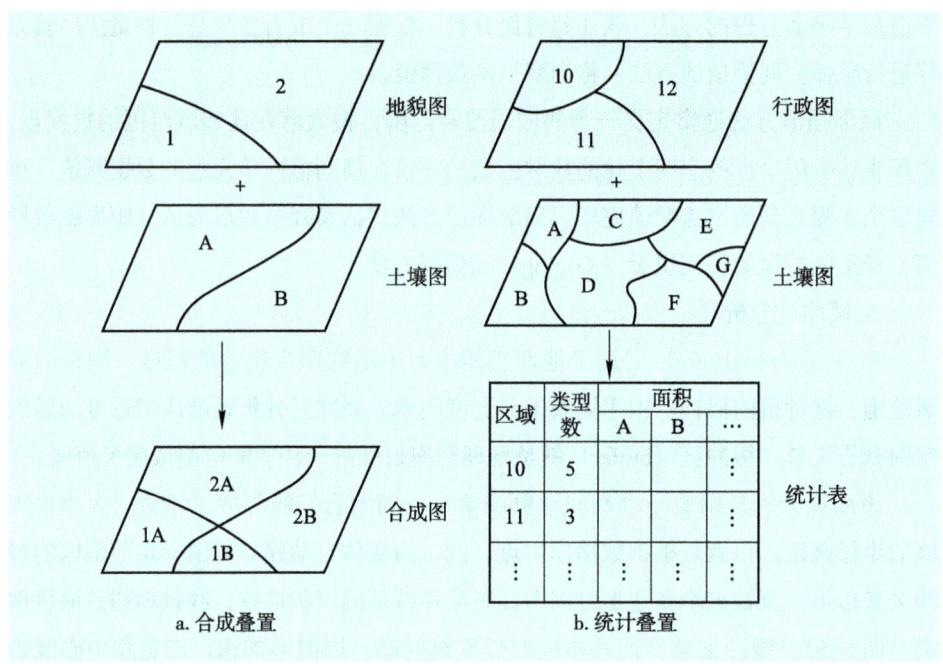

图 5-10　多边形叠加分析

图 5-11　格网 DEM

91	78	63	50	53	63	44	55	43	25
94	81	64	51	57	62	50	60	50	35
100	84	66	55	64	66	54	65	57	42
103	84	66	56	72	71	58	74	65	47
96	82	66	63	80	78	60	84	72	49
91	79	66	66	80	80	62	86	77	56
86	78	68	69	74	75	70	93	82	57
80	75	73	72	68	75	86	100	81	56
74	67	69	74	62	66	83	88	73	53
70	56	62	74	57	58	71	74	63	45

4. DEM 分析

数字高程模型（digital elevation model，DEM）最常见的表达是相对于海平面的海拔高度或某个参考面的相对高度，包括高程、坡度、坡向等地形属性信息。DEM 主要采用规则格网模型，将区域空间切分为规则的格网单元，每一个单元对应一个高程值（图 5-11）。DEM 地形属性数据包括单要素属性和复合属性两种。坡度、坡向等可由高程数据直接计算得到，还可以计算剖面面积、体积和表面积等，可以计算工程中的挖方、填方和土壤流失量。

五、产品输出与表达

对于许多类型的地理操作，以地图或图形来显示最终结果。地图显示可以集成在报告、照片图像或其他多媒体输出中。GIS 产品是指经由系统处理和分析，产生具有新的概念和内容，可以直接输出供专业规划或决策人员使用的各种地图、图像、图表或文字说明，其中地图图形输出是 GIS 产品的主要表现形式，包括各种类型的符号图、动线图、点值图、晕线图、等值线图、立体图等。

一个运行的 GIS，其产品制作与显示的功能包括：设置显示环境，定义制图环境，显示地图要素，定义字形符号，设置字符大小和颜色，标注图名和图例，以及绘图文件编辑等。

第三节　地理信息系统软件

GIS 软件是地理信息系统的核心。世界上众多研究机构和人员开发研制了大量结构和功能不尽相同的 GIS 软件。

一、GIS 软件的结构与功能

GIS 软件由几个具有特定功能的子系统（模块）组成：数据输入子系统、图形及文本编辑子系统、空间数据库管理子系统、空间查询及空间分析子系统、显示输出子系统（图 5-12）。

1. 数据输入子系统

该子系统具有数据采集功能，包括将现有地图、外业观测成果、航空相片、

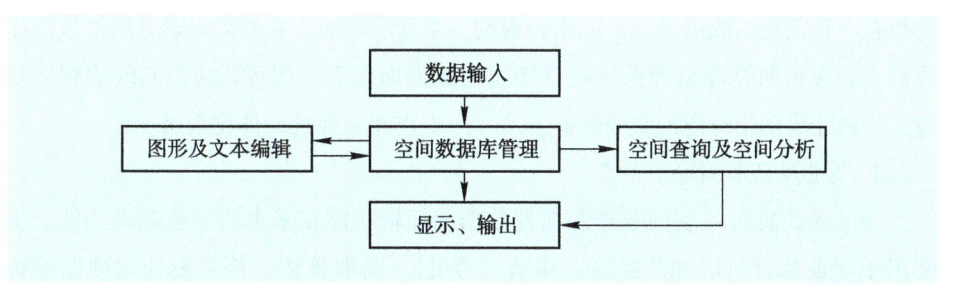

图 5-12　GIS 的主要软件模块

遥感数据、文本资料等转换成可供 GIS 利用的数据形式。许多工具都可用于数据输入，如人机交互终端、数字化仪、扫描仪、磁带机和磁盘机等。针对这些不同的仪器设备，系统配备相应的软件模块进行操作，并保证得到的数据转化后进入地理数据库中（图 5-13）。

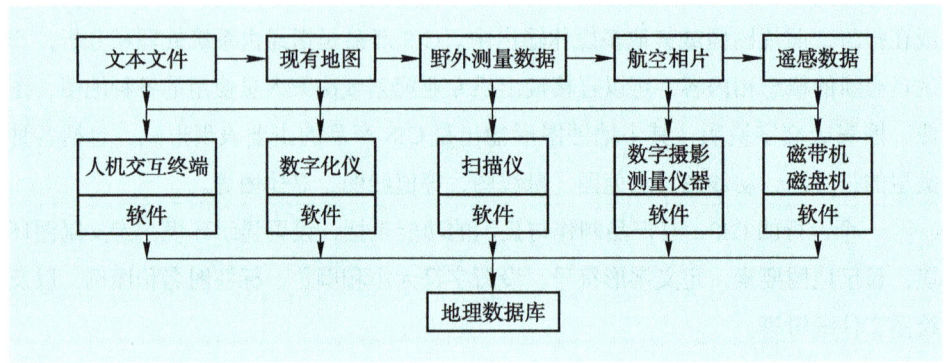

图 5-13　数据输入子系统

按照数据源的类型差异，数据输入包括图形数据输入、图像数据输入和属性数据输入等 3 种类型。

（1）图形数据输入　主要有两种方式：矢量数字化输入和栅格扫描输入。矢量数字化输入是借助数字化仪完成的，有利于图形要素的分离和取舍，易于进行图形要素编辑和修改，技术比较成熟，但比较耗时，作业强度大。栅格扫描输入是由扫描仪和矢量化软件完成的，输入速度和精度取决于矢量化软件的性能。

（2）图像数据输入　主要是栅格扫描方式和遥感影像直接导入。若为数字化图像数据，只要将其格式转换成 GIS 可读的类型，如 TIFF、BMP、RAW 等，便可以直接输入地理信息系统。若为纸质图像数据，可以通过扫描的方式进行数字化，再转化为 GIS 可读类型数据。图像数据输入后还需进行几何纠正、灰度变换、彩色合成、滤波处理、坐标变换等一系列运算之后，才能与矢量数据混合使用，真正成为 GIS 可以分析、处理、应用的信息。

（3）属性数据输入　有两种方式：一是借助数据库管理系统输入（如 DBASE、SQL Server、ACCESS 等），其二是借助 GIS 关系数据表输入。常用的数据库管理系统都有一套完整的数据录入、编辑、查询、管理等功能，能够满足建立属性数据库的需要。应用数据库管理系统建立了属性数据库之后，便可以应用 GIS 的相应功能，将属性数据和对应的空间数据连接，产生空间 - 属性一体化数据。

2. 图形及文本编辑子系统

该子系统具有对空间数据及属性数据的编辑功能和基本的信息查询功能。主要用于错误修订（增加、删除、移动、拷贝）、图形接边、符号设计与地图修饰

（线形、颜色、符号、注记）、建立拓扑（接点附合、多边形建立、目标组合、拓扑检验）、几何计算（距离、周长、面积）、属性数据输入（连接、实时输出、修改）及基本的双向信息查询（选几何图形查属性数据，或选属性数据找几何目标）。虽然属性数据输入可以在前述数据输入子系统中进行，但在图形编辑子系统设计属性数据的输入功能，可以直接参照图形来输入数据，实现图形数据与属性数据的连接（图 5-14）。

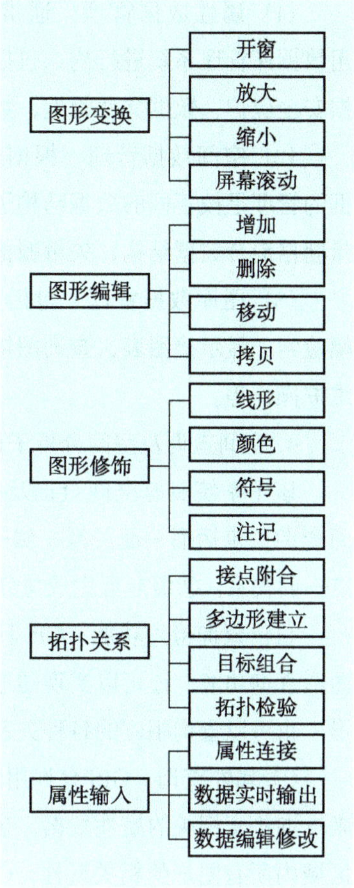

图 5-14　图形及文本编辑子系统

通过交互编辑子系统，可对输入的各类数据进行增删修改、格式变换、分割拼图、图属连接等操作。

（1）增删修改　在数据输入的过程中，需要进行数据的增删修改，包括对图形几何数据的增删修改和对图形特征参数的增删修改。

（2）格式变换　主要是针对图形数据的，包括数据格式转换和数据的投影坐标变换。前者是将所输入的多种格式数据转换成 GIS 软件需要的数据格式，后者是对不同比例尺、不同投影类型，或同一比例尺同一投影类型而不同投影带的图形数据，转换到统一的坐标系统中，以便实现不同图形数据的合成和拼接。

（3）分割拼图　图形数据和图像数据的输入通常都是分幅进行的，按照研究工作需要通常要进行要素或图幅的分割与拼接。

（4）图属连接　是指空间数据与属性数据的连接，以便形成空间 - 属性一体化数据，为 GIS 的空间分析服务。大量的属性数据是借助数据库管理系统输入的，属性数据与空间数据是分离的，这就需要首先进行图属连接，借助一定的公用字段来实现，公用字段通常选择要素的特征码，如行政编码、类型编码等。

3. 空间数据库管理子系统

该子系统具有对地理数据库的管理功能。为了快速查找和有效利用输入 GIS 的大量数据，必须对数据进行科学的管理。GIS 的数据管理功能是由数据库管理系统实现的。许多 GIS 软件仅是属性数据采用关系模型，而图形数据采用拓扑数据模型。面向对象数据模型既可以表达图形数据又可以有效地表达属性数据。

（1）属性数据管理　通常是直接借助 FOXPRO、ORACLE、INFORMIX 等商用数据库管理系统进行的，包括数据结构定义、数据编辑修改、数据检索查询、数据安全保护、数据文件管理、数据通信以及系统维护等。

（2）空间数据管理　根据空间数据类型特征和 GIS 应用类型的差异，空间数据的管理是按不同的数据结构进行的，常见的有矢量数据结构、栅格数据结构、矢量栅格混合数据结构、矢量栅格一体化数据结构。

（3）图库数据管理　包括图库建立、图幅入库、图幅删除、图幅拼接、跨图幅检索、显示接图表、查询图幅说明、图库的统计分析、图库的安全保护、图库的维护操作等。

4. 空间查询及空间分析子系统

该子系统具有空间查询及空间分析功能。主要包括以下几个方面：①拓扑空间查询，包括面—面关系、线—线关系、点—点关系、线—面关系、点—线关系、点—面关系；②缓冲区生成与分析；③叠置分析；④空间集合分析；⑤地学分析等。

（1）查询检索功能　GIS 具有丰富的查询检索功能，既有属性查询功能，也有图形查询功能，还可以实现图形与属性之间的交叉查询；既可以查询各种数值或图形，也可以查询相应的各种关系。

① 属性查询　GIS 允许用户在图形环境下，借助光标点定屏幕上的图形要素，来查询检索相关的属性数据，也可以在屏幕上指定一个矩形或多边形范围，检索该区域内所有图形的相关属性。GIS 还允许用户在属性环境下，按照一定的逻辑条件查询检索满足条件的属性数据。对查询检索得到的数据，可以仅在屏幕上显示，也可以生成报表输出。

② 图形查询　在 GIS 图形环境下，用户可以根据分层编码检索图形数据，也可以根据属性特征值查询相应的图形数据；或者按照一定区域范围查询图形数据，或者按照一定的逻辑条件查询相应的图形数据。

③ 关系查询　GIS 的空间关系查询就是查询检索与指定目标位置相关的空间目标，通常包括面—面关系查询、线—线关系查询、点—点关系查询、线—面关系查询、点—线关系查询、点—面关系查询 6 种。

④ 逻辑查询　是指用数据项与运算符组成的逻辑表达式，查询检索相应的图形或属性，其中的数据项可以是数据库中的任意项，运算符可以是所有逻辑运算符和算术运算符。

（2）空间分析等数据操作功能　空间分析包括地形分析、土地适应性分析、网络分析、叠加分析、缓冲区分析、决策分析等。

① 空间数据运算　包括空间数据量算和空间集合运算。空间数据量算包括距

离计算（两点距离、多边形周长、弧段长度）、面积计算、体积计算、方位计算等；空间集合运算包括逻辑交运算、逻辑并运算、逻辑差运算等。

② 属性数据运算　可以概括为算术运算、逻辑运算和统计运算 3 个方面。算术运算是指对属性数据进行的加、减、乘、除及三角函数运算；逻辑运算通常包括与、或、非等运算；统计运算则可分为单变量统计运算、多变量统计运算等。

③ 空间数据分析　包括叠置分析、缓冲区分析、泰森多边形分析、地形分析、网络分析等，为用户提供了解决多种专门问题的有效手段。

5. 显示输出子系统

该子系统具有显示和制图功能。以地图、表格、图表、文字等多种形式显示数据和向用户报告分析结果，根据需要可以在显示屏上显示、通过绘图仪或打印机生成硬拷贝。土壤类型图、作物分布图、粮食产量分布图等各种形式的专题地图、统计图形以及数据表格是最主要的 GIS 表达形式或输出产品。根据输出数据类型或输出设备类型可以分为矢量地图和栅格地图两种。用矢量绘图仪输出的矢量地图，具有线划质量好、绘图精度高等优点，但速度较慢。用喷墨绘图仪、静电绘图仪或喷墨打印机输出的栅格地图，其线划质量较矢量地图差，但速度快。

二、国内外常用的 GIS 软件

目前国内外已有相当数量的研究单位和公司致力于在多种档次的计算机系统上开发地理信息系统工具，推出了数以百计的 GIS 商品软件，如 ArcGIS、Titan GIS、MapInfo 产品系列等，其中以 ArcGIS 的应用最为广泛。

1. ESRI 产品系列

美国 ESRI 公司（Environmental Systems Research Institute）主要从事 GIS 工具软件的开发和 GIS 数据生产，ESRI 产品影响广、功能强、市场占有率高。ARC/INFO 是 ESRI 在 20 世纪推出的主要产品，是由相互联系的两个部分组成，即 ESRI 研制的 "ARC" 用于定义和管理地理要素的坐标位置和拓扑关系；Henco Software 公司研制的 "INFO" 用于图形属性的关系数据库管理。此外，ARC/INFO 还提供了二次开发语言 AML 以及开放开发环境 ODE。

ArcGIS 作为一个可伸缩的平台，为 GIS 用户提供了一系列部署 GIS 的软件和框架，如 ArcGIS Desktop、ArcGIS Engine、ArcGIS Server、ArcObjects 以及移动 GIS 等。其中，ArcGIS Desktop 是专业版桌面 GIS 软件，主要包括 3 个应用：Arc Map、Arc Catalog 和 Arc Toolbox。Arc Map 实现了地图的显示、分析和查询等基础功能；Arc Catalog 用于基于元数据的定位、浏览和管理空间数据；Arc Toolbox 则是常用的数据处理和空间分析处理功能所组成的工具箱。ArcGIS Engine 为专属开发 GIS 的嵌入式开发组件；ArcGIS Server 是面向 Web 空间服务的一个 GIS 软件平台；Arc Objects 为组件式地理信息系统开发软件。

2. Intergraph 产品系列

美国 Intergraph 公司致力于计算机辅助设计、制造以及专业制图领域的硬件软件以及服务支持。Intergraph 提供的 GIS 产品包括专业 GIS（MGE）、桌面 GIS（GeoMedia）以及因特网 GIS（GeoMedia Web Map）。MGE 提供了从扫描图像矢量化、拓扑空间分析到地图整饰输出的基本 GIS 功能，此外还包括了图像处理分析、网络分析、格网分析、地形模型分析、基于真三维的地下体分析等一系列增强功能。GeoMedia Professional 用于空间数据采集和管理，提供了多种空间分析功能。GeoMedia WebMap 是基于因特网的空间信息发布工具，提供了多源数据的直接访问和发布，并且支持多种浏览器。GeoMedia WebMap Enterprise 除了能够在因特网上发布数据之外，还提供了空间分析服务，用户可以在客户端通过浏览器提出请求，并输入具体参数，服务器进行计算后将结果返回给用户。

3. MapInfo 产品系列

美国 MapInfo 公司致力于提供先进的数据可视化、信息地图化技术，其代表软件是桌面地图信息系统软件——MapInfo。MapInfo Professional 支持多种本地或者远程数据库，能实现数据可视化和生成各种专题地图。MapBasic 能够扩展 MapInfo 功能，并与其他应用系统集成。MapInfo ProServer 是应用于网络环境下的地图应用服务器，它使得 MapInfo Professional 运行于服务器端，并能够响应用户的操作请求，而客户端可以使用任何标准的 Web 浏览器。

4. Titan GIS 3.0

加拿大阿波罗科技集团开发的泰坦地理信息系统功能软件（Titan GIS），是面向中国市场推出的一套功能先进、算法新颖、使用灵活的地理信息系统开发软件。其提供手扶跟踪数字化、屏幕扫描矢量化、获取 GPS 数据和其他外部数据等多种数据获取方法，支持点、线、面、注记、拓扑关系、栅格数据结构、TIN 及网络分析，内置 DBASE 数据表操作功能，支持 30 多种专业地图投影，提供地图坐标变换功能，支持 ArcView Shape、ARC/INFO E00、MapInfo MIF/MID 栅格文件的数据格式转换。

5. 国产 GIS 工具软件

国内许多科研单位积极开展微机地理信息系统工具的研制，相继推出了一批试验性的软件系统，主要包括中国地质大学开发的地理信息系统软件 MapGIS，武汉大学开发的、面向大型数据管理的地理信息系统软件 GeoStar，北京大学开发研制的地理信息系统软件 Citystar（城市之星），北京超图地理信息技术有限公司研制的新一代大型地理信息系统平台 SuperMap GIS 等。

6. 云 GIS

云计算作为一种新的基于可配置共享基础设施的计算模式，已经成为信息产业目前最热门的技术之一。云计算的出现也给 GIS 带来了新发展和新突破，它所拥有的数据以及服务全共享、可迁徙的特色功能为传统 GIS 缺乏统一公共平台、地理信息资源难以共享等问题带来新的解决方案。云 GIS 指将地理信息系统软件和应用部署在"云"上，在云计算相关理论和方法的基础上进一步完善和扩展 GIS 的服务，有助于解决"信息孤岛"的难题。因此，SuperMap GIS、ArcGIS、MapGIS 以及 GeoStar 等传统 GIS 软件纷纷开发云 GIS 平台。云 GIS 可为用户提供在线制作地图并展示数据、构建 GIS 应用平台、GIS 数据云存储等便捷服务。

第四节　地理信息系统的应用

GIS 具有强大的空间数据处理和分析功能，在国家宏观决策和科学研究中能发挥重要的作用，是一个重要的技术工具，同时也使它成为需要通过空间分析获取空间信息的各专业领域的基本工具。

一、GIS 的主要应用领域

1. 测绘、地图制图

各级测绘部门可以应用 GIS 进行数字测绘，制作各种类型的数字地图、网络地图、手机地图和车载地图等。

2. 水利管理

水利部门的防汛抗旱指挥部在防洪、抗旱、防凌等工作以及洪水风险分析、洪水风险图制作、水利设施管理和调度、水利普查和规划等工作中，GIS 都是不可或缺的强大工具。GIS 为水利现代化、数字水利和智慧水利提供了强有力的技术支持。

3. 土木、城建、规划管理

土木及市政工程设计与管理部门、城市交通运输部门、道路建设部门、城市规划设计与管理部门、自来水公司、煤气公司、电力局或电力公司，电信局或电信公司等可以运用 GIS 进行城市三维可视化、市政建设地下工程三维可视化、城市地下管线信息管理、城市房产信息管理等。

4. 港口、海洋工程

海洋局、海事局和港务局等涉海管理部门和公司企业可以运用 GIS 进行海上设施管理、船舶动态监测、海上溢油污染控制和风险评估、港口设施管理、海洋资源管理、海岸工程管理以及风险评估等。

5. 资源管理

水电资源机构、林业资源机构、水资源管理机构、国土资源部门、地质矿产管理机构、煤炭石油资源管理机构等，运用 GIS 可以进行资源清查与管理等。

6. 灾害监测

农林机构、地震监测机构、海事海洋机构、航空航海管理机构等运用 GIS 进行森林火灾、干旱、土地沙化、地震、海啸等重大自然灾害信息建库管理与灾害评估、分析、预测、急救指挥等。

二、RS、GIS 和 GPS 的集成

遥感技术 RS 和空间定位 GPS 技术能够迅速、客观、准确地获取空间信息，可以作为 GIS 的一个重要的数据源，以实时更新空间数据库，GIS、RS 和 GPS 技术合称 3S 技术。随着 3S 技术不断发展，三者技术集成已成为当前和今后 GIS 技术发展的重要内容。

GIS 是用于分析和显示空间数据的系统，而遥感影像是一种空间数据形式，类似于 GIS 中的栅格数据，容易在数据层次上实现 GIS 与 RS 的集成。但实际上，遥感图像处理和 GIS 中栅格数据分析具有较大的差异，遥感图像处理的目的是提取各种专题信息，其中的一些处理功能并不适用于 GIS 中的栅格空间分析，目前大多数 GIS 软件也没有提供完善的遥感数据处理功能，而遥感图像处理软件又不能很好地处理 GIS 数据，这需要实现集成的 GIS。在软件实现上，GIS 与遥感的集成有 3 个不同的层次：①分离的数据库，通过文件转换工具在不同系统之间传输文件；②两个软件模块具有一致的用户界面和同步的显示；③集成的最高目的是实现单一的、提供图像处理功能的 GIS 软件系统。

在一个 RS 和 GIS 的集成系统中，遥感数据是 GIS 的重要信息来源，而 GIS 则可以作为遥感图像解译的强有力的辅助工具。

1. GIS 作为遥感图像处理工具

将 GIS 作为遥感图像的处理工具，可以增强标准的图像处理功能：

（1）几何纠正和辐射纠正　在遥感图像的实际应用中，需要首先将其转换到某个地理坐标系下，即进行几何纠正，可以将矢量点叠加在图像上，以判断纠正的效果。一些遥感影像会因为地形的影响而产生几何畸变，需要使用 DEM 数据以消

除畸变。此外，由于地形起伏引起光照的变化，也会在遥感图像上表现出来，如阴坡和阳坡的亮度差别，可以利用 DEM 进行辐射纠正，提高图像分类的精度。

（2）图像分类　对于遥感图像分类，与 GIS 集成最明显的好处是训练区的选择，通过矢量／栅格的综合查询，可以计算多边形区域的图像统计特征，评判分类效果，进而改善分类方法。此外，在图像分类中，可以将矢量数据栅格化，并作为"遥感影像"参与分类，可以提高分类精度，例如，考虑到植被的垂直分带特性，在进行山区的植被分类时，可以结合 DEM，将其作为一个分类变量。

（3）感兴趣区域的选取　在一些遥感图像处理中，常常需要只对某一区域进行运算，以提取某些特征，这需要栅格数据和矢量数据之间的相交运算。

2. 遥感数据作为 GIS 的信息来源

遥感为 GIS 提供了廉价的、准确的、实时的数据，从遥感数据中自动获取地理信息主要包括：

（1）线以及其他地物要素的提取　在图像处理中，有许多边缘检测滤波算子，可以用于提取区域的边界（如水陆边界）以及线性地物（如道路、断层等），其结果可以用于更新现有的 GIS 数据库，该过程类似于扫描图像的矢量化。

（2）DEM 数据的生成　利用航空立体像对（stereo image）以及雷达影像，可以生成较高精度的 DEM 数据。

（3）土地利用变化以及地图更新　利用遥感数据更新空间数据库，最直接的方式就是将纠正后遥感图像作为背景底图，并根据其进行矢量数据的编辑修改。而对遥感图像数据进行分类，得到的结果可以添加到 GIS 数据库中。因为图像分类结果是栅格数据，所以通常要进行栅格转矢量运算；如果不进行转换，可以直接利用栅格数据进行进一步的分析，则需要系统提供栅格／矢量相交检索功能。

3. GPS 与 GIS 集成的应用

作为实时提供空间定位数据的技术，GPS 可以与 GIS 进行集成，可以实现如下应用：

（1）定位　通过将 GPS 接收机连接在安装 GIS 软件和该地区空间数据的便携式计算机上，可以方便地显示 GPS 接收机所在位置并实时显示其运动轨迹，进而可以利用 GIS 提供的空间检索功能，得到定位点周围的信息，从而实现决策支持。

（2）测量　主要应用于土地管理、城市规划等领域，利用 GPS 和 GIS 的集成，可以测量区域的面积或者路径的长度。该过程类似于利用数字化仪进行数据录入，需要跟踪多边形边界或路径，采集抽样后的顶点坐标，并将坐标数据通过 GIS 记录，然后计算相关的面积或长度数据。

（3）监控导航　用于车辆、船只的动态监控，在接收到车辆、船只发回的位置数据后，监控中心可以确定车船的运行轨迹，进而利用 GIS 空间分析工具，判断其运行是否正常，如是否偏离预定的路线，速度是否异常（静止）等，在出现异常时，监控中心可以提出相应的处理措施，其中包括向车船发布导航指令。

3S 技术为科学研究、政府管理、社会生产提供了新一代的观测手段、描述语言和思维工具。3S 的结合应用、取长补短是一个自然的发展趋势，三者之间的相互作用形成了"一个大脑，两只眼睛"的框架，即 RS 和 GPS 向 GIS 提供或更新区域信息以及空间定位，GIS 进行相应的空间分析，以从 RS 和 GPS 提供的浩如烟海的数据中提取有用信息，并进行综合集成，使之成为决策的科学依据。

GIS、RS 和 GPS 三者集成利用，构成了整体的、实时的和动态的对地观测、分析和应用的运行系统，提高了 GIS 的应用效率。在实际的应用中，较为常见的是 3S 两两之间的集成，如 GIS/RS 集成、GIS/GPS 集成或 RS/GPS 集成等，集成并使用 3S 技术的应用实例也日益增多。对于 3S 集成技术而言，最重要的是在应用中综合使用遥感以及全球定位系统，利用其实时、准确获取数据的能力，降低应用成本或实现一些新的应用。

三、GIS 在农业中的应用与发展

GIS 是一种较为成熟的信息技术，已经在国民经济各个领域得到了广泛应用。农业作为 GIS 应用潜力最大的领域，正在快速发展 GIS 的应用。

1. GIS 在农业中的应用层次

随着地理信息系统理论的产生发展以及方法和技术的成熟，它的应用领域越来越广泛，在农业领域的应用也逐步深入。从技术角度看，GIS 在农业上的应用主要分 4 个层次：

（1）作为农业资源调查的工具　主要特点是建立农业资源地理数据库，实现空间数据库的浏览、检索等，利用 GIS 绘制农业资源分布图和产生正规的报表。

（2）作为农业资源分析的工具　GIS 不限于制图和空间数据库的简单查询，而是以图形及数据的重新处理等分析工作为特征，用于各种目标的分析和重新导出新的信息，产生专题地图和进行地图数据的叠加分析等。

（3）作为农业生产管理的工具　主要用于建立各种模型和拟定各种决策方案，直接用于农业生产。

（4）作为农业管理的辅助决策工具　主要利用了 GIS 的模型功能和空间动态分析以及预测能力，并与专家系统、决策支持系统及其他的现代技术（如 RS 和 GPS）有机结合，用于农业生产的管理和辅助决策。

2. GIS 在农业中的应用领域

（1）利用 GIS 进行农业区划　传统农业区划工作一直处于人工阶段，农业科技人员通过大量调查，得到关于农业资源的大量数据，然后对数据进行分析处理，然后手工绘制区划图。利用 GIS 进行农业区划，可以将现有的资源、经济数据库与 GIS 结合，很快形成各种农业区划统计图件。也可以将 RS 和 GIS 结合起来，利用 RS 的遥感结果，结合 GIS 软件中提供的各种评判方法和区划建模进行不同区划方案的动态模拟与评价，编绘出综合评价图、区划图，直观定量地显示区划结果。这样保证了区划方法的科学性、针对性和先进性。

（2）利用 GIS 进行土壤适宜性评价　就是根据土壤类型、质地、有机质含量、氮磷钾等其他要素，依据各个要素对某种作物生长的重要性赋予权重，在地理信息系统中分析运算，生成土壤适宜性评价图。也可以依据实际情况建立数学模型，进行农业土地适宜性的单因素评价和多因素综合评价，实现土地适宜性的分等定级。

（3）利用 GIS 开展农业灾害预测与预防研究　利用遥感、GIS 和计算机等技术对重大农业气象灾害进行综合测评，可以根据 GIS 空间信息计算出大致的受灾面积，进而估算该区域的经济损失，对某一区域历史数据的演变分析，可对区域内灾害发生的基本规律、时空分布、概率分布、危险程度等进行综合评价和模拟，并对灾害发展趋势进行预测，为防灾减灾提供对策分析。

（4）基于 GIS 的作物种植适宜性评价　对具体作物在具体地域上能否适宜生长作出定性、定量和定位的评价，根据某一作物生产与气象条件的关系，确定出某一地区某一作物种植的农业气候区划指标，进而采用 GIS 技术对此地区某作物种植区进行农业气候区划，划分适宜、次适宜和不适宜种植区，为农业结构调整及作物的合理布局提供科学依据。

（5）农业资源的清查、核算、评估与监测　将 GIS 和 RS 结合，能够快速、准确地查清、核算、监测某一区域的农业资源。利用遥感系统可以快速地获取研究区域内的农业资源的遥感图像，经 GIS 的判读解析和提取有用信息，建立区域农业空间数据库。利用 GIS 的统计和覆盖功能可以快速地再现农业资源数据，制作出所需的各种资源要素的图件，还可以对这些图件进行叠加分析而获得综合信息图，也可以结合一些模型对具有时空变化特点的资源进行存量和价值量的估算。利用 RS 定期地对农业资源的质和量进行动态监测，及时更新 GIS 空间数据库，从而使人们动态地了解农业资源的变化情况。

（6）农作物估产和监测　作物估产的主要内容是估算作物种植面积和由单产模型、长势遥感监测来确定估产模式。通过遥感方法获得作物的长相长势的遥感图像，判读解译 RS 影像信息，在 GIS 中对各种空间数据信息进行分析，识别作物类型，统计计算出播种面积，进而分析出作物生长过程中自身的态势和环境的变化，利用 GIS 系统的模型功能，构建出不同条件下作物生长模型和多种估产模式，把上述因素信息引入模型中便能估算出大面积的作物的产量和长相长势。

（7）农作物品质监测预报　利用遥感获取大面积作物种植数据，结合应用模型，在 GIS 下进行分级处理及预测预报，可有效快捷指导产前调优栽培和产后优储分类。通过遥感影像数据、地面定点观测和实验室化学分析所获取的农学参数数据建立关系模型，然后利用该模型反演，重点获取田块尺度籽粒粗蛋白含量，并对其进行分级，来指导生产、收获、贮藏和利用。

（8）农业生态环境的监测和分析　农业生态环境研究包括环境监测、生态环境质量评价与环境影响评价、环境预测规划与生态管理以及面源污染等。通过遥感方法获得生态环境的遥感图像，在 GIS 中对各种空间数据信息进行分析、处理，及时发现情况并进行预警；建立环境的空间数据库，对空间数据进行管理和分析，作出某一指标或多个指标的专题地图，直观形象地表达生态环境的变化；利用 GIS 的模型功能，建立农业生态环境的模型，模拟区域内农业生态环境的动态变化和发展趋势，为决策和管理提供依据。

（9）农业非点源污染的模拟评价和预测　在区域或全球尺度上评价非点源污染物（如农药、化肥、盐和微量元素）的环境影响是农业可持续发展重要内容。GIS 已成为农业非点源污染的模拟评价和预测的一个有效工具。基于 GIS 的非点源污染模拟系统，集成了地下水脆弱性潜力模型和一些渗流区域溶质输运模型，能够将溶质输运模型、GIS、扩展的关系数据库管理系统、不确定性分析和地理统计学相结合。

（10）区域农业灌溉管理　GIS 在区域农业灌溉中的应用主要体现在水资源分配和灌溉效率的预测上。用 GIS 工具建立沟渠系统精确位置的数据库，与用于灌水分配政策的水文模型连接，计算研究区实际作物布局和面积，进一步计算实际灌溉水需求量，帮助制定正确的灌溉水分配决策，最大限度地使用可利用水资源。

（11）在精准农业中的应用　精准农业是利用 RS、GIS、GPS、计算机技术等对农业生产全过程中农作物、土地、土壤从宏观到微观进行实时监测，通过诊断和决策，制定实施计划，并进行田间自动作业的信息化现代农业。GIS 作为精准农业系统的承载运作平台和基础，起着大脑和神经中枢的作用，可以作为农田空间数据库的管理系统，用来绘制作物产量分布图和农业专题地图分析。

（12）在农业领域其他方面的应用　GIS 作为解决空间问题的有效工具，还渗透到农业领域的其他方面，如将 GIS 用于评价农业化学品投入的效率、农业小流域治理、农业气象服务、农业生态规划等方面。同时 GIS 整合互联网、专家系统、决策支持系统、应用模型等，服务于农业领域的相关方面。

四、GIS 农业应用示例

以中国农业大学"中国耕作制度区划信息系统"为例说明 GIS 农业应用。

1. 系统的结构及流程

中国耕作制度区划信息系统基于 GIS 工具平台，建立面向专业技术人员的专用工具，适用于农业资源监测评价、气候资源管理与分析、省地县三级区划产品制作等。系统的工作流程如图 5-15 所示。系统的功能包括：①利用 MAPINFO6.5 平台，以县域为基本单元，构建了 1985—2000 年的社会经济、生产水平、自然概况和地理信息数据库；②工作区的行政区划、农业生产、交通运输等基础地理数据管理；③栅格格式、DEM 数据以及农业气候区划数据信息管理；④农业资源监测与评价；⑤区划产品制作和耕作制度区划成果演示。

2. 系统的实现及部分功能展示

（1）数据库设计　数据来自基层统计资料和资源调查数据。包括全国 2 400 多个县 1985—2003 年从气候资源、经济、生产到社会各个方面的信息。经过数据分析之后，将数据进行规范整理，然后导入 Access。

（2）地理编码　参照标准年份，为每一年的数据加上唯一标识，将数据库和

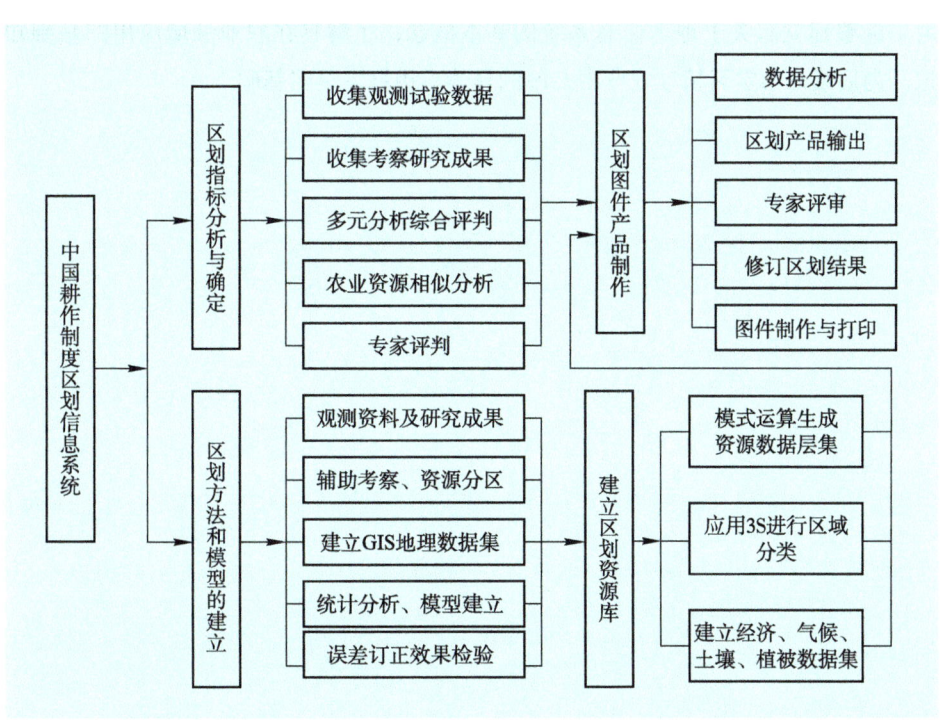

图 5-15　中国耕作制度区划信息系统工作基本流程图

Mapinfo 进行数据连接。

（3）进行数据库的查询和分析　进行地理编码后，就可以进行数据的操作和处理，包括空间数据和属性数据。

（4）创建各种专题地图　MapInfo 提供了强大的专题地图功能，可以绘制各种各样的专题地图，包括点密度图、直方图、范围图、等级符号图、独立值图等。

地理信息系统在农业领域的应用非常广泛，从农业区划、农业资源清查、土壤适宜性评价，到农作物估产、农业灌溉管理、农业生态环境监测等各个方面，都能发挥其独特的空间分析和数据管理功能。以中国农业大学开发的"基于 GIS 的中国耕作制度区划信息系统"为代表，专业的农业地理信息系统通过构建农业自然和社会经济数据库、整合遥感影像数据、创建各类专题地图，很好地服务于农业资源监测评价、农业气候资源管理与区划等工作。可以预见，随着农业信息化和现代农业的快速发展，地理信息系统与遥感、全球定位系统、物联网、大数据等新一代信息技术深度融合，必将在智慧农业和精准农业中发挥更加重要的作用推动农业生产向数字化、智能化、精细化方向发展，并为农业可持续发展和生态文明建设提供有力支撑。

本章系统介绍了地理信息系统的基本概念、组成和分类，重点阐述了地理信息与地理数据的区别与联系、不同视角下地理信息系统的分类方法、构成完整 GIS 的四大要素即硬件系统、软件系统、地理空间数据和人员等内容。通过本章的学习。能够建立起关于地理信息系统的基本概念，了解其在农业领域应用的基础知识，为后续章节学习精准农业中 GIS 的具体应用打下坚实基础。

复习思考题

1. 比较矢量数据与栅格数据在农业应用中的优缺点。
2. 阐述 GIS 的四大基本组成要素及其相互关系。
3. 缓冲区分析在农田防护林规划中的应用原理及实现步骤。
4. 如何利用叠加分析进行土壤适宜性评价？试述技术路线。
5. 列举三种空间插值方法并比较其在农田肥力制图中的适用场景。
6. 什么是 DEM？举例说明其在农业地形分析中的应用。
7. 简述国内外常用的几种主要 GIS 软件及其特点。
8. 以"中国耕作制度区划信息系统"为例，说明 GIS 在农业区划中的技术路径。
9. 结合 3S 技术集成，论述 GIS 如何与遥感（RS）、全球定位系统（GPS）协同实现作物长势监测与产量预测。

参考文献

1. 李军. 农业信息技术 [M]. 2 版. 北京：科学出版社，2010.
2. 陈述彭，鲁学军，周成虎. 地理信息系统导论 [M]. 北京：科学出版社，2000.
3. 李清泉，李德仁. 大数据 GIS [J]. 武汉大学学报 (信息科学版)，2014，39(6): 641–644，666.
4. 李德仁. 论 RS，GPS 与 GIS 集成的定义、理论与关键技术 [J]. 遥感学报，1997，(1)：64–68.
5. 吕新. 地理信息系统及其在农业上的应用 [M]. 北京：气象出版社，2004.
6. MUELLER T，SASSENRATH G F. GIS applications in agriculture, Volume 4: conservation planning [M]. CRC Press，2015.
7. 杨武德. 精确农业概论 [M]. 北京：中国农业出版社，2016.
8. 邬伦. 地理信息系统——原理、方法和应用 [M]. 北京：科学出版社，2005.
9. 张康聪，陈健飞. 地理信息系统导论 [M]. 9 版. 北京：科学出版社，2019.
10. 张新长，辛秦川，郭泰圣，等. 地理信息系统概论 [M]. 北京：高等教育出版社，2017.

数字课程学习

📺 教学课件　　🎬 教学视频　　🖼 图库　　📝 自测题

第六章
作物生产管理决策支持系统

作物生产管理决策支持系统能够帮助生产管理决策者预测有关作物生长发育和产量形成过程及其与环境和技术因素的关系,支持和加强用户的策略分析与评估,提供生产管理措施的支持信息,提高决策的效能和效率,提高作物生产水平和质量。作物生产管理决策支持系统是现代精准农业生产的核心内容,为作物生产管理的精准化、智能化和信息化提供了技术平台,已成为农业信息技术应用领域的重要研究方向。

作物生产管理决策支持系统是基于作物模拟模型、专家系统、作物优化决策系统、决策支持系统等关键技术,结合智能算法、数据库技术、"3S"技术、网络技术等技术方法,根据系统的总体设计目标及要求而建立的数字农作应用平台,具有综合性、通用性、网络化和标准化等特点。

本章对作物生产管理决策支持系统的关键技术、系统的构建及系统示例与应用进行介绍。

第一节 作物模型原理与方法

作物生长模拟模型是在对作物—土壤—大气系统进行简化的基础上，应用质量平衡、能量守恒等基本原理和物理、化学、生物学的基本规律来研究、预测作物的生长发育和产量形成及其对环境的反应，是对作物生长发育过程及其与环境条件、栽培管理技术的动态关系进行的定量描述和预测。作物模型从光合作用、呼吸作用、干物质分配、营养吸收与运转、土壤蒸发、植物蒸腾与根系吸收等各个子模型的研究，到包括多个子模型的综合生长模型的建立，已取得不少实际研究成果，并已开发出多种作物模拟模型和相应的软件。

作物模型是农业科学研究成果的综合集成，已成为现代农业研究与决策的重要工具。以作物生长模型为核心的农业决策支持系统的研究与应用越来越多元化，是作物种植管理和决策现代化的重要基础。

一、概念与定义

（一）系统模型与分类

模型是系统或过程的一种简化、抽象和类比的表示，是客观真实世界若干有关侧面的反映。它是通过某种特定的形式（如文字、图形、图像、符号、实物、数学公式等）来反映研究对象或系统本质的一种研究方法。

模型是系统的某一部分或某一个侧面的模仿或抽象，并没有反映系统的所有方面和内容；它由与分析问题有关的元素构成，并没有包含所有的因素或问题；它体现了有关因素之间的关系，反映了研究系统的本质。

由于认识上的不同，以及研究的角度和出发点不同，对模型的划分方法也各有不同。

1. 按照对模型的描述方法划分

（1）形象模型

把现实事物的尺寸加以改变（放大或缩小），看起来与实际事物相类似，这样建立的模型即为形象模型，如建筑设计的建筑模型、飞机模型等。

(2) 抽象模型

用符号、数字、图表或数学公式等方式描述事物所建立起来的模型，即为抽象模型。它又包括图形模型、数学模型和概念模型三种类型。

① 图形模型　是用图形表示的模型，用图形来表示客观事物或系统。例如计算机框图、图论图、工程图等。

② 数学模型　是用字母、数字和其他数学符号以及数学公式来描述客观事物或系统的特征以及其内部联系的模型。数学模型是一类很重要的模型，只有数学模型才能对系统进行定量的描述，在进行计算机模拟时首先要建立数学模型。

③ 概念模型　是一类最抽象的模型，在建立模型时由于缺乏一些资料，只能用假想的材料去补充，构思一种关系特征，这样建立的模型即为概念模型。这种模型一经建立就需要大量的资料去验证。

2. 按照模型的物理属性划分

可以分为简单模型和复杂模型。这种划分是相对的。

(1) 简单模型　模型涉及的因子较少，描述的过程较为简单。

(2) 复杂模型　是一些较为大型的模型，它涉及的因子较多，对过程的描述也细致。

3. 从统计学和系统学的角度划分

可以分为经验统计模型、物理统计模型和动态模型三种类型。

(1) 经验统计模型　对大量的收集资料和经验数据进行回归统计分析，建立回归方程，这种模型称经验统计模型，它没有时间因素。

(2) 物理统计模型　是通过机理性地分析和回归统计方法建立的模型。

(3) 动态模型　模型中加入了时间因素，能够反映事物或系统的发展变化动态过程。

4. 从模型的机理性角度来划分

可以分为描述性模型和解释性模型两类。

(1) 描述性模型　是以简单的方式定义一个系统的行为，对过程或引起行为的机理较少或根本不反映出来。它是一种带有经验性的模型，比如，作物干物质积累的 S 型曲线，就是一个描述性的模型，只能对某种作物干物质的积累过程和特点进行描述，而没有说明其中怎样积累光合产物及干物质量的变化等。

(2) 解释性模型　这类模型是由引起系统行为的机理与行为过程的定量描述两部分组成，是从机理性的角度对过程进行描述和表示。

虽然对模型的划分方法不同，但对模型的解释却大同小异。在计算机模拟中多数遇到的是解释性模型。

（二）系统模拟与模拟模型

模拟是用一种特定的形式来模仿某一个客观存在的事物或系统。系统模拟是对复杂的系统进行全过程的动态的模拟。在系统模拟中，被模仿的客观系统称为系统原型，而模仿的形式称为系统模型。这类以模拟为功能的模型，称为模拟模型，以区别于其他模型，如预测模型、优化模型等。数学模型是系统模拟的基础。

模拟模型属于系统工程方法，通过在计算机上对模型求解或运行（即动态模拟仿真），可以详细地了解模型系统特性，达到认识模拟对象——真实系统的目的。为了方便建模，出现了各种专用的计算机模拟语言，在农业领域较为流行的有 CSMP、DYNAMO 和 STELLA 等。模拟模型中使用的数值变量可概括为状态变量、速率变量、驱动变量和辅助变量以及各种参数和常量。它所描述的对象要求定义明确、系统和环境边界清晰、结构确定、可量化。

为什么要对系统进行模拟？这是因为对系统本身往往很难直接进行研究。系统的结构一般都十分复杂，例如，任何一个动物或植物体，任何一个生理过程，任何一个农业系统都十分复杂。系统有时范围极大，如全世界或一个国家、一个省的地理系统、经济系统或农业系统。系统有时延续时间极长，如树木的年龄可达几百年，一个水利工程要应用几十、几百年。对十分复杂的、大范围的、长时间的客观系统实体进行研究，系统模拟是一种十分有效的方法。系统模拟是用一个模拟模型来模仿该系统。模拟模型既能反映客观系统实体的主要结构与功能特征，又能反映该系统在各种环境条件下的动态变化。模拟得到的信息对于理解农业实际系统的物理反应、生态反应和经济反应尤为有用，并具有预测作用，人们可以从中获得许多有价值的见解。在人类社会与科学研究中都广泛地应用着模拟方法。

模拟主要有以下几种形式：

(1) 形象模拟 如绘图、塑像、玩具、人体模特、建筑设计图等。

(2) 符号模拟 如文字、数字、电码、几何图形、化学分子式、化学反应方程式等。

(3) 数学模拟 各种数学关系式、数学公式、数学方程式、数学函数等数学模型。

(4) 计算机系统模拟（简称计算机模拟） 计算机发明以后，人们认识到用计算机程序进行系统模拟具有许多优点，表现在：①计算机程序可以包含许多因子（几百、几千甚至更多）；②计算机程序可以包含各种类型的数学模型，如线性或非线性的、确定性或随机性的、连续性或间断性的等；③计算机程序可以反映动态过程与时间过程，包括极短时间或极长时间，在时间尺度上可以不受限制；④计算机运行极快，因此模拟的效率很高；⑤可以应用计算机进行模拟试验，并求得模型最优或结果最优。

需要指出的是，计算机系统模拟的基础是构建的数学模型。由于计算机模拟具有能力强大与快速的特点，计算机模拟技术已经在许多科学领域中得到广泛而深入的应用，计算机模拟是系统模拟的最好方法。

（三）作物模拟模型与作物系统模拟

根据系统理论和方法，对真实的农业系统进行数学抽象、构建数学模型，应用计算机将数学模型程序化并进行模拟，通过改变信息的输入来观测模拟输出的变化，借以认识真实系统。这些就是农业系统模拟或农业模型研究的基本内容。农业系统模拟是农业系统方法体系中的核心研究方法。计算机模拟技术使人们能够在农业的各个领域内，如实地、动态地掌握事物的发展规律。对于因时间长、费用高，或因条件限制无法实地进行，或因具有较大风险且意义重大的农业科学试验，计算机模拟研究是一种十分重要的方法。

作物模拟是农业系统模拟的重要核心内容。所谓作物模拟就是将作物及其环境生态因子、栽培因子作为一个整体，应用系统分析的原理和方法，综合大量的作物生理学、生态学、农学、农业气象学、土壤肥料学等学科的理论和研究成果，对作物的生长发育、光合生产、器官建成和产量形成等生理过程及其与气象、土壤等环境条件以及耕作、灌溉、施肥等技术条件的关系的实验数据进行理论概括和数量分析，建立相应的数学模型，以光、温、水、土壤等条件为环境驱动变量，在计算机上进行动态的定量化分析和作物生长过程的模拟研究。这种用于作物模拟研究的数学模型就是作物生长发育模拟模型。

与用于预测产量的"气候－产量"模型等传统的经验统计模型相比，作物生长发育模拟模型基于作物生理生态学的原理，量化作物生长的过程和行为，具有一定的机理性。它模拟的不仅是作物产量，而且是作物整个生育进程及各生理生态过程的变化动态，预测产量是这种模拟的结果。因此，作物模拟模型具有解释能力强、应用面宽、可以考虑多个因子的影响和易于控制等优点。同时，它又能将农业各种专业学科（作物生理学、农业气象学、土壤学、作物病理学、昆虫学、农业经济学等等）的研究成果结合在一起，从而使人们整体认识作物系统，掌握整体规律。农业系统模拟成为农业科学的各个领域内广泛应用的方法。

二、作物模型的原理与技术

（一）作物生产系统与生产水平

作物模拟模型研究的对象是作物生产系统，作物生产系统由作物、土壤、气象和管理措施等要素组成。由于作物生产系统的复杂性，在建立作物模型过程中需

第一节 作物模型原理与方法

要对系统进行一些简化，减少对系统最终结果影响不大的过程和因素，以方便建立模型。荷兰学者 de Wit 曾提出根据生长限制因子对作物生产系统进行分类，并把作物生产划分为 4 个水平。按照限制因子从少到多及产量递减的顺序，这些生产水平分别如下。

第一生产水平：作物具有丰富的水分和良好的营养条件，没有受到环境胁迫，且产量水平最高。作物的生长速率仅仅取决于当时的作物状态和天气状况，尤其是辐射与温度。具有完整冠层的大田作物的生长速率一般为每公顷每天 150~350 kg 干物质重，这就是"潜在生长速率"，由此获得的作物产量就是"潜在产量"，也即农业气候学中通常所说的光温生产潜力。这些生长条件只有在非常精细耕作下或在人工控制温室里才能实现。

第二生产水平：至少在部分生长季节里作物的生长速率仅受水分可利用性的限制。这种情况很少自然地出现，在肥力充足的条件下，在半干旱地区的作物生长处于第二生产水平。在其他气候区集约耕作情况下，作物生产也可能是这种生产水平。

第三生产水平：至少在部分生长季节作物生长速率受氮素不足的制约，此外还受水分短缺或恶劣天气的影响。这种情况在全世界各种农业生产系统中均较为常见，在非集约化施肥的作物生产中，氮素不足特别容易出现，在自然环境里，即使是氮素利用率很高的植物也不可能总是吸收到最适量的氮素。

第四生产水平：至少在部分生长季节里作物生长速率受土壤中磷和其他矿物元素含量低的限制。生长速率一般为每公顷每天 10~50 kg 干物质重，生长期往往不到 100 d。这种情况通常出现在不施肥的过度开发地区。

尽管实际上很少有完全符合以上任一种生产水平的情形，但把一些具体情形归入这四种类型生产水平中的一种，确实具有实际意义。作物生产系统的这种分析可使研究问题大大缩小，层次明显，有助于循序渐进地进行研究，加快研究进程。这样，研究时可将注意力集中在主要环境因子的动态变化和作物对其的反应上，那些没有限制效应的因子可以暂不考虑在内。在以上 4 个生产情形中，降低了作物生长和产量的影响因素，如病虫害和杂草等都有可能发生。在某种意义上，对这些因素它们还需另加以考虑，而实际情况往往更为复杂。但是这些情况并不与生产水平划分的一般适用性相矛盾。作物生产水平的划分是以植物生长的起因和结果之间的差别作为基础的，作物生产水平的应用有其作物生理学基础。

随着作物模型研究的发展，在上述生产水平划分的基础上，1993 年荷兰学者 Rabbinge 进一步提出了作物生产系统分类的修订方法，将其划分为三类：

潜在生产水平：生产水平受大气 CO_2 浓度、太阳辐射、温度和作物特征（生理学、形态学、冠层结构等）的制约（生长确定）。各因子共同决定潜在的产量水平。

可达到的生产水平：生产水平由水分和营养元素（N、P、K）等限制产量的因子决定（生长限制），此时，需采取产量增加的具体生产管理措施。

实际生产水平：生产水平由于受到诸如杂草、虫害、病害及污染物等降低产量的因子影响，产量在可达到的生产水平之下（生长下降），宜采取产量保护的具体管理措施。

在这些不同生产状况下，作物模型的建立具有不同的特点，因研究工作的目的而异。除荷兰外，其他国家如美国、澳大利亚等在作物模型研究中仅对所研究的对象进行简化，一般不区分为各种生产水平分别建立模型。我国的作物模型研究参考了作物生产水平的划分思路，对所研究的对象进行简化和建模。需要说明的是，现代农业生态与生产系统中，病虫草害通常能得到一定程度的控制，且作物生育期间一般通过施肥浇水等措施进行调控，其中肥料的影响又以氮素为主导，因此能够模拟受水分和氮素影响的作物模型最有现实意义和应用价值，而只有光温反应的作物模型则有助于探索作物的最优生长动态与光温生产潜力。

（二）作物模拟模型的基本原理与结构

1. 作物模拟模型的基本原理

建立作物模拟模型所依据的基本原理和方法主要包括系统学原理、生理生态学原理、物质转化循环原理、数学方法、统计方法和计算机技术等。其中，系统分析方法是作物模拟研究的理论基础，作物生理生态学知识和物质转化循环原理是建立作物生产系统的概念模型直至量化模型的关键，数学、应用数学及计算机技术是农业模拟模型的重要方法和工具。

描述系统组成的基本属性是系统成分、系统边界、系统环境（图6-1）。其中，系统成分是构成系统的内在实体元素，系统环境是影响系统行为的外部因素，系统

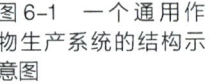

图6-1 一个通用作物生产系统的结构示意图

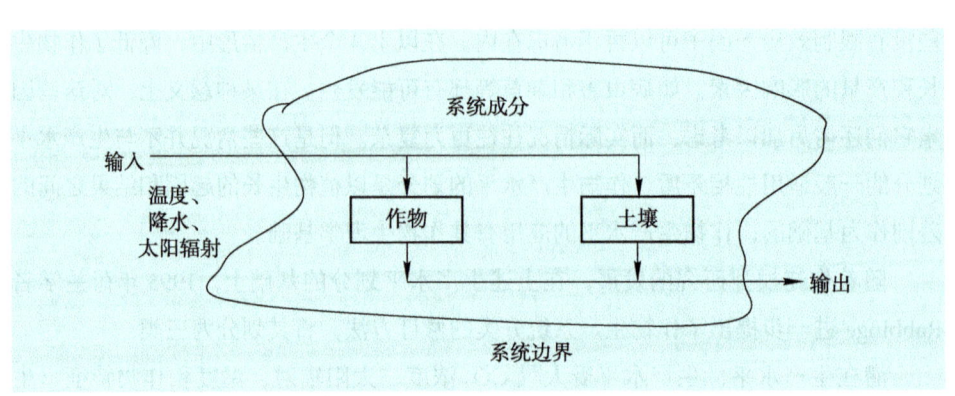

边界是系统的内在成分与系统环境之间的分界线。运用系统分析的原理和方法可以更好地解析作物生长系统的特征，简化作物生长与环境、技术之间复杂的动态关系，从而建立作物生产系统动力学模型。

作物系统的输入与输出，涉及许多生理生态过程和相互作用。系统输入的是驱动变量，是影响系统行为而不受系统影响的环境因子。在作物模型中驱动变量是气象因子，它对作物产生重要的驱动调节作用，开放系统一般存在一个以上的输入，而封闭系统则没有输入。系统行为是系统所有过程的综合表现。系统的参数是模型成分的特征，通常在模拟运行时保持恒定不变，而输入则随时间变化。系统状态变量描述成分的状况或水平，具有动态特征，如叶面积、生物量等。系统输出则是反映了系统的所有特征与行为，可为模拟者用于分析和理解系统的状态和表现。

2. 作物模拟模型的结构

一个完整的作物模拟模型在结构上包括输入模块、模拟模块和输出分析模块。

（1）输入模块　作物模拟模型所需的输入信息包括气象、土壤、作物、管理四大类信息。其中，气象信息一般要求逐日数据，主要包括日最高和最低温度、降水量、辐射量或日照时数等，部分还需提供风速和相对湿度等信息。此外，多数模型为研究当前气候变化，可输入大气 CO_2 浓度进而考虑其对光合速率及作物生长发育的影响。土壤信息指土壤基本理化特性包括耕层厚度、pH、物理性黏粒的含量、容重、凋萎系数、田间持水量、饱和含水量等，以及作物播前不同深度土层的水分和养分状况，包括土壤实际含水量、有机质含量、全氮含量、氨态氮含量、硝态氮含量、速效磷含量及速效钾含量等。作物信息指与作物品种相关的主要遗传系数，包括各生育阶段所需积温、光合产物同化速率、呼吸速率、灌浆速率等。管理信息指农业生产过程中所实施的栽培方案及技术措施，包括播种期、播种量、播种密度、施肥量、施肥日期、灌水量、灌水日期等。

（2）模拟模块　模拟模块是作物模型的核心部分，主要是对作物生理生态过程进行模拟。作物模拟模型支持对器官、植株、群体等各种层次进行模拟，一般以单株作物或大田作物群体作为基本模拟单位，从播种开始直至成熟进行生理生态过程的描述与计算，模拟过程包括体积上的扩大、质量的增长、物候发育以及器官形态发育 4 个方面。目前已开发的较完善的模拟模块包括：①光截获和光合作用模型，涉及冠层结构、辐射特性和叶片特性；②营养吸收和根系生长模型，涉及根系结构、土壤营养状况等；③干物质分配模型，即干物质在源与库间的运输、贮藏及各器官间的分配；④水分吸收与蒸腾模型，涉及植株和土壤的水分平衡、植株对水分胁迫的反应；⑤生长和呼吸模型，干物质用于生长和呼吸的消耗；⑥叶面积增长模型，即生育期间叶面积的动态变化所引起的光合面积的变化；⑦发育和器官形成

图 6-2 典型作物模拟模型流程

图中矩形代表模型中的状态变量，开关代表过程的速率变量，圆形代表附属变量，实线表示物质流，虚线表示信息流。

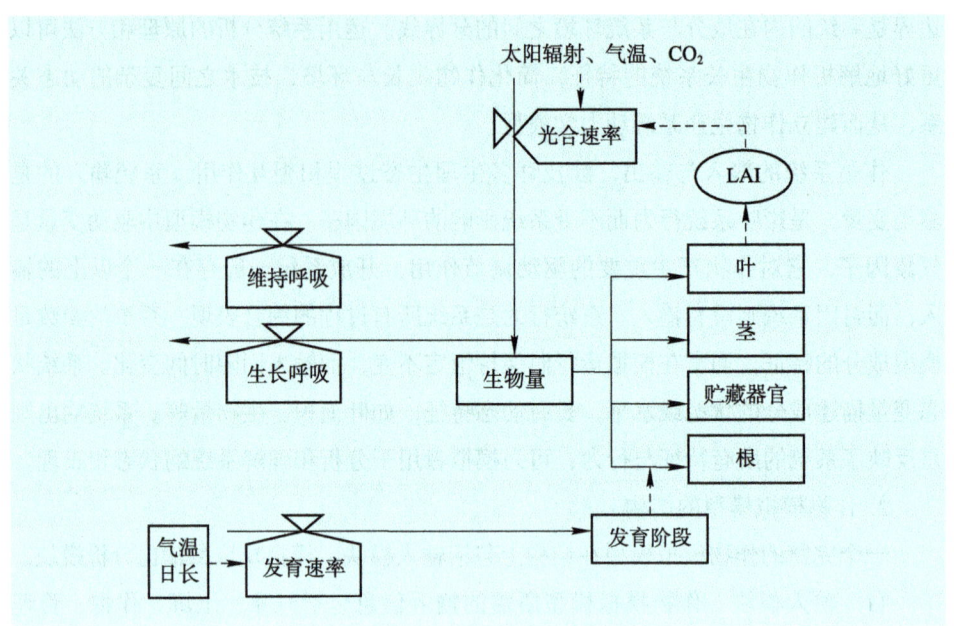

模型，包括阶段发育、形态发育和新器官（茎、叶、花、果实、贮藏器官）的形成；⑧衰老模型，包括根、叶等器官的衰老与死亡对作物生长的影响；⑨田间管理模型，田间管理措施对光温、水、肥的时空分布与数量改变对作物生长发育和产量的影响等。一个典型作物模拟模型流程如图6-2所示。

（3）输出分析模块　输出分析模块用于呈现和应用模拟结果。输出的内容主要包括作物生长和发育阶段、物候期、叶面积指数、光合速率、蒸腾作用、生物量、产量、水分和养分利用等模拟结果信息，支持输出数据、表格、图形、图像等多种形式信息，具有动态性、完整性、易用性等特点，输出的步长支持以小时、天、月、季度、年为单位，用户可以自行设定。

三、作物模拟模型的构建过程

（一）研究尺度与模型选择

构建模型的关键是对所模拟的作物系统进行明确概念定义和综合分析。首先要明晰模拟研究的目的、水平及对象，以明确研究的范围和成分。机理模型是应用系统的基础。同时，作物模拟需要横向联系不同学科的复杂问题，并在不同的时空尺度上对模拟对象进行纵向整合。因此作物模拟维度有以下特性：时间性、空间性、复杂性。尽管这些量纲像三维图上的 x、y、z 轴一样相对独立，但随着时间和空间的增加，复杂性会增加。

模拟的研究尺度决定了模型选择和模拟方法的采用。大尺度模型注重宏观的

第一节 作物模型原理与方法

经验和描述，小尺度模型注重微观的机制和解释。在面对数据量较为精细的情况时，例如研究单一作物的生长过程或农田管理应用时，因其时间短、空间小，可以考虑复杂度较高的作物模型。而在面对数据量较庞大的场景时，例如研究气候变化对全球农业生产的影响或农业政策制定规划时，则应该选择较为简单的模型，实现计算资源的合理运用。因此，农业模拟模型研究尺度的确定需要综合考虑以上因素，并根据具体研究问题进行选择，以确保模型的可靠性和准确性。

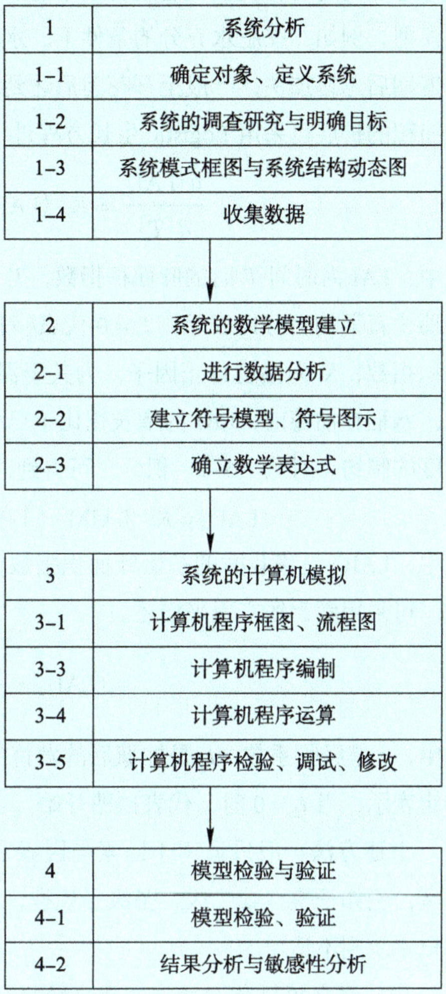

（二）作物模拟模型构建步骤

作物系统模拟模型建立包括4个步骤，即系统分析、系统的数学模型建立、系统的计算机模拟、模型检验与验证。图6-3展示了作物系统计算机模拟的一般步骤。

图6-3 作物系统计算机模拟的一般步骤

1	系统分析
1-1	确定对象、定义系统
1-2	系统的调查研究与明确目标
1-3	系统模式框图与系统结构动态图
1-4	收集数据
2	系统的数学模型建立
2-1	进行数据分析
2-2	建立符号模型、符号图示
2-3	确立数学表达式
3	系统的计算机模拟
3-1	计算机程序框图、流程图
3-3	计算机程序编制
3-4	计算机程序运算
3-5	计算机程序检验、调试、修改
4	模型检验与验证
4-1	模型检验、验证
4-2	结果分析与敏感性分析

1. 系统分析

作物系统模拟开始之前，首先要确定模拟对象，进而对作物系统实体进行深入调查研究；其次进行详尽的系统分析，明确系统的目标，绘出系统的框图，再进一步绘出系统的结构动态图；根据结构动态图的要求，广泛地通过实地调查、实验、网络查询、数据共享等方式收集涉及系统模拟的各种相关数据。实际应用时上述步骤可根据情况进行调整，建模不可能一次完成，需要不断改进、检验和完善结构，并及时补充数据。

2. 系统的数学模型建立

建模者在做出农业系统中因素或关系的有关假设之后，将所关心的问题转化为数学公式或模型是一项最根本、最重要的具有创造性的步骤。这需要对数学十分熟练，具备农学专业知识，要求对被转化的因素或关系有充分的理解。

（1）建立较简单的模型　建立较简单的模型时，通常采用线性回归或逐步回归等方法构建经验模型。随着物候期的阶段变化，还可以采用"分段拟合法"来建立模型。例如，在肥水充分的条件下，水稻苗期叶面积的增长较缓慢，进入营养生长盛期后迅速加快，一般至开花前后达到峰值，抽穗后则呈衰减趋势。故对抽穗前叶面积的扩展可采用 Logistic 生长方程进行描述。

$$\frac{d(\mathrm{LAI})}{d(T_i)} = K_r \cdot (\mathrm{LAIM} - \mathrm{LAI}) \cdot \frac{\mathrm{LAI}}{\mathrm{LAIM}} \tag{6-1}$$

式中，LAI 为时间 T_i 时的叶面积指数；T_i 为抽穗前的发育生理年龄，用完成移栽—抽穗生育期的百分比表示，$T_i = 0$ 代表移栽，$T_i = 1$ 代表抽穗；LAIM 为抽穗时的叶面积指数；K_r 为温度订正因子，为关于温度的一元二次方程。方程（6-1）的意义是，水稻在抽穗前，LAI 的增长正比于已生长的 LAI 和尚未达到的增长量，并受到温度的制约。对式（6-1）积分，可得到：

$$(\mathrm{LAI})_i = K_r \cdot \mathrm{LAIM} \cdot \left\{ 1 + (\mathrm{LAIM} - \mathrm{LAIO}) e^{\frac{(-k \cdot k_r \cdot T_i)}{\mathrm{LAI}}} \right\} \tag{6-2}$$

式中，LAIO 是移栽时的初始叶面积指数；K 为经验系数。对于抽穗后叶面积的衰减，可采用箕舌线方程来描述。

$$(\mathrm{LAI})_i = \frac{\mathrm{LAIM}}{1(+at_2^2)} \tag{6-3}$$

式中，a 是经验系数，t_2 是抽穗后的发育生理年龄，用完成抽穗到成熟生育期的百分比表示，当 $t_2 = 0$ 时，代表抽穗开始，当 $t_2 = 1$ 时，代表成熟。

上述方法一般只适用于因素与因素之间存在强相关的情况下建立比较简单的模型，例如子模型或二级、多级子模型；对于建立复杂机制的、含有多级子模型的模拟系统则不适用。

（2）建立较复杂的模型　建立较复杂的模型时，作物生产的四个水平概念可以启发我们如何建立比较复杂的模拟模型。建模者可以在第一水平上先建立基本的作物生长模型，然后再逐渐增加因素限制发展到其他水平。当然，建立一个较复杂的模型并没有统一的模式可循。

一个模型的复杂程度往往取决于建模者研究问题的性质和目标，也在于整合各种子模型及其制约因素。整合模型的子模块过程中要严格遵循作物生物学规律，如美国得克萨斯农工大学研制的 EPIC 模型，其中作物模块是 EPIC 的关键部分，在作物模块中，作物生长受群体截获的太阳辐射量、生育期长短、生物量的分配、水分利用和营养循环等生理生态过程的众多因素影响，且受到水分、氮、磷、温度和 CO_2 等条件因素制约，根生长则受土壤温度和湿度等因素影响。EPIC 支持模拟一年、三年生作物的生长发育，对于一年生作物，其生育期的长短受一定积温量的影响；对于多年生作物，就要考虑到越冬过程。在许多作物模型的总模型中，各子模型相互独立且相互联系。例如，发育期子模型和生长子模型通常是分离的，因为它们对环境因子及其变化会做出不同的反应，但又互相关联。

(3) 模型的简化　关于模型简化，一般可采用参数排序的敏感度分析方法加以实现。例如，为了比较不同参数对模型性能的影响，可以对各参数的变异系数进行排序。变异系数较小的参数，一般对模型拟合特定数据集所起的作用较大；反之，所起的作用就较小。因此，变异系数较大的参数所属的那个部分就有可能从模型中被剔除，从而达到简化模型的目的。应该注意的是：一方面，使用不同的数据集可能会有不同的排序结果，因此应尽量选用高质量的数据集进行参数排序。另一方面，有些参数即使所起的作用较小，但其保留在模型中是有充分的生物学原因的，对这种参数的取舍就务必要谨慎。

(4) 系数化技术　作物生产过程往往由多个环境因子控制，包括温度、光照、水分和养分等。定量这些因子的互作效应通常采用单因子的系数互作而非复合因子的多元回归。析因法的主要特征是以系数的形式来分别建立不同单因子的响应模型或效应因子模型，然后采用数学方法来定量其互作，从而简化多因子响应模式。系数化通常将效应因子的特征值设定在 $0 \sim 1$（图 6-4）。

系数互作的计算方法有最小法和乘积法。最小法依据于最小因子法则，认为系统的表现受最小系数的限制。乘积法则认为系统的表现同时受多因子的影响，与最小因子的水平呈非线性关系。不同的方法结果差别很大，主要靠模型结果预测精度来评判。当因子水平较低或表现受限制时，最小法可能更合适；当因子水平较高或表现报酬递减时，乘积法更合适。

(5) 模型参数确定　确定模型参数是建模和应用模型中的重要环节。农业模型参数包括环境参数（environmental parameter）和作物品种遗传参数（genetic parameter）。确定这两类参数有助于模型准确、有效地模拟作物生产系统和过程。环境参数指能反映环境因子特征及其动态变化的系数，如土壤水分渗透系数、氮素

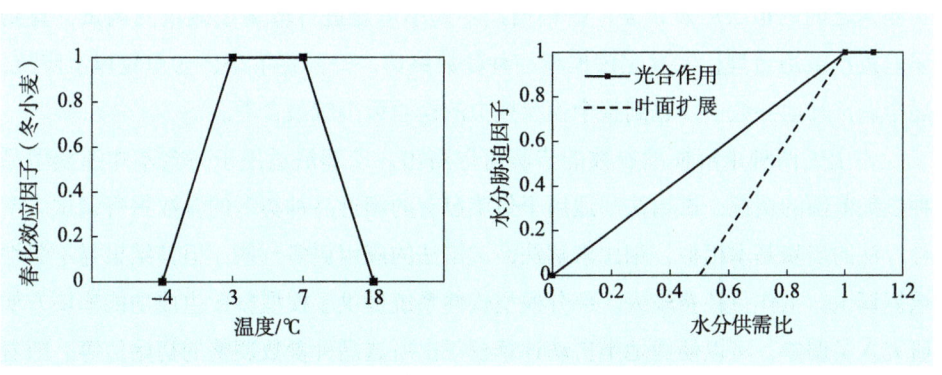

图 6-4　作物生长过程对不同因子的响应系数或效应因子

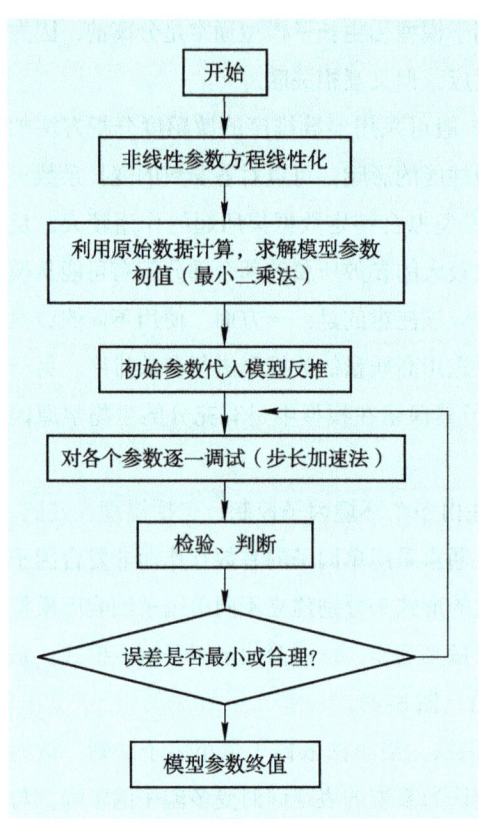

图6-5 求解法调试模型参数的步骤

利用率等。作物品种遗传参数是描述作物品种基本遗传性状的特征值，通常一个品种应有10~15个遗传参数，最多不超过20个。遗传参数是作物模型的关键指标，在量化品种间性状差异时应符合作物生理学的认识和规律，例如，小麦发育模型中的遗传参数包括春化时间、光周期敏感性因子、灌浆持续期因子和基本早熟性因子等，这些参数反映不同品种小麦在春化作用、光周期反应、灌浆期长短和热效应方面的遗传特性。

模型参数的确定可以在严格的人工控制环境条件下的试验研究中获得，如不同小麦品种的生理春化要求，也可利用大田试验资料加以调试得到。手动参数调试确定的方法主要有求解法和试错法两种。

求解法调试模型参数的步骤如下（图6-5）：①对模型参数的非线性方程线性化（如方程两边取对数等方法）；②按最小二乘回归法原理求解模型参数的初值，同时对模型进行统计检验；③设定模型参数波动范围，采用非线性规划中的步长加速法在范围内用计算机对各个参数逐一调试；④进行检验和判断，达到模型目标模拟值与实测值间的误差最小或最合理，模拟效果最佳；⑤确定模型参数的终值。

试错法调试模型参数的步骤是：①选择一组类型相近的品种参数作为参照值设定模型参数初始值的变化幅度范围；②对品种参数进行模拟试验，比较模拟值与实测值之间的拟合度及误差；③根据误差大小重复进行增量或减量的调试，直到误差最小或最合理；④确定该模型品种参数终值，并固定下来；⑤重复以上步骤，逐个调试其他参数值，直到整个模型模拟的误差最小或最合理。

由上述两种求解模型参数的步骤可以看出，求解法适用于完全不知道模型品种参数范围的情况，试错法则适用于借鉴已有的相近品种类型的参数进行调试。两种方法的步骤基本相似，相比求解法，试错法的应用更多一些，但其结果需不断地重复调试，工作量耗费较大。部分模型软件系统提供了模型参数生成功能模块方便研究人员调参，可以便捷地半自动计算校正出所选品种参数调整的初始值等。随着计算机技术及人工智能技术的发展，自动调参方法将会不断地涌现和应用，加快作物模型的应用。

3. 系统的计算机模拟

（1）模型开发环境与工具　作物模拟模型理论上可以在不同的计算机软硬件环境下开发实现，但开发环境及工具的选择仍需综合考虑模型的运行效率、编程支持、可理解性、可扩充性等多因素。目前比较常见的软硬件环境如下：

① 硬件环境

处理器：足够快的处理器，建议使用多核心处理器，以加速计算过程。

内存：足够大容量的内存，支持处理大量的数据和计算。

存储：足够大容量的存储器，如硬盘，用于存储模型和执行结果。

显卡：如果需要进行大规模的图像处理或机器学习计算，建议使用 NVIDIA 或 AMD 的显卡，以提高计算速度。

② 软件环境

操作系统：模型开发可以在多种操作系统上进行，如 Windows、Linux、macOS 等。

编程语言工具：作物模型可以使用多种编程语言进行开发，如 Python、C++、MATLAB、R 等。其中 Python 是最常用的语言之一，因为它易于学习和使用，并且有许多成熟的科学计算库可供使用。

开发工具：模型开发需要使用集成开发环境（IDE）进行代码编辑、调试、部署等功能。常用的 IDE 包括 PyCharm、Visual Studio 等。

软件库：模型开发需要使用一些现有的软件库来加速计算、处理、分析数据等。常用的软件库包括 NumPy、SciPy、Pandas、Matplotlib、Scikit-learn 等。

虚拟环境：为了避免不同项目之间的依赖冲突，建议使用虚拟环境来管理不同项目的依赖关系。常用的虚拟环境包括 Anaconda、Virtualenv 等。

（2）计算机程序设计　编写计算机程序，需要先绘制计算机程序框图。与系统框图不同，系统框图简单地表示所研究作物系统各组成要素之间的关系。计算机程序框图则表示计算机总模型与各子模型之间的关系，包括子模型在总模型中的先后次序、分支关系、汇合关系、反馈关系等。

计算机程序框图要表达整个计算机模型模块，其中包括以下要素：① 1~2 个中心子模型，根据所研究的系统对象的性质而定。如果以作物生产系统为研究对象，则中心子模型应是作物生长发育与生理过程的模型。如果是以病虫发生发展为研究对象，则中心子模型应是作物生长发育与病菌、害虫的发生发展模型。中心子模型在整个模型中起着枢纽的作用，整个模型的可靠性、有效性往往决定中心子模型的质量。②若干外围子模型围绕中心子模型进行设置。例如，作物模型应有气候子模型、土壤子模型、病虫子模型等。病虫模型中应有气候子模型、天敌子模型等。③输入与输出的数据模块或图像化模型等也要包括在框图中。

作物系统计算机模拟还需要绘制流程图。计算机程序流程图用来表示程序中各步骤之间的关系。对于一个简单的程序，流程图并不是必需的。因为程序制作者在头脑中可以构思出各步骤的关系。但对于较复杂的程序来说，流程图是必要的，因为单凭记忆无法处理许多步骤之间的复杂关系。

在此基础上，选择编程语言和适当方法进行程序设计，一般有以下三种方法：①结构化的程序设计（SP），结构化程序设计方法的总思路有两条：即自顶向下层次化，逐步精细化。该方法具有结构清晰、易读易写、容易修改、移植性强、编程效率高等优点，但缺点是数据与代码分离，可能会导致代码读取错误数据或错误代码读取正确数据，并且移植性不能满足更高的要求，效率受到限制。②面向对象的程序设计（OOP），OOP继承了SP的优点，其将数据结构及对数据的操作放在一起，作为一个相互依存、不可分割的整体，这在OOP中被称为对象类，处理过程称为"封装"，在该过程中考虑不同事物及不同对象之间的联系，此过程称为"消息"，要考虑所描写事物或对象类的重用性，此过程称为"继承"，这种设计更符合对事件本身的认识过程。③构件化的程序设计，作物模拟模型综合了农学、气象、土壤、计算机和管理等多个学科的知识和技术，内在的逻辑关系非常复杂，只有模型开发者才真正理解。此外，开发这样一个庞大的系统通常需要多个学科的研究人员合作几年才能完成。同时，模型系统中的子模型需要不断改进和完善。

计算机程序编制中的注意事项：①输入输出数据应有一定规定。如偏离这些规定，模型中可以用错误信号来表示。如日平均气温都应有小数点，并且不可超过50.0。若输入数据不符合规定，模型即自动表示为错误信号。②整个程序中应有详尽的说明。一个好方法是在程序中编入说明语句，这些语句可以说明模型的名称、编制模型的目的、主程序的结构、子程序的名称、各参数与变量的文字符号及单位、模型应用方法等，提高程序的可读性。③防止互相混淆的分支。如GOTO语句的使用。④程序设计避免不必要的复杂性，以尽可能简明为好。⑤容错性要好。

4. 模型检验与验证

建立模拟模型后，为确保模型的可信性，需要评估模型输出结果的准确性，主要包括敏感性分析、模型的检验、模型的验证。模型的检验（verification）主要是检查模型的可靠性与严谨性，而模型的验证（validation）主要是评估模型的泛化能力，即模型应用新数据时的有效性。两者并非模型建立后的一系列孤立的步骤，而是建模的主要部分。

(1) 敏感性分析　敏感性分析指的是在模型或系统中，对某些参数或输入变量的变化敏感程度的评估。通常是人为地给予模型某个参数值（或变量）一定的增量或减量，然后观察模型行为的变化程度。敏感性分析可用来帮助分析人员确定哪些参数或输入变量对模型系统的输出结果有何种程度的影响，评估模型或系统的稳定性和可靠性，是检验模型有效性的手段之一。

(2) 模型的检验　模型检验主要检查模型在逻辑上的一致性，能否准确表达模型概念的问题。一般包括防止模型错误和消除模型错误两个内容。

防止模型错误的方法主要包括：①检查数据的正确性；②模型建立过程都应有文件登记与文档说明；③建立并严格遵循模型结构图或流程图；④使运行过程成为一个独立文件。

消除模型错误的方法包括：①对错误进行测试，找到错误的原因，使错误数据的输入产生错误信号，在模型程序中应标明怎样输入数据以及有错误时怎样纠正；②记录错误，使用者应在每次运行后登记最后使用人、使用时期、对模型做出什么变动等内容；③对总模型进行分析、判断哪些子模型是合格的，系统地寻求与消除错误，然后从未知到已知，对怀疑的子模型进行运行纠错；④部分原则错误始终不能发现或消除，有必要回到模型的设计阶段，进行重新设计与构造。

(3) 模型的验证　模型的验证即有效性检验，包含对模型的机理性、适用性、拟合度、完美性、简便性、应用性等做出评价。模拟数据与实际数据的比较是验证的基本方法，模型一定要在实际结果所处的环境条件下运行。例如，作物产量模拟如要与逐年产量比较，就要在逐年的气候条件下运行，消除模拟误差中的未知因素。

模型的验证一般包括以下步骤：①验证数据的获取。可以对收集数据进行分类为训练集与测试集两部分，两者互相独立。其中训练集用于前述模型的构建。测试集用于验证模型的模拟效果，使用测试集代入训练所得的模型中，与实际值相匹配进行模型预测能力的评价。②绘出对比图。将模拟值与实测值按同一时间坐标绘 1∶1 线性图。③统计检验。将模拟值与实测值进行相关回归分析，回归线必须通过原点 (0, 0)，其斜率为 1。统计检验就是检查截距与原点的差别、斜率与 1 的差别是否显著。④模型误差值的估计。一般采用均方根误差 RMSE、归一化均方误差 NRMSZ、相关系数 r、决定系数 R^2、绝对平均误差 MAE、相对预测偏差 RPD 等指标对模型的准确精度进行评估。⑤如果模型的预测能力较差，则需要对模型进行优化调整。

有时模型会在训练数据上表现得很理想，但是在新的、未知的测试集中表现很差，这种现象是模型过拟合。具体来说，模型过拟合通常表现为模型在训练数据上的预测误差很小,但在测试数据上的预测误差很大,或者模型的复杂度很高,出现了过多的参数或特征,这些参数或特征可能只在训练数据上存在,而在新的数据上不存在这些特征,导致模型预测能力下降。为了避免这种情况,需要采用交叉验证等模型评估方法。

这些方法可以有效地评估模型的性能,减少模型在训练数据上的过拟合,提高模型的泛化能力。在实际应用中,应根据数据集的大小、样本分布等因素选择合适的评估方法。

5. 模型的长期检验

模型通过一定的历史数据的检验或通过一些专家的估测,不能认为就是完全准确的。当条件有所变化时,模拟结果可能并不理想。因此,模型的正确性检验是长期过程,应在使用中不断检验、修改和完善。

第二节 作物管理专家系统的原理与方法

作物管理专家系统是农业信息化发展过程中一个重要工具。农业专家系统利用计算机的高效率优势,以及图像、声音等各种方式直观地指导农业生产管理。作物管理专家系统包含农业专家的知识、经验和技术,可代替为数极少的专家群体走向田间,进入农家,在各地具体指导科学种田,培训农业技术人员,将先进适用的农业技术直接教给广大农民。可从根本上解决农业专家人员短缺的问题,普遍提高农民的农业素质,改变粗放的农业生产管理方式。

一、专家系统的概念与定义

1. 专家系统

专家系统(expert system,ES)也称基于知识的系统,是目前在人工智能应用方面最成熟的一个领域。专家系统产生于 20 世纪 60 年代中期,最初,人工智能领域的科学家试图通过发现解决各类问题的一般方法来模仿复杂的思维过程,最后发现开发通用的问题求解程序非常困难。一个单一的程序能够处理的问题种类越多,那么对每一个个别问题所能做的就越少。于是,这些科学家希望能在比较特别的问题上采用的通用方法或技术,这促使他们开始研究知识的表达和搜索等技术。到 20 世纪 70 年代后期,科学家们开始意识到,程序的问题求解能力不仅取决于它使用的形式化体系和推理模式,而且取决于它的知识,即要使一个程序智能,必须给它提供大量有关问题领域的专门知识。这一概念性的突破导致了一种专用程序的开发，这种专用程序能在某些狭窄的问题领域具有与人类专家同等程度解题能力，故被称为专家系统。经过多年的科学研究，其理论和技术日臻成熟，专家系统的应用得到了飞速发展。至今，世界各国已在农业、医疗诊断、化学工程、语音识别、图像处理、金融决策、信号解释、地质勘探、石油、军事等领域研制出大量的实用专家系统，其中不少系统在性能上已达到甚至超过了同领域人类专家的水平，已经产生或正在产生巨大的经济效益和社会影响。

专家系统是一个智能计算机程序系统，其内部含有大量的某个领域专家水平的知识与经验，它能应用人工智能技术和计算机技术，根据专家的知识和解决问题的方法进行推理判断，模拟人类专家在相应领域的决策过程，并在很短的时间内对问题得出高水平的解答。简言之，专家系统是一个在某领域具有专家水平的解题能力的程序系统。

专家系统具有以下特点：①具有专家水平的专门知识，这里所指的专家一般来讲是在该领域比较权威的专家学者。②能进行有效的推理求解。一个完善的专家系统具有有效的推理方式，能够在不同的条件下进行推理，而且不会出现明显的错误结论。③具有解释能力和获取知识的能力。专家系统能够解释本身的推理过程和回答用户提出的问题，以便让用户能够了解推理过程，提高对专家系统的信赖感。④具有一定的复杂性和难度。专家系统的形成和使用都有一定的难度，只有具备一定素质的人才能设计和应用专家系统，专家系统的维护同样也是有难度的。

2. 农业专家系统

农业专家系统也称农业智能系统，是将计算机软件系统、专家系统等知识应用于农业领域的一项计算机技术。它应用人工智能技术，依据一个或多个农业专家提供的农业知识、经验等进行推理和判断，模拟农业专家就某一复杂农业问题进行决策。它可以使用符号表示大量知识，采用启发式推理，使用可行的信息来得出问题的结论。

3. 作物管理专家系统

作物管理专家系统指一种能模拟农学专家运用知识，推理解决作物生产中某一个方面或多个方面问题时的思维过程的智能化计算机软件系统。如种植制度设计专家系统，作物养分管理专家系统，作物水分专家系统，作物病虫害、草害诊断与防治专家系统以及综合作物生产管理专家系统等。

二、农业专家系统的结构

农业专家系统开发平台是一种用来实现农业专家系统快速开发的工具，以其为基础进行二次开发，可以大大减少农业专家系统开发的工作量并降低技术难度。专家系统开发平台帮助研究人员获取知识、表示知识、运用知识；帮助系统设计人员进行专家系统结构设计；提供一个内部的软件环境，提高系统内部的通信能力。农业专家系统把分散的、局部的单项农业技术综合集成起来，经过智能化信息处理，针对不同的土壤和气候等环境条件，给出系统性和应变性强的各类农业问题的解决方案。

农业专家系统一般由6个模块组成：知识库、推理机、用户界面、数据库、知识获取模块和解释器。其中知识库是专家系统最重要的组成部分，用于存储农业专家的专业知识和经验；推理机用来控制和协调整个系统，并根据当前输入的数据和知识，按系统内置的推理策略，推理解决输入的问题；用户界面是专家系统中接受用户输入的信息，并把信息转换成系统的数据表示形式，然后把这些数据交给相应的模块处理；数据库用于存储各初始数据和推理过程中得到的各种中间信息；知识获取模块是把专家系统解决问题所需的专门知识从知识来源，如专家、书本、资料库中获取后转换为系统数据；解释器用于对推理过程及结果的说明，并回答用户提出的各种问题。农业专家系统的基本结构如图6-6所示。

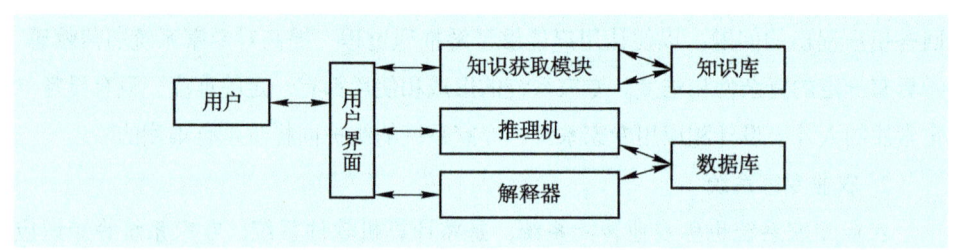

图6-6 农业专家系统的基本结构

研发农业专家系统的主要目的是使计算机在农业领域中起到农业专家的作用，为那些需要专家知识才能解决的难题提供相关专业权威专家水平的解答。

1. 知识库

知识库用于存放领域专家提供的专门知识。专家系统的问题求解是运用专家提供的专门知识来模拟专家的思维方式进行的，这样知识库中拥有知识的数量和质量就成为影响专家系统性能和问题求解能力的关键因素。因此，知识库的建立是建造专家系统的中心任务。知识库系统的主要工作是搜集人类的知识，将其有系统地表达或模块化，使计算机可以进行推论、解决问题。知识库中的知识有两种形态：一种是知识本身，即对物质及概念作实体分析，并确认彼此之间的关系；另一种是人类专家所特有的经验法则、判断力与直觉。知识库与传统数据库在信息的组织、并入、执行等步骤与方法上均有所不同，概括来说，知识库所包含的是可作决策的

"知识",而传统数据库的内容则是未经处理过的"数据",必须经由检索、解释等过程才能被实际应用。

2. 推理机

推理机用于记忆所采取的规则和控制策略的程序,使整个专家系统能够以逻辑方式协调地工作,具有各种推理或搜索等功能,它往往可分成主控程序及完成各种任务或推理等功能的一个程序库。推理机是专家系统中实现基于知识推理的部件,是基于知识的推理在计算机中的实现,主要包括推理和控制两个方面,是知识系统中不可缺少的重要组成部分。专家能够高效地求解复杂的问题,除了他们拥有大量的专门知识外,更重要的是他们能够合理选择及有效运用知识。基于知识的推理所要解决的问题是如何在问题求解过程中选择和运用知识,完成问题求解。

3. 用户界面

用户界面是专家系统与用户间的基于声、文、图、像的接口。一般包括输入和输出两大部分。一方面它把由传感器或键盘获得的外部信息或命令通过语言、文字或图像表达进行识别和理解,表示成内部形式输入系统。另一方面它又把专家系统产生的结果由内部形式转换成人类能接受的方式,传递给用户。

4. 数据库(也称为"黑板")

这是专家系统在推理过程中用以存放中间结果或论据的工作存储器。在工作开始时,首先把专家系统从外界(用户)获得的关于预解决问题的事实和初始状态、初始数据等写入"黑板"。然后,专家系统对"黑板"和知识库的内容进行各种可能和必要的搜索、匹配和推理等动作,不断以新的中间结果修改、替代或补充"黑板"的内容。其间还可询问用户,以获得必要的补充知识,参与后续的推理。专家系统就是如此循环往复地不断改变着"黑板"的内容,直至最终获得问题的解答。可见,"黑板"的内容动态地控制着专家系统的工作过程,所以,"黑板"也可称作"动态知识库"。

5. 知识获取模块(或学习模块)

知识获取模块是专家系统中能将某专业领域内的事实性知识和领域专家特有的经验性知识转化为计算机可利用的形式并送入知识库的功能模块。同时也负责知识库中知识的修改、删除和更新,并对知识库的完整性和一致性进行维护,该模块是实现系统灵活性的主要部分,它使领域专家可以修改知识库而不必要了解知识库中知识的表示方法、知识库的组织结构等细节问题,从而大大提高了系统的扩充性。知识获取器的功能是总结系统运行的经验自动地不断修正和补充知识库的内容,或者能根据专家或书本提供的知识,以自然语言或某种形式语言表示,经过理解编辑成所需的内部形式,作为新知识加入知识库。

6. 解释器

解释器是解答用户对专家系统结论询问的一个程序模块。专家系统应能针对性地以一种用户容易理解的形式进行解释，回答为什么有此结论，推理的逻辑思路是怎样的等。解释模块不但是一个对系统的行为进行解释的工具，而且也是一个发现系统谬误并对之进行调试的工具。解释功能的一种很简单的实现方法就是把每步推理所用的规则（或证据等）按推理先后顺序连成一条链存放起来，一旦需要时，就把这个推理链一步一步地显示给用户看。目前很多专家系统的解释器都是如此。有些系统将人机界面与解释程序模块分开考虑，它们均是人机交互程序。该模块负责回答用户提出的各种问题，包括与系统推理有关的、与系统推理无关而与系统自身有关的问题。它可以对推理路线和提问的含义给出必要的、清晰的解释，为用户了解推理过程以及系统维护提供方便，是实现系统透明性的主要模块。人机界面则负责把用户输入的信息转换成系统内规范化的表示形式，然后把这些内部表示形式交给相应的模块去处理。系统输出的内部信息也由人机界面转换为用户易于理解的外部表示形式。

三、农业专家系统的特征

人类专家之所以能称为"专家"，是由于他掌握了某一领域的专门知识，使得在处理问题时能比别人技高一筹。一个专家系统为了能像人类专家那样地工作，就必须具有专家级的知识，知识越丰富，解决问题的能力越强。专家系统一般具有如下基本特征。

1. 具有专家水平的专门知识

一般来说，专家系统中的知识可以分为 3 个层次，即数据级、知识库级和控制级。数据级知识是指具体问题所提供的初始事实以及问题求解过程中所产生的中间结论、最终结论等。例如患者的症状、化验结果以及由专家系统刚推出的病因、治疗方案等，这一类知识通常存放于数据库中。知识库级知识是指专家的知识，例如农学常识、植保专家诊治植物病虫害的经验等，这一类知识是构成专家系统的基础，一个系统性能的高低取决于这种知识的质量和数量。控制级知识是关于如何运用前两种知识的知识，由于控制级知识是用于控制系统的运行过程及推理的，因而其性能的优劣直接关系到系统的"智能"程度。

任何一个专家系统都是面向一个具体领域的，求解的问题仅仅局限于一个较窄的范围内，这表明专家系统的知识都具有专门性，它可能很精，但只局限于所面向的领域，针对性强。事实上，人类专家也都只是某一方面的专家，在某一方面有独到之处，否则他就不称为"专家"了。另外，正是由于专家系统是面向具体领域的，才使得它抓住领域内问题的共性与本质，使系统有较高的可信度与效率。

2. 能进行有效的推理

专家系统的根本任务是求解领域内的现实问题。问题的求解过程是一个思维过程，即推理过程。这就要求专家系统必须具有相应的推理机构，能根据用户提供的已知事实，通过运用掌握的知识，进行有效的推理，以实现对问题的求解。不同专家系统面向的领域不同，要求解的问题有着不同的特性，因而不同专家系统的推理机制也不尽相同，有的要求进行精确推理，有的则要求进行不确定性推理、不完全推理以及试探性推理等，需要根据问题领域的特点分别进行设计，以保证问题求解的有效性。

3. 具有获取知识的能力

专家系统的基础是知识，为了得到知识就必须具有获取知识的能力。目前专家系统在这方面的能力还比较弱，当前应用较多的是建立知识编辑器，知识工程师或领域专家通过知识编辑器把领域知识"传授"给专家系统，以便建立起知识库。一些高级专家系统目前正在建立一些自动获取工具，使得系统自身具有学习能力，能从系统运行的实践中不断总结出新的知识，使知识库中的知识越来越丰富完善。

4. 透明性

人们在应用专家系统求解问题时，不仅希望得到正确的答案，还希望知道得出该答案的依据，即希望系统说明"为什么是这样？""这一结论是怎么得出来的"等，为此，专家系统一般都设置了解释机构，用于向用户解释它的行为动机及得出某些答案的推理过程。这就使用户能比较清楚地了解系统处理问题的过程及使用的知识和方法，从而提高用户对系统的信任程度，增加系统的透明度。另外，由于专家系统具有解释功能，系统设计者及领域专家就可方便地找出系统隐含的错误，便于对系统进行维护。

5. 灵活性

在大多数专家系统中，其体系结构都采用了知识库与推理机相分离的构造原则，彼此既有联系，又相互独立。这样做的好处是，既可在系统运行时根据具体问题的不同要求分别选取合适的知识构成不同的求解序列，实现对问题的求解，又能在一方进行修改时不致影响到另一方。特别是对于知识库，随着系统的不断完善，可能要经常对它进行增删改等操作，由于它与推理机分离，就不会因知识库的变化而要求修改推理机的程序。另外，依靠知识库与推理机分离，人们有可能把一个技术上成熟的专家系统变为一个专家系统工具，这只要抽去知识库中的知识就可使它变为一个专家系统外壳。当要建立另外一个其功能与之类似的专家系统时，只要把相应的知识装入到该外壳的知识库中就可以了，这就避免了耗时费工的开发工作。

6. 交互性

专家系统一般都是交互式系统，一方面需要与领域专家或知识工程师进行对话以获取知识，另一方面它也需要通过与用户对话以索取求解问题时所需要的已知事实以及回答。专家系统的这一特征为用户提供了方便，亦是它得以广泛应用的原因之一。

7. 实用性

专家系统是根据领域问题的实际需求开发的，这一特点就决定了它具有坚实的应用背景。另外，专家系统拥有大量优质的专家知识，可使问题求解达到较高的水平，再加上它所具有的透明性、交互性等特征，就使得它容易被人们接受和应用。事实证明，专家系统已经被用于多种领域中，取得了巨大的经济效益和社会效益，并且正在更广泛地应用于更多的领域中，这是人工智能的其他研究领域所不能比较的。

8. 具有一定的复杂性及难度

专家系统拥有知识，并能运用知识进行推理，以模拟人类求解问题的思维过程。但是，人类的知识是丰富多彩的，人们的思维方式也是多种多样的，要真正实现对人类思维的模拟还是一件十分困难的工作，依赖于其他多种学科的共同发展。在建造一个专家系统时，会遇到多种需要解决的困难和问题，如不确定性知识的表示、不确定的传递算法、匹配算法等。

四、农业专家系统的类型

1. 按功能和结构特征划分

农业专家系统按其功能和结构的主要特征可分为：①启发式专家系统。这类系统以某些领域专家的经验知识为基础，按照传统方式建立专家系统，适用于那些目标明确、内容较窄、应用价值较高的领域，但系统知识获取的工作量很大。如美国的大豆病虫害管理系统SOYBUG、柴毅等开发的基于作物生长特征的作物栽培专家系统等。②实时控制专家系统。它利用来自传感器监测装置的数据，运用专家处理问题的经验，依据状态条件的变化自动调整或控制某些参数或装置，领域狭窄、目标明确、知识获取量小。此类系统多用于温室的自动调节与控制，如美国的MISTING系统、孙忠富等研制的温室番茄计算机环境管理系统等。③基于模型的专家系统。这类系统将模型与知识库相结合，利用专家系统为模型提供参数和对模型结果进行解释，以便用户更好地使用模型，功能强大，应用前景广阔，是农业专家系统发展的重要方向。如美国的棉花综合决策系统（GOSSYM/COMAX）、曹卫星等研制的基于生长模型的小麦管理专家系统等。④专家数据库系统。目前已经建立了许多功能强、结构好的数据库管理系统，但库容量和复杂性已成为数据库使用的障碍。将专家系统与数据库相结合，可改善数据库的可检索性和对数据库信息的解释能力，从而使决策者方便地从大型数据库中获取有用的信息。如美国的良种选择专家系统 CUE、晏国生等研制的农业宏观管理咨询系统等。⑤专家系统开发工具。这是一种辅助专家系统开发的软件工具，主要用来帮助研究人员建立知识库和进行结构设计。如 SELECT、CLAEX、LEVELS、VP-Expert 以及国家农业信息化工程技术研究中心研发的农业专家系统等。

2. 按所涉及学科领域划分

按照所涉及的农业学科领域，农业专家系统大体上可分为：①作物栽培专家系统。此类系统根据特定地区气候、土壤特点和作物栽培经验，为当地用户提供有关大田作物、园艺作物的品种选择、土壤耕作、灌水施肥、病虫草害防治、产量估算等田间栽培管理综合措施的技术指导。②农田施肥专家系统。主要针对特定地区土壤理化性质，评估地力水平，根据作物、气候、土壤、栽培管理及肥料特点，推荐肥料运筹与施肥方法，计算施肥效益等。③植物保护专家系统。根据特定地区农作物病、虫、草害发生规律，为用户提供有关作物的病、虫、草害诊断，预测预报和防治方法。④设施农业专家系统。主要针对果蔬的温室栽培和冷库贮藏而开发，对设施农业环境进行自动监测与控制。⑤新品种选育专家系统。包括动、植物的亲本选配、后代选择和品种评价，提高农业生物育种的效率。⑥畜禽水产养殖专家系统。提供各种家畜、家禽、水产品的科学养殖技术，包括场所建设、品种选择、饲料配合、科学饲养、病虫防治等方面。⑦水利灌溉专家系统。提供灌溉水源预报、灌溉需水量预报、作物灌溉制度拟定、灌区用水计划管理、灌溉设施的自动化控制等。⑧其他学科领域的专家系统。包括农业生产管理、农机具优化设计与选择、农业经济分析、农产品评价、水土保持等方面。

3. 按照所处理问题的类型划分

按照解决的问题类型不同，农业专家系统大体上可分为：①解释专家系统。其主要任务是通过对已知信息和数据的分析与解释，确定它们的含义。具有数据量大，不准确、不完全等特点，能从不完全的信息中得出解释，并能对数据做出某些假设；推理过程可能很复杂和很长。如语音理解、图像分析、系统监视、化学结构分析和信号解释等。②预测专家系统。主要任务是通过对过去和现在已知状况的分析，推断未来可能发生的情况。特点是系统处理的数据随时间变化且可能是不准确和不完全，系统需要有适应时间变化的动态模型等。如气象预报等。③诊断专家系统。该系统的主要任务是根据观察到的情况（数据）来推断出某个对象机能失常（即故障）的原因。该系统能够了解被诊断对象或客体各组成部分的特性以及它们之间的关系；能够区分一种现象及其所掩盖的另一种现象；能够向用户提出数据，并从不确切信息中得出尽可能正确的诊断。如医疗诊断等。④设计专家系统。设计专家系统的任务是根据设计要求，求出满足设计问题约束的目标配置。具有从多种约束中得到符合要求的设计、系统需要检索较大的可能空间、能试验性地构造出可能设计，易于修改。它能够使用已有设计来解释当前新的设计。如 VAX 计算机结构设计专家系统等。⑤规划专家系统。其任务是寻找出某个能够达到给定目标的动作序列或步骤。其特点是所要规划的目标可能是动态的或静态的，需要对未来动作做出预测，所涉及的问题可能很复杂。如 ROPES 机器人规划专家系统、汽车运行调度专家系统等。⑥监视专家系统。该系统的主要任务是对系统、对象或过程的行为进行不断观察，并把观察到的行为与其应当具有的行为进行比较，以发现异常情况，发出警报。该系统具有反应快速、准确性高、能够动态地处理其输入信息等特点。如黏虫测报专家系统。⑦控制专家系统。该系统的任务是自适应地管理一个受控对象或客体的全面行为，使之满足预期要求，具有解释、预报、诊断、规划和执行等多种功能。如商业管理、自主机器人控制、生产过程控制和生产质量控制等。⑧调试专家系统。该系统的主要任务是对失灵的对象给出处理意见和方法，同时具有规划、设计、预报和诊断等专家系统的功能。这方面的实例还比较少见。⑨教学专家系统。该系统具有诊断和调试等功能和良好的人机界面；如 MACSYMA 符号积分与定理证明系统，计算机程序设计语言和物理智能计算机辅助教学系统以及聋哑人语言训练专家系统等。⑩修理专家系统。该系统的主要任务是对发生故障的对象（系统或设备）进行处理，使其恢复正常工作。其具有诊断、调试、计划和执行等功能。

五、作物管理专家系统的类型

作物管理专家系统依据其结构和功能不同可分为专家系统开发工具和实时控制专家系统，依据其推理决策可分为基于知识规则的专家系统和基于模型的专家系统。

1. 专家系统开发工具

专家系统开发工具指一个由具有公用性的推理机、人机交互界面、解释器等组成的"外壳"部件和具有对知识库进行语法检查与完备性检验功能的管理机构组成的计算机系统，是一种具备二次开发功能的专家系统计算机软件，是开发建造系列实用作物管理专家系统的通用工具。专家系统开发工具又分为编辑型开发工具和智能型开发工具，编辑型开发工具由专家系统"外壳"和知识库管理子系统两大部分组成。系统建造者通过知识库管理子系统将作物管理领域的专家知识按规定的知识库描述语言格式编辑成知识库，并将获取的知识进行检验，生产所需的专家系统。编辑型开发工具使用方便，但需要了解如何将某领域知识与经验按规定的知识库描述语言格式整理编辑成知识库。而智能开发工具则可以按照作物管理领域专家的思维方式和术语，启发和引导农业专家和技术人员整理凭借知识和经验建立的知识库。智能型开发工具比编辑型开发工具功能强，但实现难度大。因此，目前国内外研制的大多数农业专家系统开发工具是编辑型开发工具。

2. 实时控制专家系统

实时控制专家系统指面向作物管理中某一特定问题的实用专家系统。系统的知识表达方式和计算机编辑语言由建造者自定。这种专家系统不具备二次开发功能，即针对要解决的不同问题，如施肥、灌溉、病虫草害诊断与防治等作物管理，系统的"外壳"和知识库等各个组成部分均要重新建立和编程。

3. 基于知识规则的专家系统

基于知识规则的专家系统，即传统的专家系统，知识库由专家经验知识组成，专家经验知识采用描述性语句标识，意义清晰、自然、明确。系统以接近自然语言的方式同用户对话，使用户感到亲切、自然、易于接受。由于专家经验知识本身具有时间和空间的限制，基于知识规则的专家系统的应用具有时空局限性，即不能应用于专家经验知识产生以外的地区和季节。同时，基于知识规则的专家系统不具备预测功能，因此，该系统的决策不一定是最优的。

4. 基于模型的专家系统

基于模型的专家系统指将作物生长模型与专家系统相结合，利用模型预测不同栽培管理方案下作物生长发育动态和产量与品质情况，专家系统将模型预测结果与作物生产目标进行匹配，给出决策结果，是一种兼具模型的预测功能和专家系统的推理决策功能的先进专家系统，可以实现作物管理的优化决策。与传统的专家系统结构相比较，基于模型的专家系统中还包括作物生长模型子模块。

六、农业专家系统的设计

计算机要想和专家一样处理问题，它首先必须先获得那些知识，然后再有效地组织和存储起来以便利用。A. Barr、E. A. Feignbaum 曾精辟地指出："专家系统的性能水平主要是它拥有知识数量和质量的函数"。一个专家系统的知识越多，越优质，它解决问题的能力就越强。所以，专家系统实际上是通过在系统中存储大量与应用领域有关的专门知识来取得高水平的问题而求解的。

典型的专家系统主要由知识获取模块、知识库、数据库、推理机、解释机、人机交互接口等部分组成，其中知识库和推理机是专家系统的核心部分，知识库是实现专家系统智能推理的基础，推理机是专家系统的智能中心。一个农业专家系统由与该农业科研或生产领域有关的事实、经验和规则组成的知识库，与该农业科研或生产领域相关的科研数据、统计数据组成的数据库，由解决生产问题的模型组成的模型库，在问题求解中利用的推理机（或控制结构）等部分组成。

七、农业专家系统的开发

从计算机角度讲，专家系统的开发一般是由专家和知识工程师共同配合完成的。知识工程师是懂计算机和专家系统原理并具有编制专家系统能力的人。专家是某个实际领域经验丰富的人。知识工程师和专家进行讨论，在知识工程师的引导和启发下，专家提供他解决实际领域中问题的基本知识和经验，知识工程师则按专家系统中知识的要求对上述知识进行整理，形成专家系统中的知识库，再利用开发专家系统的知识工程语言编制推理机，以及人机交互界面等有关模块，形成专家系统。专家系统的开发过程如图 6-7 所示。

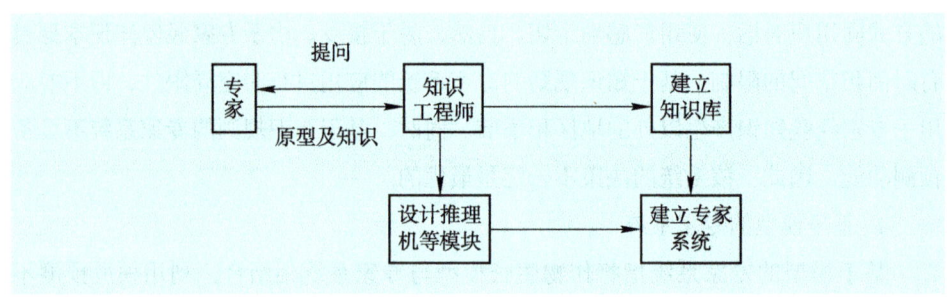

图 6-7 专家系统的开发过程

获取知识的方式是人工方式与知识获取工具，帮助知识工程师很快地形成计算机的知识。知识获取工具在逐步增多，一般的工具是提供有效的编辑、编译手段，完成从专家知识到计算机知识的转换。随着人工智能技术的发展，机器学习技术的逐步成熟，利用机器学习来完成知识的自动获取，将大大提高知识获取能力，机器学习中示例学习已经达到了实用程度，其他各种学习方法也在逐步出现。知识工程师在获取知识的同时，要进行专家系统的开发，也就是把知识和推理与有关的动态数据库、人机交互界面等组合起来形成能像专家解决实际问题那样的计算机程序系统。

开发专家系统的途径归纳起来有四种形式，如图 6-8。就一个具体的专家系统而言，农业专家系统的开发，首先是从农业专家那里收集、整理、归纳有关的专业知识、经验和数据，并经农业专家系统开发人员消化、整理、归纳形成一条条符号表示的形式，进而确定知识表示和推理方法，建立知识库，编写推理程序，然后调

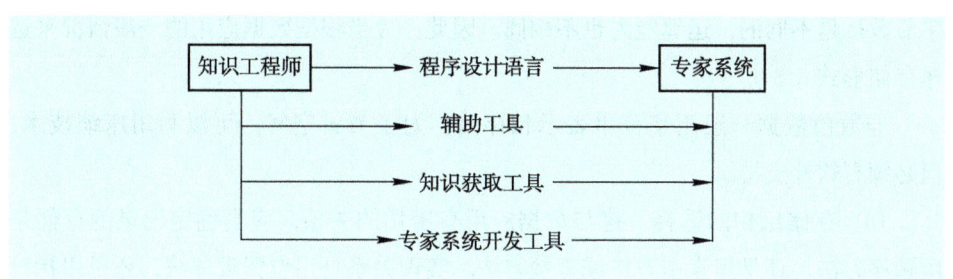

图 6-8 开发专家系统的途径

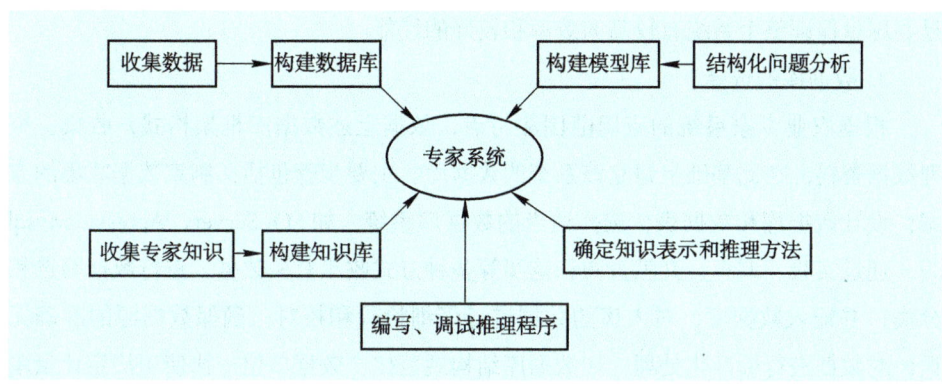

图 6-9 农业专家系统的开发过程

试、运行和修改等步骤，其开发过程如图 6-9 所示。

八、数据库和知识库的构建

（一）数据库的构建

1. 数据库的逻辑构建

首先，根据专家系统的功能，构建数据库的种类，如对于构建一个玉米栽培管理的专家系统，需建立玉米品种资源数据库、地区土壤数据库、地区气候资源数据库、玉米栽培技术数据库等，然后根据具体问题确定数据库字段名称以及类型。

2. 数据库的物理设计

数据库的物理设计就是如何利用现有的物理存储设备有效地存储数据。它的任务是使数据库的逻辑结构在实际的物理设备上得以实现，建立一个性能好的存储数据库。在进行数据库的物理设计时，应考虑以下 3 方面问题。

（1）存储空间分配　考虑这个问题时要坚持两个原则：一是存取频率高的数据应存储在快速设备上；二是相互依赖性强的数据尽可能存储在同一台设备上，且尽量安排在邻近的存储空间。

（2）数据的存储表示　数据分为数值数据和非数值数据两种。数值数据可以用十进制形式、字符形式或二进制形式表示和存储，它们各自占有的空间大小（即字节数）是不同的，运算能力也不相同。因此，应当根据数据应用的一般情况来选择存储形式。

非数值数据一般用字符串表示和存储。为了节省空间，可以利用压缩技术，但必须有软件支持。

（3）存储结构的选择　这与数据应用有密切的关系，应当确定记录的存储是用顺序方法，还是用索引方法或直接方法。实现关系是用位置毗邻法，还是用指针链法，如果是后者，还应指出用什么样的指针或指针的组合。存储结构的选择原则是要尽量保证整个系统有较高的效率和较好的性能。

3. 数据库的选择

根据农业专家系统的应用范围和特点，依据上述数据库框架格式，收集、整理数据资料，在此基础上建立该系统的数据库。主要步骤包括：制定数据收集的方案；设计数据库和数据表；选择适当的数据库系统，如 SQLServer、Access、Mysql 等，通过实验、调查、文献查阅和购买等多种方式收集有关数据；进行数据筛选和分类，并输入数据库；对入库的数据进行仔细检验和校对，确保数据源的准确无误；对数据进行标准化处理，如数据库结构规范化、数据单位一律使用法定计量单位等；对数据进行归并，减少数据冗余；补充、完善数据库的数据。

4. 常见的农业数据库结构——以种植业为例

（1）地理信息数据　主要指用户的基本地理信息，包括行政区域、纬度（度—分）、经度（度—分）、海拔（m）、地形地貌等有关地理空间信息。

（2）气象资料数据　日照时数（h），日平均温度和最高、最低温度（℃），空气相对湿（%），风速（m/s），日降水量（mm），实际水汽压（MPa），年均温（℃），年降水量（mm），无霜期（天），≥10℃积温，干燥度等。

（3）土壤资料数据　主要包括土壤类型、土层深度（cm）、土壤质地名称、土壤容重（g/cm）、总孔隙度（%）、酸碱度（pH）、土壤含水量（%）、田间持水量（%）、土壤凋萎含水量以及地形地势；土壤养分含量：有机质（%）、全氮（%）、C/N、全磷（P，%）、全钾（K，%）、速效氮（mg/kg）、速效磷（mg/kg）、速效钾（mg/kg）及其他主要营养元素的含量。

（4）品种资料数据　主要包括品种来源，植物学特征：株高（cm）、叶片数、株型、百（千）粒重（g）；品质特性：蛋白质含量（%）、脂肪含量（%）等；生物学特征：生育期（从出苗到成熟的天数），生育特性：叶面积指数（LAI）、光合势（LAD）；抗逆性：抗病性、抗倒伏、抗寒性、抗旱性等；栽培要点：如播期、种植密度、施肥量等，生态适应性以及产量水平（kg/hm^2）和产量结构等。

（5）管理措施数据　包括作物生产中栽培管理措施的种类、时间、强度等资料，如播种期、播种量、施肥时间与施肥量、灌溉日期与灌溉量、成熟及收获管理等。

(6) 农业生产条件数据　农业生产基本条件如农用动力、化肥投入、排灌条件、劳力、播种面积、种植方式、产量水平、农药和农膜使用量及费用、植保器械等。

(7) 图形、图像数据库　有时为了系统运行方便，常将一些图形、图像、视频数据如行政区域图、养分含量分布、病虫草害的图片等单独存放，供系统运行时随时调用。

(8) 试验数据库　包括与专家知识和专家系统相关的田间试验数据和人工模拟试验数据。

(二) 知识库的构建

知识表示不仅要表达出特定领域内的大量事实和规律，而且要真实全面地反映专家的实践经验，知识的表达与组织是专家系统的基础，关系到系统的推理是否能够模拟出人类专家的思维判断过程。知识库管理系统包括五项基本功能：知识获取、知识加载、知识存储、知识删除和知识浏览。对于农业专家系统，知识库中既要包括天气、土壤、灌溉等方面的数据，还要包括特定作物生长发育规律方面的数据以及有效的栽培措施等，当然更少不了农业专家经验等。知识的获取需要很多专家的合作花很多时间才能完成。另外，知识库中如何表示知识是至关重要的，知识表示的研究在专家系统研究中有重要地位，表示方法主要有形式语言、语义网络、框架等多种表示。

1. 构建知识库原则

知识库中知识的物理组织依赖于知识的表示模式。不同的知识表示模式，应该有相应的组织方式。知识库组织时应该共同遵循下述基本原则：①根据专家系统中知识库与推理机相互独立的原则，知识库的组织应确保今后知识库与推理机的独立，不会由于知识库内部组织方式的改变而引起推理机大的改动；②便于知识的扩充、维护与修改，使今后无论做系统功能上的扩充，还是做性能上的提高都有可能；③便于知识的运用和输入/输出操作；④便于系统中采用多种知识表示模式；⑤便于知识的一致性、完整性、无冗余性地检查与维护；⑥便于知识的检索与匹配，充分考虑知识运用和处理的效率；⑦尽量节省知识库的占用空间。

2. 知识库构建——以种植业为例

(1) 品种选择知识库　根据品种对温度、光照的反应，生态适应性（耐旱、涝、肥、瘠、盐碱等的特性），综合农艺性状（株高、产量与产量结构、抗倒性、熟期、熟相等），生长发育特点（生育进程、生长速度、生物量、光合能力、经济系数等)、抗性(抗病、虫、杂草、高温、冷害等)、品质(外观品质、加工品质、营养成分等)等综合因素对照用户所处地理位置、目标产量、栽培水平和土壤肥力状况等相关因素确定适宜的品种。

(2) 播期、密度知识库　根据不同品种特性、环境条件、茬口及产量水平，确定适宜的播期及合理的播种量与密度。

(3) 作物营养与施肥知识库　不同土质和地力基础可能达到的生产潜力，作物不同生长和发育阶段与不同苗情的需肥特点，根据土壤肥力水平和目标产量确定施肥量、元素配比和施肥方法，提高肥料利用率的技术，作物群体大小、长势、长相与施肥量、施肥期、元素配比的关系等。

(4) 农田水分管理知识库　作物不同生育阶段需水规律和实际耗水量，不同时期、不同土壤深度水分动态对作物生长发育的影响及临界含水量，根据天气、墒情和苗情掌握关键灌溉时间和灌水量的科学依据。

(5) 作物生长发育知识库　作物一生不同阶段的生长发育特点及动态调控指标。例如小麦叶片与植株各部分器官生长之间的"同伸"；群体发展与个体发育；营养生长与生殖生长；根系与地上部分物质消耗与积累；分蘖消长与成穗；壮秆与大穗；灌浆持续时间、强度与粒重等一系列互作关系与合理调控原理以及不同生育期的关键生理指标。

(6) 生长调节剂、生化制剂的使用知识库　常用生长调节剂的种类、特点及使用方法，根据作物群体指标，选用适当的化学制剂和生物制剂等。

(7) 病虫草鼠害防治知识库　包括病虫草鼠的主要种类及其识别、发生规律、预测技术、综合防治的策略和措施。

通常，在知识库组织时可以采用数据库的组织方式，如顺序结构、树形结构(包括二叉树、堆、B 树、B^* 树等)和图结构等。

九、知识规则的确定

当某一领域的知识以某种表示形式储存在知识库中时，就可以来设计推理机，对于给定的问题，推理机从知识库中搜索答案，寻找答案的过程就是推理。

经验知识库是农业经验知识用规则表示的知识集合，是进行下一步推理的基础。规则采用"若 R 则 Q"这样的形式表示。R 是事实，而 Q 是 R 成立而引起的结果。例如小麦叶锈病表现为叶片产生疱疹状病斑，可信度为 0.6。可信度是结合专家经验依据模糊推理所获得的近似值。它表示一条规则的强度，即当规则的前提为真时，结论为确定的程度。在系统运行过程中可信度通过规则链进行传递，影响推理的各个子目标，这个过程构成系统的精确推理。

现将该系统所采用的规则集形式描述如下:

(规则)：= IF（前提）THEN（结论）n

(前提)：=（AND|（条件）n|）

(条件)：=（OR|（断言）n|）

(断言)：=（谓词）（数据库）（参数）（值）|（谓词）（数据库）（参数）（值）

(结论)：=（断言）（诊断意见）

诊断意见指最后给出的诊断结论和防治办法等。例如 IF 叶片产生疱疹状病斑 AND 夏孢子堆圆形至长椭圆形橘红色 AND 呈不规则散生 THEN 小麦发生了条锈病，可信度为 0.9。

例如：大豆病虫害的种类很多，目前已发现的就有 100 余种病害、100 余种虫害，如何识别已发生的病虫害，是病虫害管理中的关键。大豆病虫害诊断规则知识确定包括如下过程。

1. 大豆病虫害概念知识获取

系统总结出 100 多个与大豆病虫害有关的概念（基本概念如叶斑形状、叶斑颜色、叶斑尺寸、染病位置、叶上霉层、根茎部菌丝体、土壤、发病时间、降水量、气温、疾病、灰斑病等），并以规则形式描述各概念之间的关系，表 6-1 是基本概念之间的关系。

表 6-1 大豆病虫害有关的基本概念之间的关系

如果	那么
叶斑形状是圆形到角形，叶斑颜色是红褐色，且叶斑尺寸小于 5 mm	70% 的可能性是灰斑病
染病位置在叶背面，并且叶上霉层有霉层和孢子	90% 的可能性是霜霉病
根部腐烂，并且种子品质差或降水量偏高或土壤致密	90% 的可能性是镰刀根腐病

2. 概念编码

对总结出来的每一个概念进行编码，严格的编码是在详尽地分析概念的类别和结构之后进行的。本系统采用概念的拼音作为编码，这种方法的缺点是编码不唯一（如表 6-2）。

表 6-2 概念编码

概念	编码	概念	编码
叶斑形状	Yhan_ xz	叶斑颜色	Yban_ ys
叶斑尺寸	Yban_ cc	染病位置	Rbing_ wz
叶上霉层	Yshang_ mc	根茎部菌丝体	Jbu_ jst

续表

概念	编码	概念	编码
土壤	Tr	发病时间	Fbing_sj
降水量	Jyl	气温	Qw
疾病	Jb	灰斑病	Jb_huiban
霜霉病	Jb_shuangmei	南方茎枯病	Jb_nfjingku

3. 形式化

对获取的概念之间的关系要以符号形式描述，即形式。

第三节　作物管理决策支持系统原理与方法

作物生产管理决策支持系统是数字农作的技术载体和应用平台，它针对农业生产具有时空性、动态性，且易受气候、土壤和社会经济投入等综合因素影响的特点，利用作物模拟模型、专家系统、智能算法、"3S"技术、网络技术、组件化设计等关键技术，根据系统的设计目标及要求，在构建农业数据库的基础上，将模拟模型的预测功能、专家系统的推理决策功能、智能算法的数据挖掘与知识表达功能、"3S"技术的实时监测与分析功能以及组件化设计的即插即用功能相融合，形成具有综合性、智能化、通用性、网络化、标准化特点的决策支持系统。作物管理决策支持系统能对不同环境条件下的作物生长状况做出实时预测并提供优化管理决策，实现作物生产的高产、优质、高效、安全和持续发展，它的快速发展和广泛应用为农业生产管理的现代化和信息化提供了技术平台，正在对农业科技和作物生产产生深刻的影响。作物管理决策支持系统已成为农业信息技术应用领域的重要研究方向。

一、决策支持系统的含义

决策支持系统（DSS）是能对计划、管理、调度和方案寻优等应用问题进行辅助决策的计算机程序系统。决策支持系统的任务在于对各种具体决策问题的辅助决策。

Bemarl C. Reimann 等认为，"决策支持系统不同于管理信息系统（MIS）"，它允许管理者以求助方式选择和控制信息，做出更好和更有见识的决策，决策支持系统的一个最重要的特征是具有一种交互的特别分析能力,它使管理者能够尽量完全和精确地对他们的问题进行仿真和模型化,允许管理者试验不同的假设与方案。也就是说,在现实世界中试验各种方案之前,就能够在较安全的计算机中作预先试验。这个定义把决策支持系统与建模仿真等概念建立了很密切的联系。

Keen 和 Scott-Morton 认为决策支持系统"着眼于管理者的决策行为和需要,同时开拓他们的能力""决策支持系统要用计算机:①在决策过程中辅助管理者;②支持而不是代替管理者作判断;③改善决策的效益而不是效率"。

Christer Carison 则更具体地把决策支持系统定义为供非计算机专业人员使用的一个"交互式软硬件系统",它能在以下几个方面帮助和支持决策者:①从计算机的数据库中提取有用信息;②根据数据进行判断;③按各种不同的和变化的时间层次来形成决策问题和计划任务;④解决问题和执行计划任务;⑤制定和加强计划及行动步骤。

二、决策过程

一般决策过程(或决策问题的求解过程)由以下 5 个阶段组成。

1. 问题识别

识别决策问题的含义,使其概念化,从而形成一个非常明确的问题,包括明确问题的含义、限制条件和判定满意的解时所用的评判标准等。

2. 建立模型

建立模型包括建立形成候选解 S 的模型和评价候选解优劣的模型,即建立评价泛函 $E_1(s)$、$E_2(s)$、$\cdots$、$E_n(s)$,可以采用单指标评价(简单问题)或多指标评价(复杂问题)。

3. 执行模型

执行模型用各种候选解代入评价模型执行以获得评判指标,即计算评价泛函 $E_1(s)$、$E_2(s)$、$\cdots$、$E_n(s)$。

4. 评判决策

根据上阶段获得的评价指标进行综合评判与分析,审查所得的解是否已经满足要求。若已满足,就输出它作为问题的解;若尚不满足要求,则转下一步去修改模型。上述评判的过程,可以为评判指标 $E_1(s)$、$E_2(s)$、$\cdots$、$E_n(s)$。

求"评判函数"J(E_1、E_2、$\cdots$、E_n)值,检查所得的"值"是否满足评判标准。这里把评判函数和值两个词都用双引号括了起来,表示应该广义地理解,不要简单地仅理解为实函数与实数值。

5. 修改模型

对于形成答案的模型和评价答案的模型，若对它们不满意都可以进行修改。其关键在于如何根据评判的结果，提出该修改什么以及如何修改。这一步一般是需要决策者人工参与的，甚至完全由决策者来完成。一旦修改完成之后就再转到第 3 步去执行修改后的模型，以开始下一轮的评判与选择。

三、决策机制

仔细分析人脑的决策过程可以发现，在做决策时人们经常要使用很多已经装在脑中的各种数据、解题方法、计算方法或建模方法，以及过去已经建立的种种模型等，还要用到各种经验与知识，用以识别问题，形成候选方案，并根据问题要求建立评判模型，不断指导评判、分析与修正直到解答满意为止。

四、作物管理决策支持系统

决策支持系统的任务在于对各种具体决策问题的辅助决策。作物生产管理决策支持系统的主要研究内容是综合应用数据库、作物模型、专家系统、计算机网络等技术，对作物生产过程数据进行加工、处理和分析，提供辅助决策信息，帮助管理人员科学地进行决策。

作物管理决策支持系统可以分为：基于生长模型的作物管理决策支持系统、基于知识规则的作物管理决策支持系统、基于知识模型的作物管理决策支持系统和作物模拟优化决策系统。

作物模拟优化决策系统的核心思想是作物模拟技术与作物栽培优化原理相结合，从而可以针对不同品种和不同环境，为制定作物高产栽培的各项措施提出决策建议。这种系统除建立各种生长子模型外，还建立各种优化模型，如最佳叶面积动态模型、最佳光合生产动态模型、最佳产量形成模型等，以作物生长模拟模型与作物栽培的优化模型两者的结合为基础，建立各种栽培措施的决策模型，最后建立作物模拟优化决策系统，如水稻栽培计算机模拟优化决策系统。这种系统具有较强的机理性和通用性，并且不受某一地区专家经验的限制。正因如此，它有可能广泛地适用于不同的品种、气候、土壤、前茬作物、播期和地形条件、栽培方法等。

第四节 作物管理决策系统比较与决策生成

一、作物管理决策系统比较

农业系统模拟与专家系统是伴随着农业科学、系统科学和计算机技术的发展而兴起的一个新的研究领域，是计算机在农业应用的一个重要分支。农业系统模拟是农业系统方法体系中处于核心地位的一种研究方法。随着计算机技术的进步与普及，农业系统模拟成为农业科学各个领域广泛应用的方法。

专家系统处理的知识一般是描述性的、经验性的和定性的。专家系统描述的对象与模拟模型不同，一般具有结构及边界不明确和不能用数值方法表示等特征。专家系统与模拟模型方法的若干特点比较如表 6-3 所示。

表 6-3 专家系统与模拟模型方法的比较

项目	专家系统	模拟模型
研究对象	开放系统，定义、结构模糊（管理、诊断、计划）	封闭系统，定义、结构模糊（物理生态系统）
处理的信息	知识	数据
信息来源	经验、见解、推测	观测、实验、分析
信息表达方式	规则、框架、语义、网格等	关系图、数学方程
信息处理	符号处理、逻辑推理	数值计算、模拟、灵敏度分析

在农业规模化、高效化的发展要求下，作物生产管理系统应运而生，其功能和作用能够满足农业生产环节的基本管理要求，提高工作效率。农业模拟模型、农业专家系统、农业优化决策系统、农业决策支持系统为研究农业领域问题、建立农业辅助决策系统提供了很好的技术和方法。这四种技术各有特点，农业模拟模型与农业优化决策系统是定量分析的工具，是辅助农业决策的重要手段；农业专家系统与农业决策支持系统不仅有其自身的价值，而且可以成为改善模型操作环境的工具，乃至对传统农业技术的推广发挥重要的作用。

鉴于作物生产的综合性、开放性、地域性、时间性与模糊性等特点，专家系统和模拟模型无论单独或综合应用于研究作物生产管理的问题，都会大有用武之地。

基于模拟模型的作物管理决策支持系统具有系统性、动态性、机理性、预测性、通用性和研究性，但作物-土壤系统模拟模型在实际应用中主要发挥知识综合和系统预测的功能，处理和提供"土壤-作物-大气"系统的深层知识信息，它难以表达许多经验性及半定量的作物生产理论和技术以实现智能化管理决策。而专家系统主要是依赖于知识库中的经验性知识规则，缺乏决策的动态性和应用的广适性。若能运用系统分析方法和数学建模技术来研究作物栽培管理中的知识表达体系，则可望兼得作物模拟模型、专家系统和栽培模式的优点，实现作物生产管理模式的动态化和数字化。这一技术思想的核心是解析和提炼作物生育及管理指标与环境因子及生产水平之间的基础性关系和定量化算法，创建具有时空规律的作物管理动态知识模型，为实现作物生产管理的精确化和数字化奠定基础。

把专家系统技术加入决策支持系统，构建"智能决策支持系统"，可以提高系统的决策水平和决策的自动化程度。农业模拟模型、农业专家系统、农业优化决策系统、农业决策支持系统技术相结合，即知识模型与数学模型的综合系统，能够把定性分析和定量分析、符号处理与数值处理有效地进行互补。这种技术的结合成为发展趋势，为解决半结构化和非结构化系统的问题展现出美好的应用前景。

二、作物管理决策的生成

作物生产管理决策过程中需要考虑以下几个方面的问题：

在取得田间状况（产量、墒情、肥力、病虫等）分布图之后，首先要进行状况诊断，找出其主要成因。

状况诊断亦可细分为地形诊断、天气诊断、植株形态诊断、营养诊断、病虫草害诊断等。以上诊断都具有相应的方法手段和标准，原则上说并不困难，但是要找准主要成因或"胁迫因子"绝非易事。以往通过大量田间试验才能得到较为可信的敏感度分析结果从而选出胁迫因子，但从时间上往往来不及实地指导当年的田间管理，在空间上亦缺乏足够的可比性、通用性。

找到了田间各局部状况的主要成因，就要通过模型反求其量化后的纠正措施。到目前为止，能真正指导实践的模型尚不多见。这就需要不断地修正和完善数学模型，同时要寻求建立经验知识模型，使人工智能专家系统（ES）技术与数学模拟模型（SM）相结合起到互补作用，再经过决策支持系统（DSS）的优选初步提出纠正措施。

上述初步决定的纠正措施，要通过数学–知识模型进行仿真预测，以改进和验证该措施的正确性和可行性。通过经济、环境模型预测该管理措施的经济性、经济效益、社会效益和生态效果。最终以处方图或指令卡的形式将决策传送给智能农机去执行。

第五节　作物决策支持系统应用示例

一、小麦生产管理决策支持系统

小麦生产管理决策支持系统由北京市农林科学院作物研究所研究完成。系统构成如下：

1. 数据库

(1) 气象数据的分析与整理　以京郊地区 10 个气象站为对象，收集整理了自 1915 年来有关的气象资料数据达 640 万个。这些气象资料包括纬度（度/分），海拔（m），日照百分率（%），日平均温度（℃），最高、最低温度（℃），空气相对湿度（%），风速（m/s），降水量（mm），实际水汽压（hPa），每日入射短波辐射（cal/cm^2），将以上数据输入计算机，建立气象数据库。

(2) 土壤资料数据库的建立　搜集、整理北京近、远郊 13 个区县，200 余个乡镇的土壤资料，主要包括地貌、土壤质地、土壤养分数据，数据量达 150 万个。土壤养分以 1990 年土壤普查数据为主，借鉴 1980 年土壤普查的部分资料，确定出 200 多个乡镇土壤有机质、全氮、碱解氮、速效磷、速效钾及部分微量元素的含量。将土壤养分划分为"高、较高、中等、较低、低" 5 个等级，对应作物的需要分别为"丰富、较丰富、基本满足、缺乏、非常缺乏"。土壤按质地分为三大类：潮土、褐土、砂姜潮土，对每一大类又分为沙壤、沙–轻壤、轻壤、轻–中壤四类，共为 12 类土壤质地，对全市 200 余个乡镇按照这 12 类确定出土壤质地。

(3) 作物品种数据库　建立小麦高产品种主要性状目标数据库、权重系数库、品种数据库、良种推荐数据库和评价结果数据库。作物高产品种主要性状目标数据库存放不同地区、类型、产量水平的高产品种主要性状目标值（库中存有北京地区高肥水平中间类型、多穗品种、中高肥水平多穗型品种三套标准）；高产品种主要性状权重系数库存放着对应于上述各套性状目标值的权重系数；高产品种数据库主要存放在 1989~1997 年参与北京地区高肥品种区域试验产量位次前 4 名的品种，还存有一些早熟、矮秆的特色品种和历史上的 35 个主栽品种；高产良种推荐数据库存放达到用户要求的高产良种主要特性、栽培要点及品种图；评价结果数据库存放入选品种综合评分，产量潜力、抗病、抗倒、适应、早熟、品种特性的评估结果及综合评价，可从中优选所需品种。

(4) 农业生产数据库的建立　建立各区县基本农业生产条件数据库，包括农机、化肥、灌溉、劳动力等及管理水平、各主要粮食作物的产量水平、投入产出水平等数据库。

(5) 试验资料及高产地块档案数据库的建立　系统分析总结了栽培学、生物学、生理学、形态学等有关学科的 20 多项联合试验资料；不同地区、不同条件的多年、多点的栽培措施和高产技术 200 多项联合试验资料；连续多年系统观察、解剖分析所得到的小麦从种到收每一个器官的逐日生长发育过程和各器官之间的相互关系数据资料；2 000 多块不同类型麦田的技术档案资料；1986 年以来连续 11 年的京郊 100 多个定位系统观测点不同条件、不同情况下的生育特点及其苗情、水分和养分变化动态数据，累计超过 500 万个。

2. 知识库

(1) 品种选择知识库　主要考虑品种的生态适应性（气候、土壤、肥水条件适应性，成穗率、结实率、成熟期和对温度的要求）。选择时综合考虑农艺性状（穗容量、产量结构、灌浆特点、成熟早晚）；品种的生长发育特点（分蘖特点、株型结构、抗倒伏能力、需肥水特性）；品种的抗病虫性（玉米抗大小斑病、病毒病、青枯病，小麦抗白粉病、条锈病、抗蚜虫等，相对杂草有较强的生长势）；抗逆性强（耐温、耐旱、耐涝、耐盐碱）；优质（营养含量）。

(2) 确定密度知识库　小麦不同播种时期和土壤肥力以及品种生长发育特性与密度的关系。玉米不同品种类型（平展、半紧凑型、紧凑型）与密度的关系。

(3) 确定播期知识库　播期与积温的关系及其对冬前生育进程和叶龄、分蘖的影响，品种的冬春性与适宜播期。

(4) 施肥与作物营养知识库　目标产量、土壤肥力、肥料利用率、群体大小、长势、长相，作物不同生育时期的营养状况与施肥量、施肥期、元素配比的关系。

(5) 水分管理知识库　作物不同生育阶段田间耗水量、不同土壤深度与地下供水、水分蒸散、降水量和不同时期土壤的临界含水量、含水率与灌溉的关系。

(6) 生长发育知识库　植株生长速度、生育进程与积累的关系，不同条件下叶片长势长相与各部分器官发育与分蘖消长的关系、不同时期群体数量与个体发育、分蘖成穗和穗部性状的关系。

(7) 化学控制知识库　作物群体发展、植株形态与化控物质施用剂量与方法的关系。

(8) 小麦－玉米配置模式库　全年生产高产、稳产的小麦－玉米最佳配置模式知识库（小麦早熟种－玉米中熟种、小麦中熟种－玉米中早熟种、小麦晚熟种－玉米早熟种，早播小麦－中熟玉米、适期播种小麦－中早熟玉米、晚播小麦－中熟玉米）。

(9) 病虫草害与防治知识库　不同病害、虫害、草害的识别、防治的对策和药剂的使用。

3. 模型库

模型库的主要内容：一类是作物生长全过程各生育阶段及生育期划分；各部分器官生长发育及其相互关系；群体结构动态，个体植株长相，产量构成因素、环境变化对苗情影响的预测等。另一类是建立小麦、玉米生长发育模型。如作物阶段发育模型，营养器官（根、茎、叶）发生发展模型，光截获模型，光合作用模型，呼吸作用模型，水分吸收利用模型，干物质积累、分配动态模型，劣势器官转优模型，营养器官（根、茎、叶、穗）和生殖器官（小花、籽粒）建成模型，器官衰老模型，环境胁迫（氮、水、光）作物产量结构和产量预测模型，作物营养指数模型（氮、磷、钾施肥模型等）。

4. 专家系统与模型系统的链接

通过两种方式实现：模型系统作为专家系统推理开始的起点；模型系统作为推理的中间节点或作为推理过程的结果。调用和使用模型库由系统中元知识来进行管理，专家系统与模型间的通信由存储有关参数和信息的文件来实现。专家系统中的模型运行结果，预测下一个生育阶段作物生长发育的状态，在此基础上由专家系统根据预测结果制定调控措施方案。

5. 知识获取

专家系统的核心是知识，知识是决定专家系统性能的主要因素，知识获取是建造专家系统的重要环节，在智能应用系统的开发过程中，知识获取约占总工作量的 1/2。在使用中通过不断地扩充和完善知识，使知识库不断丰富。知识获取贯穿着系统开发和维护全过程。

(1) 知识源的确定　以小麦和玉米生长发育、器官建成、分蘖消长、小花分化、籽粒灌浆、物质积累、产量形成，自然环境因素的制约，不同条件、不同环境、不同生育阶段栽培技术措施的综合效应等基本规律和变化特点为主要依据，以长期以来全面系统积累总结的研究成果、领域专家解决问题的实例、隐含在专家头脑中的思维逻辑和问题求解的经验、基础理论及实用科技资料作为知识源。

(2) 概念化阶段　与专家一起对各种知识源进行分析，智能应用系统的目标和各部分的关系以图解的方式描绘出来，确定数据类型、分析系统的输入输出、系统目标的分解、每个目标的约束及子目标间的关系、问题求解策略等。

(3) 形式化阶段　选择合适的知识表示模式，把概念化得出的图解用直观形式表示出来，确定求解问题的基本推理模式，理解智能应用系统领域问题的数据性质、获取方式、精确性、一致性和应变性程度，确定数据结构和相应的上下文结构。

(4) 实现阶段　把形式化的知识映射成一个可执行的过程，形成智能应用系统的原型，如果发现形式化阶段所确定的推理模式、知识表示和上下文不匹配，就要同专家相配合消除整体上的不一致性。系统原型经过反复评价、修改，并通过实例进行测试、分析专家系统知识库的问题（包括知识库中知识的矛盾性，或不精确性可能导致的实例问题错误结论和人机交互方式中的数据输入／输出模式是否合理等方面）。

6. 混合推理策略

数据驱动和目标驱动各有其优缺点，它们是控制策略的两种极端方法。在本系统中，推理策略是吸收正向、反向推理的优点而采取的一种混合推理策略。混合推理策略的基本思想是：先通过数据驱动帮助选择初始目标，然后通过目标驱动求解这个目标，这样既可以避免目标驱动中初始目标选择的盲目性，也克服了数据驱动中推理的盲目性，从而两种策略本身得到了相互补充。

二、棉花栽培计算机模拟决策系统

棉花栽培计算机模拟决策系统（cotton cultivational simulation and decision-making system，简称 COTSYS）由中国农业大学与山西农业大学课题组共同研制完成。该系统在国内外同类研究的基础上，以棉花高产优质高效益为目标，将棉花劳模的高产经验和专家经验、叶龄模式、模式化栽培及先进的作物计算机模拟和人工智能的理论与方法等相融合，在大量的田间试验和生产示范的信息反馈基础上建立。系统由辅助功能、数据库管理、模拟与决策、多媒体系统、病虫害防治及经济效益分析等功能子系统组成。

1. 系统研制原理

COTSYS 是棉花生长模型、栽培优化决策和专家系统的原理和方法，以及软件工程技术相结合的产物。COTSYS 是在大量的田间试验资料和生产示范的信息反馈基础上，根据棉花生长发育规律及其生理生态特性建立棉花生长发育模拟模型，并综合丰富的植棉经验和专家的大量知识，采用栽培优化决策原理和专家系统的原理与方法，经不断修改和完善而建立的可用于指导棉花栽培管理的决策系统。同时将作物模拟和栽培决策相结合，使整个系统既具有机理性、综合性，又具有实践性。

COTSYS 采用广泛使用的程序设计语言 C、Visual Basic 和数据库管理系统 FoxPro、Access 编制，应用面向对象的程序设计原理，结构化、模块化程序设计。系统设计上以使用简便、功能完整、实用性强为原则。COTSYS 的主要技术路线流程如图 6-10 所示。

2. 模型与方法

棉花生长发育模拟模型是根据作物生理生态学的基本原理，应用计算机技术，

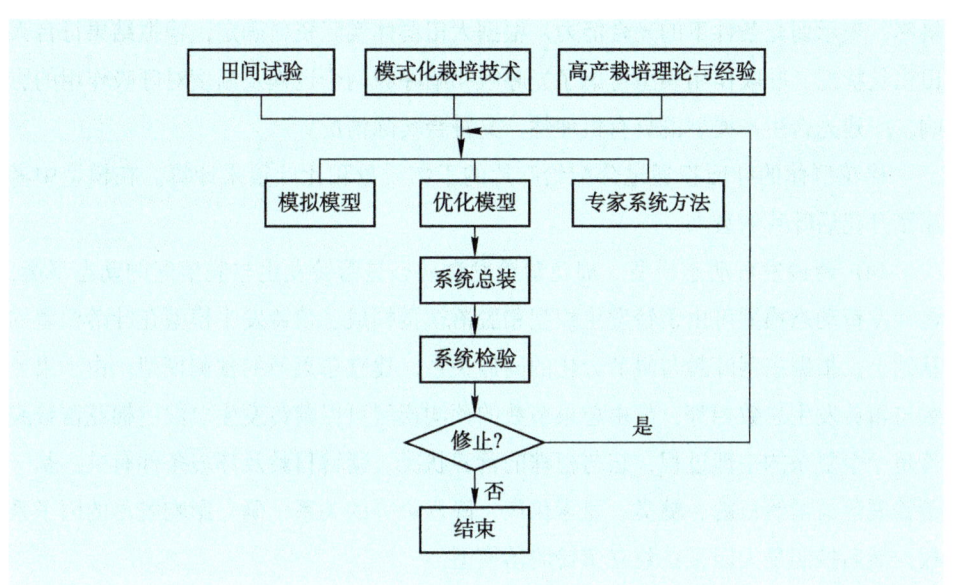

图 6-10 棉花系统的主要技术路线流程图

模拟棉花的生长发育、光合生产、形态建成与产量形成等过程，包括发育期模型、叶龄动态模型、光合生产动态模型、蕾铃发育动态模型、产量形成模型、氮素和土壤水分动态模型及其他辅助模型等。

(1) 发育期模型　棉花的生长发育进程可以分为4个明显的阶段，即播种－出苗、出苗－现蕾、现蕾－开花和开花－吐絮。本系统中考虑遗传特性与环境因子对棉花发育进程的影响，根据高亮之等提出的钟模型和作物发育动态理论模型，建立棉花发育期模拟模型。在环境因子方面，考虑温度、日长和水分对发育的影响。根据实际资料确定了具体的模拟模型参数。该方法与国内外普遍采用的积温法相比，具有机理性强、模拟精度高等优点。

(2) 叶龄动态模型　棉花的主茎叶龄是器官建成的重要指标，也是田间诊断、进行棉田管理的依据。已有的研究表明，棉花主茎叶龄增长动态与品种特性、温度和实际发育时间有关，其中温度是主要的影响因子。本系统中根据棉花主茎叶龄发育与影响因子间的量化关系，建立棉花叶龄动态模型，并根据实际资料确定了具体的模拟模型参数。

(3) 光合生产动态模型　光合作用是干物质生产的基础。根据作物生理学和农业气象学的基本原理，建立了棉花群体光合生产动态模型。模型中综合考虑了棉花群体叶面积动态、光能截获及光合作用、呼吸消耗、同化物向各器官的分配等主要生理过程及 CO_2、温度、水分和氮素等因子对这些过程的影响。

在光合生产模型中单叶光合作用强度采用门司、佐伯公式计算，参数 A、B 值（参数 A 表示光合速率随光强增加的能力；参数 B 为光－光合作用曲线的初始斜率，表示弱光条件下的光合能力）根据大田群体实际资料确定，模拟结果符合大田生长状况。呼吸作用模型考虑了光呼吸和暗呼吸两个过程及温度对呼吸作用的影响。所建光合生产模型既具有机理性，又符合实际情况。

棉花群体的叶面积通过分配给叶片的干物质量和比叶重来计算。在模型中考虑了开花后叶片的衰老。

（4）蕾铃发育动态模型　棉花蕾铃发育动态是蕾铃发生与脱落间的动态平衡，蕾铃发育动态模型可由蕾铃发生模型和脱落模型构成。蕾铃发生模型在叶龄模型的基础上，根据主茎叶龄与果节分化的同伸关系，建立总果节的预测模型。由于果节数与蕾铃发生总数相等，故由总果节数的预测模型可得蕾铃发生总数。棉花蕾铃脱落是一个复杂的生理过程，它与植株的营养状况、蕾铃日龄及环境条件有关。基于蕾铃脱落与蕾铃日龄、糖类、氮素供应、降水量等的关系，确立影响脱落的因子系数，然后按照最大因子法建立蕾铃脱落模型。

（5）产量形成模型　棉花的产量由单位面积总铃数、铃重和衣分3个因素构成。本系统中棉花产量形成模型根据产量构成因素来建立。其中，单位面积总铃数由蕾铃动态模型求得；铃重是在计算植株各部位的单铃全铃重（含铃壳）的基础上，根据铃龄与子棉占全铃重的比例的关系来确定；衣分的高低主要取决于品种的遗传特性，对于特定品种来说相对稳定，本系统中把品种衣分作为一固定值来处理。

（6）氮素动态模型　根据土壤氮素平衡原理建立棉田氮素动态模型，包括土壤内氮素平衡和棉株内氮素平衡两部分，通过氮素吸收相联系。在氮素动态模型中考虑了土壤全氮量、氮素的矿化、施肥向土壤提供的有效氮量、氮素的挥发与流动，以及植株对氮素的吸收量、死亡器官损失氮量、植株临界含氮量等。模型可以模拟棉花生长期 $0 \sim 100$ cm 土层内有效氮含量和地上部植株的全氮含量，由棉花对氮素的需求及供氮量，动态反映棉花氮素的盈亏变化。氮素动态模型将棉花生长对氮素的需求与土壤、施肥供氮相结合，可以直接用于指导棉田施肥的次数、时间与数量。

（7）土壤水分动态模型　根据土壤物理学及土壤水分平衡原理，建立棉田土壤水分动态模型。模型中考虑了降水量、灌溉水量、棉田潜在和实际蒸散量、水分的径流和作物对降水的截留量等过程。土壤水分动态模型可以模拟棉田 $0 \sim 100$ cm 土壤剖面分层土壤水分的变化动态。通过模型调用和分析，可为棉田水分管理提供定量依据，用于指导棉田的灌水决策。

在进行决策分析时，系统中用到如下的优化决策模型和方法：

（1）最佳播种期决策　从棉花最佳生长季的光、温条件着手，以产量最高或较高、灾害较轻、产量稳定为基本原则，利用棉花发育期动态模型和光合生产动态模型，确定棉花的最佳播种期。

(2) 最佳叶面积动态模型　盛花期的最佳叶面积是确定棉花一生中的适宜叶面积动态的关键，首先根据盛花期最大叶面积与产量的关系，确定盛花期的最适叶面积，然后由棉花叶面积动态模型确定其他各期的最佳叶面积。

(3) 最佳施肥决策模型　以 Stanford 的养分平衡模型为基础，建立由土壤有机质、全氮、pH 及环境温度所确定的土壤供氮量模型；建立由土壤速效磷含量、pH 与环境温度所确定的土壤供磷量模型；建立以土壤速效钾含量为基础的土壤供钾量模型。根据棉田土壤供肥量和一定目标产量下的需肥量确定最佳的施肥量，提供施肥的优化决策信息。

3. 系统功能

棉花系统可以进行棉花生产和当年栽培的优化决策分析，制作棉花栽培决策方案图和栽培规程，模拟预测棉花生长发育和产量的形成；进行天气、品种、参数和土壤等数据库的管理，生成主要天气因子数据；以及进行病虫害防治管理和经济效益分析等。具体功能如下。

(1) 支持棉花生产管理优化决策

① 棉区生产决策　根据各棉区的生产生态特点，提供各棉区棉花生产的宏观决策支持分析，包括常年关键栽培措施决策、模式图制作和打印和栽培规程及打印。

② 当年栽培优化决策分析　包括当年播前决策、决策方案图制作和动态决策。当年播前决策包括播前决策、决策方案图制作和栽培动态决策。

③ 棉花产量预测　根据棉花生长发育模拟模型进行产量的模拟预测。

(2) 数据库管理

系统中包括的数据库类型有天气资料数据库、品种性状数据库、模型参数数据库、土壤性状数据库及各地历年产量数据库。通过数据管理功能模块，实现对数据库的管理。

另外，还可生成影响棉花生长发育的主要天气因子数据，如逐日温度、日照时数、辐射量、日长因子等。

(3) 病虫害防治

进行棉花病虫害流行预测、病虫害危害诊断及综合防治措施的决策。

(4) 经济效益分析

进行棉花生产的经济效益分析，包括成本构成分析、各种措施的投入产出分析及损益均衡分析。

(5) 辅助功能。

4. COTSYS 的主要特点与适用范围

本系统采用面向对象、结构化、模块化程序设计，兼具机理性、综合性和应用性，通用性和可操作性强，用户界面友好，操作简便。

COTSYS 可以模拟预测棉花的生长发育与产量形成，为不同生态棉区地、县农业领导部门和农户提供棉花栽培管理的科学依据和优化决策方案。棉花系统适于不同生态棉区的棉花栽培计算机辅助管理决策。本系统的应用促进科学种田水平和生产技术综合应用水平的提升，提高棉花产量和品质，获得良好的经济效益，具有重要的推广应用价值。

三、小麦估产专家系统

小麦估产专家系统是基于农业知识与智能技术的决策支持工具，通过整合气象数据、土壤墒情、作物长势遥感监测及历史产量等多元信息，构建动态估产模型。该系统能够解析小麦生长关键期的环境变量与农艺措施，结合机器学习算法与专家经验规则，实现产量预测的精准化与可视化，为农业生产者、管理部门提供科学的产量预判依据，助力粮食安全战略与精准农业实践。

1. 小麦估产知识库（图 6-11）

(1) 问题的识别与知识的概念化

① 系统目标与界限分析　我国的小麦种植以冬小麦为主，主要产麦区分布在地势平坦的黄淮海平原，占全国小麦种植面积的 1/3 以上。从典型性和战略上的重要意义考虑，选择黄淮海平原冬小麦作为小麦估产专家系统目标问题的切入点。

② 对问题的层次剖析　估产专家系统是一个预测类型的专家系统，它是根据已知的发展来推导将来的趋向。它强调事务过程顺序的变化和时间顺序的排列，从目标结构分析，在单位面积上，小麦的产量由三大要素构成：穗数、穗粒数和千粒重。小麦各生长发育阶段的状况对最终产量的影响反映在它们分别对这三要素形成过程中所起的作用。其中，小麦从播种－冬前分蘖以决定穗数为主，自返青－拔节的生长以决定穗粒数为主，而抽穗－籽粒成熟的发育以决定千粒重为主。这 3 个时期被农学家称为争穗期、壮秆大穗期和增粒重期。

③ 对知识的提炼，概念化模型的形成　根据专家的分析，影响小麦成穗的最主要阶段是冬前分蘖期。在这一时期出现的分蘖成穗率达 60%。分蘖出现得早，成穗的可能性就大。对分蘖影响较大的环境条件是：播期、播量、温度、土壤养分、墒情。对穗粒数起决定作用的是拔节期，尤其拔节期出现的霜冻将严重影响小麦的发育，在这一阶段，除温度外，水、肥也是主要影响因素。

第五节　作物决策支持系统应用示例

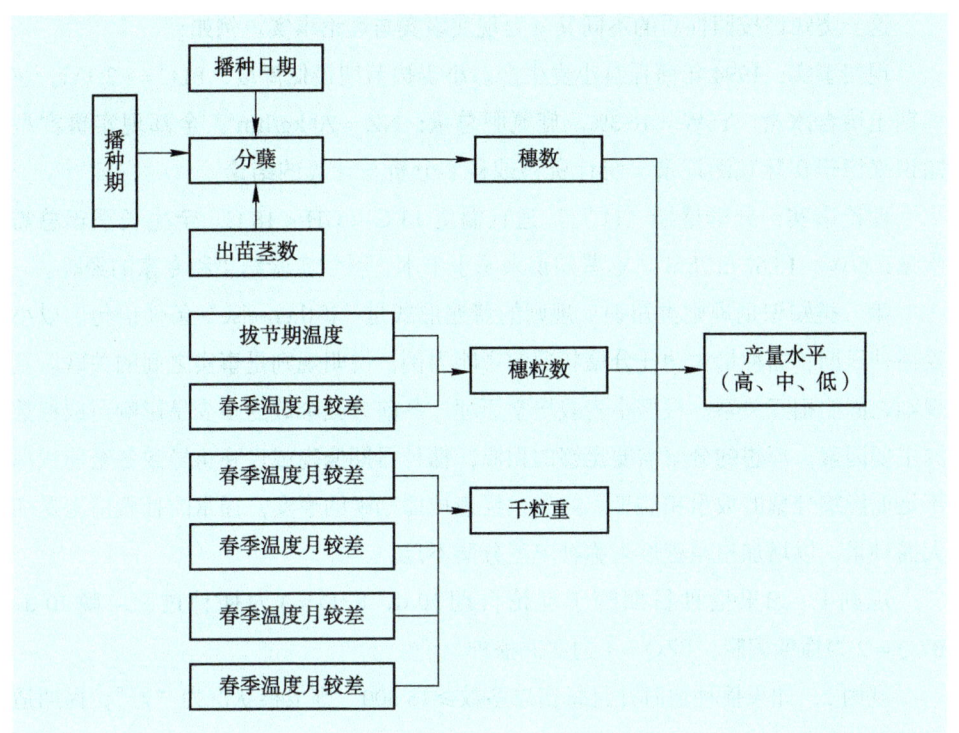

图 6-11　小麦估产概念模式

在籽粒形成过程中，抽穗、扬花、灌浆是 3 个重要阶段。抽穗期对孕穗影响最大的条件是水、养分和温度的日较差。其中对理想的气象要求是气温平稳上升，光照阶段长。在扬花期最重要的外界条件是光照，遮光对粒重的影响很大。灌浆期是小麦籽粒干物质积累阶段。这一时期，水、肥、大气温度是极为重要的条件，干热风将导致籽粒干瘪，是主要灾害之一。

(2) 知识的形式化与知识库的组成

小麦估产结论的导出要根据其一生中对产量发生明显影响的发育阶段中若干自身指标（如出苗数、分蘖个数等）和环境指标（温度、土壤含水量等）与理论值进行对比，从而做出好、中、差的判断。其知识大部分是数值型的逻辑判断，知识结构整体是一个树状体，同时中间结论和最终结论具有模糊子集的性质。因此，非确定性知识的表示方法以计算逻辑公式和模糊逻辑公式为主。

在小麦估产知识库中，就知识的自身特性而言，基本上可以分为事实类和规则类。第一类是事实类知识，它所表达的是对静态事实或事物间关系的陈述。它的主要表示形式是数值、符号和逻辑表达式，在库中每一条知识对应着唯一的标识，用以实现对知识的搜索。属于这一类的知识有小麦生长监测记录，气象观测数据，农业投入等。

这一类知识按照性质的不同又分为现实事实与理论事实。例如：

现实事实：1994 年商丘县小麦生产。小麦拔节期最低温度：BLC = −2.3℃。孕穗期土壤含水量：YSW = 16.3%。施氮肥总量：NZ = 70 kg/hm^2。全部现实事实型知识来源于实际观测记录、统计资料或科学分析与计算的结论。

理论事实：分蘖盛期（11 月）适宜温度 13℃ < GH < 18℃。全生长季年总需水量：GW > 16.67 m^3/hm^2。这些知识来源于书本、科学实验结果和专家的经验。

第二类知识是规则类知识。规则的普遍形式是"if-then-else"条件语句。以小麦播种日期、播种量对动迁分蘖状况的影响为例，说明规则是事实之间的关联以及规则之间的相互关系。根据小麦栽培学原理，冬前分蘖个数的多少是影响亩成穗数的主要因素，理想的分蘖需要足够的积温，播种日期偏晚或过晚将导致冬至前积温不足而影响分蘖的数量和质量。如果已经造成播期晚的事实，通常的补救措施是加大播种量，以增加出苗密度来弥补单茎分蘖不足。

规则 1：如果播种日期晚于理论日期 20 d，BZQ = 3 为播种过晚；晚 10 d，BZQ = 2 为播期偏晚；BZQ = 1 为实时播种。

规则 2：如果播种适时并且每亩总茎数≥13 300，则成穗状况为"好"；播期适时每亩总茎数 < 13 300，则成穗状况为"中"。

规则 3：在播期偏晚情况下，依次对播种和出苗总数进行考察，并根据与理论值的比较得出对成穗状况"好"、或"中"、或"差"的判断结论。

规则 4：在播期过晚条件下，依次对事实知识中的播量、总茎数进行分析，并将其与理论值进行对比从而得出结论。

2. 小麦估产推理机

小麦估产问题的推理控制采用树状结构，是因为小麦生长过程规则的序列是以树状结构为主。推理过程的控制主要依靠对规则的顺序搜索。常用的规则搜索技术有两种方式，深度优先方式和宽度优先方式。小麦估产的推理采用了正向深度优先搜索来实现过程控制。

如果用小写字母 g、m、b 分别表示原因的好、中、差三种状态，而用大写字母 G、M、B 表示结果的好、中、差三种状态，则这 27 种规则的谓词逻辑式是：

$$\text{Rule: g, g, g}$$

这个专家系统并不直接估计小麦单产的绝对值，而是根据专家系统中包括的影响因素利用专家知识的推理，得出该预测年小麦单产的高、中、低三个水平的可能性，然后与 3 个单产模型的预测结果相结合，得出小麦单产的预测值。

复习思考题

1. 作物模拟模型的概念与特点，模型有哪些用途？
2. 试述作物模拟模型中参数的确定方法。
3. 如何进行作物模型验证，模型验证的指标主要有哪些？
4. 作物生产管理决策系统有哪些类型？请举例说明。
5. 作物生产管理决策系统具有哪些特点，它在农业生产中有何作用？
6. 若为水稻构建生长模拟模型，需将总生育期划分为哪些关键子模型？各子模型间的数据耦合机制如何设计？
7. 诊断型系统与规划型系统在知识表示、推理机制上有何本质差异？
8. 在小麦估产专家系统中，如何综合运用遥感监测数据、气象条件和田间农艺记录三类信息，构建一个动态、可靠的产量预测模型？

参考文献

1. 曹卫星. 农业信息学 [M]. 4 版. 北京：中国农业出版社，2019.
2. 李军. 农业信息技术 [M]. 2 版. 北京：科学出版社，2010.
3. 蔡自兴，刘丽钰，陈白帆，等. 人工智能及其应用 [M]. 7 版. 北京：清华大学出版社，2024.
4. 武波，马玉祥. 专家系统 [M]. 北京：北京理工大学出版社，2001.
5. 彭汉良，姚霞，朱艳，等. 种植制度知识模型系统的设计与实现 [J]. 南京农业大学学报，2005，28（2）：125-128.
6. 熊范纶. 农业专家系统及开发工具 [M]. 北京：清华大学出版社，1999.
7. 王亚东，陶海军. 大豆病虫害诊断专家系统中知识库的建造 [J]. 计算机与农业，2000（5）：34-39.
8. 朱艳，沈维祥，曹卫星，等. 油菜栽培管理知识模型及决策支持系统的研究 [J]. 农业工程学报，2004，20（6）：141-144.
9. 孙世民，丁健民，李永发. 专家系统（ES）及其在农业上的应用 [J]. 山东农业大学学报，1998（2）：270-275.
10. 赵春江，诸德辉，李鸿祥，等. 小麦栽培管理计算机专家系统的研究与应用 [J]. 中国农业科学，1997，30（5）：42-49.
11. 淮晓永，熊范纶. 病虫害预测与防治专家系统的一般开发框架的研究 [J]. 模式识别与人工智能，1999（增刊）：105-109.
12. 张怀志. 基于知识模型的棉花管理决策支持系统的研究 [D]. 南京：南京农业

大学, 2003.
13. 高聚林, 刘克礼. 玉米优化栽培管理决策支持系统研究 [J]. 计算机与农业, 2002: 78-80.
14. 李道亮, 傅泽田. 智能化水产养殖信息系统的设计 [J]. 农业工程学报, 2000, 16 (4): 135-138.
15. 李道亮, 傅泽田. 农业资源高效利用模式优化与技术体系集成辅助专家系统的初步设计 [J]. 农业工程学报, 1998, 14 (4): 22-26.
16. LI D L, FU Z T, DUAN Y Q. Fish expert: an web-based expert system for fish disease diagnosis [J]. Expert System with Applications, 2002, 23 (2): 311-320.
17. 朱艳, 曹卫星, 工其猛, 等. 基于知识模型和生长模型的小麦管理决策支持系统 [J]. 中国农业科学, 2004, 37 (6): 814-820.
18. 冯利平, 韩学信. 棉花栽培计算机模拟决策系统 (COTSYS) [J]. 棉花学报, 1999 (5): 251-254.
19. 冯利平, 高亮之. 一个作物发育动态理论模型 [J]. 中国农业大学学报, 1999 (增刊 1): 16-19.
20. 冯利平, 高亮之, 金之庆, 等. 小麦发育期动态模拟模型的研究 [J]. 作物学报, 1997 (4): 418-424.
21. 强鹤群, 钱春花, 仲子平. 基于物联网技术和 MVC 架构的农业专家系统设计 [J]. 电子技术与软件工程, 2013, 23 (2): 201-202.
22. 宋艳, 程改兰. 基于物联网技术的农业种植环境监控系统设计 [J]. 电子设计工程, 2014, 8 (6): 101-103.
23. 张国锋, 肖宛昂. 大力推进人工智能在农业生产中的应用 [J]. 中国国情国力, 2020 (4): 6-8.
24. 叶煜, 李敏, 文燕. 农业专家系统中面向对象的 XML 知识表示方法 [J]. 工业控制计算机, 2019, 32 (7): 101-102.
25. 周小燕. 棉花病害诊断专家系统研究 [D]. 北京: 中国农业大学, 2005.
26. 曹卫星, 李存东, 李旭, 等. 基于作物模型的专家系统——预测和决策功能的结合 [J]. 计算机与农业, 2011, 10 (18): 201-202.
27. 朱艳, 曹卫星, 王绍华, 等. 小麦栽培管理知识模型系统的设计与实现 [J]. 南京农业大学学报, 2011, 11 (5): 12-13.

数字课程学习

🖥 教学课件　　🎬 教学视频　　🖼 图库　　📝 自测题

第七章

智能化农业机械

智能化农业机械（intelligence agricultural machine，IAM）或称智能控制系统 ICS 下的农机具，是指装备有卫星定位导航技术、传感器技术、电子控制技术、人工智能技术、计算机技术等先进科技的农业机械；与传统农业机械相比，智能化农机具有功能强大、适应性强、工作效率高、可靠性高且节能环保等明显优势，是实现精准农业的重要设备。

智能化农业机械主要包括：具有测定产量功能的联合谷物收获机；自动控制的变量处方农业机械，其可实现自动控制精度平地、精密播种、精细灌溉、精细施药及精细施肥等；实施机载农田空间信息快速采集的机电一体化农业机械等。随着精准农作应用技术的发展，智能化农业机械将不断推出。

基于 GPS 定位自动控制的变量作业机具，可以根据土壤养分特性、谷物产量图、农作物品种、当地的气候条件等，通过作物栽培精准管理与专家决策系统，制定变量施肥处方图，并将变量施肥处方数据输入变量施肥自动控制车载计算机中，实现施肥量、农药施用量、灌水量、耕整地深度、播种量及密度和深度、中耕作业、收获测产等变量作业。可精准地确定农田土地所需的农业物资的投入，以达到减少农业物资投入、避免资源浪费，提高经济、环境和社会效益的目的。

第一节 具有测产功能的谷物联合收获机

收获环节中作物产量分布数据综合了土壤肥力、栽培管理、作物生长等田间空间参数变化的信息,是评价农业生产效果的重要指标,是精准农业的重要基础信息。产量监测的方式很多,根据其依赖的载体不同,主要包括无人机高光谱、无人机图像、遥感、联合收获机产量监测等,其中无人机高光谱、无人机图像及遥感都是利用较强的特征对应关系建立产量与特征值的相关模型,精度受构建的模型和采集的数据质量影响较大。而联合收获机是谷物收获环节的直接参与者,通过对联合收获机工作过程的瞬时产量监测,可以准确获得大田中作物产量分布的实时信息。

传统的粮食作物产量获取方法是通过人工抽样估产或直接装袋称量,这类方法劳动强度大、效率低,用于大面积种植的农田,只能得到地块的平均产量。传统的田间测产方法:平均产量 = 总产量 / 地块面积;精准农业田间测产方法:瞬时实地产量 = (谷物质量流量 – 水分含量 + 损失量) / (收割机行驶速度 × 割幅宽度)。

一、谷物联合收获机的结构
(一)谷物联合收获机的基本结构

谷物联合作业是用谷物联合收割机在田间一次完成收割、脱粒、分离和清选等作业,最终获得清洁的谷粒,联合作业的劳动生产率高、谷粒损失少,但耗能大、投资多。基本结构包括割台、输送装置、脱粒装置、分离装置、清选装置、粮箱、发动机、传动装置、行走装置、液压系统、电气系统、操纵装置、驾驶室等。联合收获机作业的工艺流程见图 7-1。

具有测产功能的谷物联合收获机是在谷物联合收获机上配置相应传感器(图 7-2),装备 DGPS 接收机、谷物流量、谷物湿度、作业速度、割幅等传感器,即收获机采用自动控制和自动检测技术,具有收割台自动仿形,自动控制割茬高度、脱粒喂入量,监测和显示谷粒损失率、作业速度、脱粒滚筒转速,故障诊断及报警,计算作业面积、耗油率及产量等功能;通过进一步装备卫星定位接收系统及各种产量的在线实时测量的传感器,监测和处理数据,可在专用计算机上自动生成产量分布图。

图 7-1 联合收获机的工艺流程

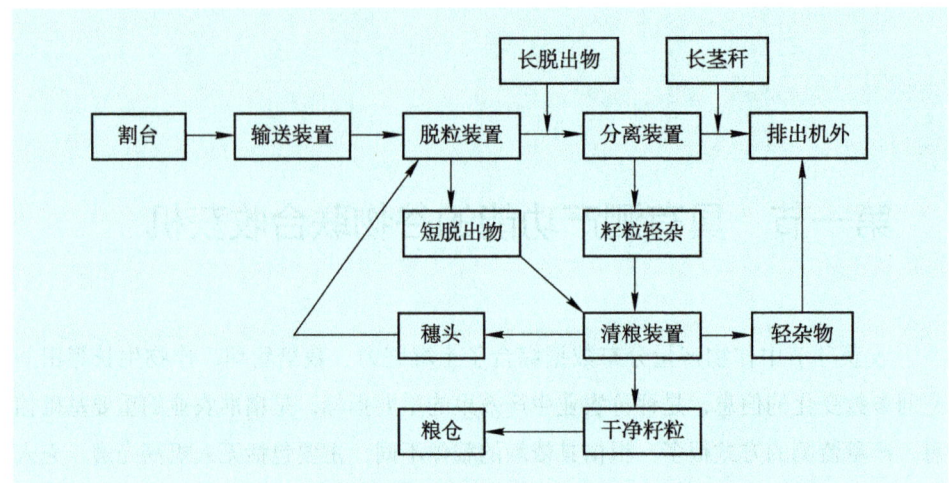

图 7-2 传感器在谷物联合收获机上的配置
1. DGPS 接收机
2. GPS 接收装置
3. 谷物湿度测量
4. 谷物密度测量
5. 谷物体积流量测量
6. 谷物损失测量
7. 转向角度测量
8. 距离/速度测量
9. 割幅测量

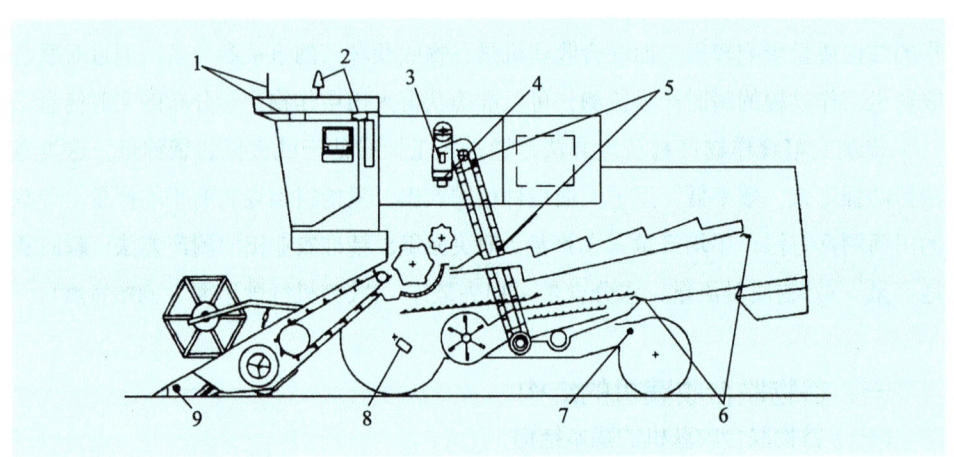

（二）测定系统传感器的结构与原理

1. 全球定位系统

全球定位系统（GPS）是一种高精度、全天候、全球性的无线电导航、定位、定时系统，应用 GPS 系统（图 7-3）可进行数据采集定位、田间操作定位、农业机械田间导航和电子地图测绘等工作。在收获机工作的同时同步监测其田间位置，每秒输出一个三维定位信号，按照行驶距离为单位计算出其产量，是测产系统不可缺少的组成部分之一。目前，全球定位系统（GPS）可通过接受差分信号进行校正以提高精度，由此形成的差分全球定位系统（DGPS）在精准农业系统中得到普遍应用，定位精度可达到厘米级。

2. 谷物流量传感器

联合收割机上使用的谷物流量传感器已经历 30 多年的发展，国外已有商品化

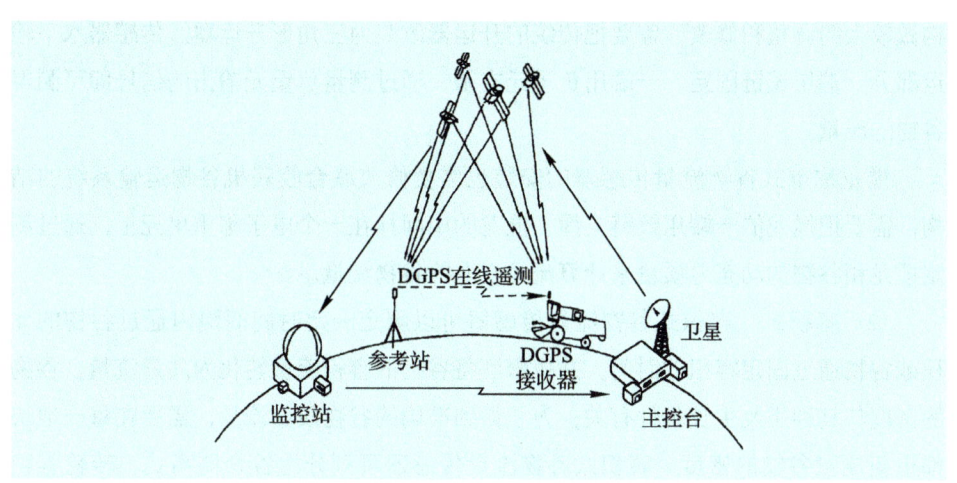

图 7-3 联合收获机的田间定位系统

产品,国内仍处于研发阶段。国内谷物流量传感器的问题主要在于测量精度和可靠性偏低,虽然多年来国内研究人员一直进行此方面的研究,但在精度、可靠性方面与实际应用还有一定差距。目前已经有 20 余种类型的谷物流量传感器,用于小麦、玉米、水稻、大豆等主要作物的流量传感器已有通用化产品,根据 REYNS (2002) 的分类方法,谷物流量传感器可分为称重式、容积式、冲量式、间接式 4 种。

(1) 称重式 称重式谷物流量传感器(图 7-4)根据其具体结构可分为谷仓称重式、升运器称重式、搅龙称重式等。

谷仓称重式谷物流量传感器通过 2~3 个荷重传感器测量整个谷仓单位时间的质量变化从而测定谷物的瞬时产量。其特点如下:其需要测量谷仓的质量,故要求谷仓与联合收获机不能直接接触,因而其安装较为困难;且用于称重的荷重传感器量程要求比较大,其测量精度将受到一定的限制;其次,联合收获机在作业时会发生倾斜导致一定的测量误差。

升运器式谷物流量传感器具有误差小、精度高的优点。实验表明,同一地块同一天标定后,其最大误差为 −6.72%。其缺点是安装这种传感器需对收获机的结

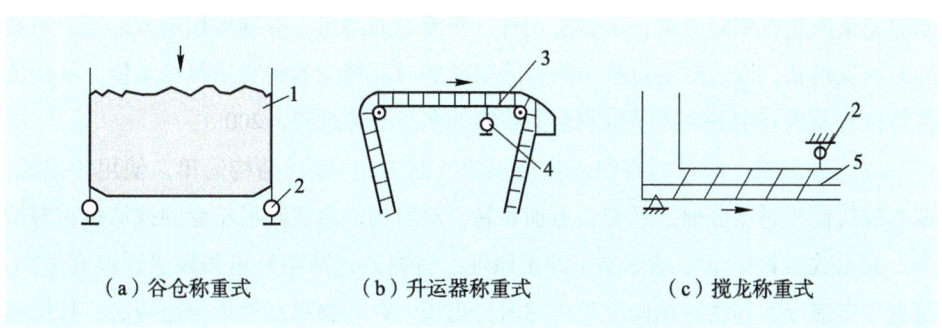

图 7-4 称重式谷物流量传感器
1. 谷物
2. 称重传感器
3. 皮带
4. 压力传感器
5. 旋转轴

构做较大的调整和修改，需要把传统的升运器改装为三角形升运器。传感器水平输运部分一端用铰链固定，一端用负重元支承，通过测量负重元输出的信号即可测得谷物的流量。

搅龙称重式谷物流量传感器的安装也需要修改联合收获机谷物运输系统的结构，需要把搅龙的一端用铰链支撑，搅龙的中间挂在一个电子称重单元上，通过测定搅龙和谷物的动态总质量来计算流经搅龙的谷物流量。

(2) 容积式　容积式谷物流量传感器可以测定一定时间间隔内通过谷物的体积或谷物通过固定容积的时间，并按密度将谷物的容积流量转化为质量流量。谷物的密度与其种类及生长条件有关，为了得到准确的谷物质量流量，需要在每一地块都重新测量谷物的密度。容积式谷物流量传感器可划分为谷仓测高式、转轮容积式、刮板光电容积式等（图7-5）。

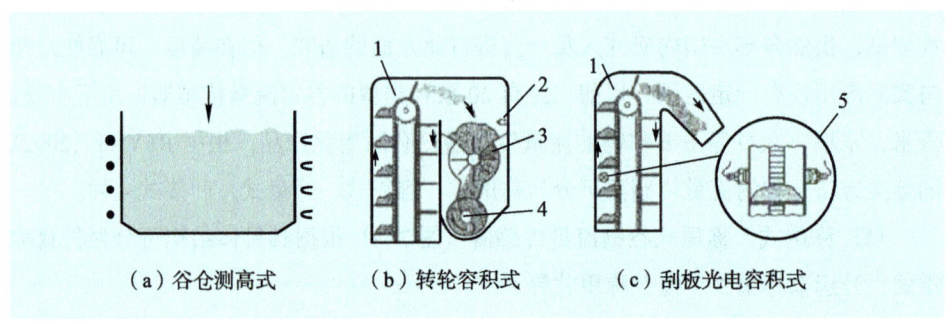

图7-5　容积式谷物流量传感器
1. 刮板式输送器
2. 位置传感器
3. 翼轮
4. 输送叶轮
5. 光栅传感器

转轮容积式传感器又称封闭式容积流量传感器，由多个固定容积的格子构成一个转轮，一般安装在谷物升运器出口。转轮容积式传感器是随着谷物的流动直接带动转轮转动，通过测量转轮的转数来计算谷物流的容积。

刮板光电容积式传感器又称为开放式容积流量传感器。收割机内完成脱粒作业的谷粒，由升运器上升刮板运送到谷仓中，在谷物输送过程中，由于谷物具有一定的体积，当谷物通过对射式光电开关之间时，阻碍了对射式光电开关接收端对反射端所发出光线的接收，使接收端输出电压发生高低电平的变化。这样就可根据挡光时间来判断谷物的流量，从而实现对谷物流量的测量。谷物体积越大，光被阻断的时间就越长。通过标定可将所测得的阻断的时间转变为谷物质量流量值，从而测得单位时间内谷物联合收获机收获的谷物的多少（崔迪等，2005）。

(3) 冲量式　冲量式谷物流量传感器（图7-6）设计结构简单，使用较广泛，成本较其他传感器低廉，且安装更加容易，对谷物联合收割机粮仓的改造也相对较少。冲量式谷物流量传感器基于冲击原理，谷物通过净粮升运器被送到粮仓顶部，具有一定速度的谷物被抛向流量传感器打击板，在谷物周期性地撞击板时，打击板背面所粘贴电阻应变片的阻值会随着打击板发生形变而改变，通过放大器将测力信号传给 AD 转换器，转换为数字信号后存入计算器中。根据物理学上冲量的定义，在谷物撞击的速度已知的情况下，就可以通过测量谷物碰撞前后动量的改变来实现谷物质量的实时测量。

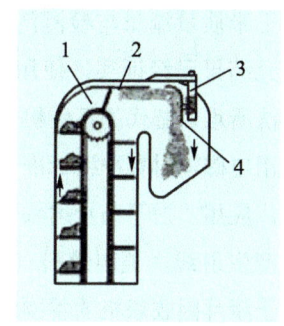

图 7-6　冲量式谷物流量传感器
1. 刮板式输送器
2. 导流板
3. 力敏元件
4. 弹性元件

冲量式谷物流量传感器的测量精准度会受到诸如谷物含水量、谷物流量、机器振动幅度、传感器安装角度等多方面因素的影响；当谷物流量相对较大时，谷物流量会与谷物冲击力呈现出非线性的关系，所以可以通过开发智能联合收获机测产系统、固定悬臂梁上冲击板、设计弧形冲击板的方式来尽可能控制测量的相对误差。周俊（2007）等设计了平行梁冲量式谷物流量传感器（图 7-7），对弹性元件安装端部采用了削弱设计来提高传感器抵抗振动干扰能力，同时设计的传感器电桥电路，以及后续放大、电压电流变换等调理电路，使传感器的零点方便调节，来降低传感器在联合收割机上的安装要求。

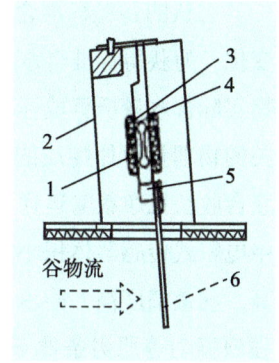

图 7-7　平行梁冲量式谷物流量传感器剖面结构图
1. 应变片组
2. 壳体
3. 动力消振块
4. 平行梁
5. 固定架
6. 拦截指

（4）间接式　间接式谷物流量传感器主要有电容式、科氏力式和射线式三种。

电容式谷物流量传感器是利用平板电容之间的介电特性测量谷物流量。谷物的介电常数不仅和谷物流量有关，还与谷物种类和谷物含水量有关。因此，每种谷物都必须单独标定，且标定曲线是非线性的。

科氏力是指物体在旋转系统中做直线运动时所受的力。科氏力式流量传感器是一种可以直接测量质量、流量的流量计，是根据科氏力原理来测量散状固体的流量。它在原理上消除了温度、压力、流量状态、密度等参数的变化对测量精度的影响，可以适应液体、高黏度流体和散状固体的测量，是一种高精度的适应范围很广的流量测量工具（郭林等，2007）。

射线式传感器是基于核物理学的基本理论，射线入射到某种物质上后，与该物质相互作用后，射线的辐射强度出现一定程度的衰减，且服从指数规律。目前，主要有 X 射线谷物流量传感器和 γ 射线谷物流量传感器（图 7-8）。张惠莉（2005）率先在国内将 γ 射线传感器用于农业装备测产系统研究中，实验室大豆产量测量精度在 2% 以内。Arslan（2000）等通过室内试验验证了

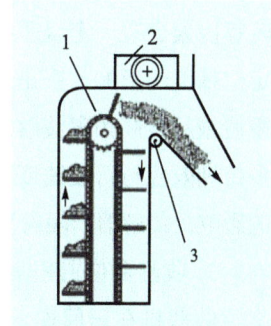

图 7-8　γ 射线谷物流量传感器
1. 刮板式输送器
2. γ 射线探测器
3. 辐射源

玉米质量流量与检测的 X 射线强度具有较强的相关性，决定系数为 0.99。国外研究结果已经证实，使用 γ 射线和 X 射线传感器测量精度最高，且具有其他测量方法所难以替代的不受机器振动和粉尘污染影响的优点，但由于其制造成本高，且使用电磁辐射有严格标准，会对操作者及周围环境造成潜在的危害，因此未被普遍推广应用。为了防止射线泄漏，传感器需要 5 mm 的钢板做屏蔽，传感器不工作时不产生射线。美国爱科（AGCO）公司 1993 年已成功将 γ 射线传感器测产技术应用于康拜因收获机的谷物流量测量中，实现了商品化。

3. 谷物湿度传感器

公认的谷粒标准含水率约为 15.5%。谷物收获时湿度往往较大，且湿度随时在变化。为获得标准含水率的谷物产量，必须在收获时进行谷物含水量测量，并将谷物实际含水量折算成标准含水率下的谷物质量。谷物湿度传感器通过检测与水分有关的物理量（如物质的电导率、介电常数等），间接测定谷物的水分，通常安装在联合收获机净粮输运通道上。谷物湿度传感器包括电容式、电阻式、微波式等，其中电容式传感器体积小，结构简单，响应时间短，适用于在线和动态测量，灵敏度高，测量精度高，能承受相当大的温度变化及各种辐射作用，可以在高温、辐射和强烈振动等恶劣条件下工作，在国内外普遍认为它是未来很有发展前途的传感器（朱亚东，2009）。

电容式传感器的检测原理是谷物在通过传感器的两极板时，谷物含水量不同，导致电容式传感器的相对介电常数发生变化，谷物湿度与介电常数成正比，从而能测出谷物的水分含量，但谷物的介电常数与其含水率及品种有关，故每个品种的谷物都需进行单独校准（Stafford J V, et al, 1991）。由于所测的谷物为颗粒形状，会存在许多气隙，因而其介电常数较小，传感器的极板有效面积较大（图 7-9）。

4. 收割机速度传感器

收获机作业时的前进速度是测产系统的重要参数之一，要计算谷物产量必须要监测收获机的作业行驶速度。行驶速度的测量主要有 3 种方式（何勇等，2010）：一是传统的通过测量驱动轮轴转速和驱动轮直径计算得出，但此方法由于负重、滑转等因素会有一定误差；二是由测产系统中的全球定位系统提供，但容易受到 GPS 定位精度的影响；三是通过安装在联合收获机上雷达或超声波的测速传感器，雷达微波或超声高频声波射到地面反射后，被接收的频率发生变化，这种频率差异的多普勒效应与行驶速度有关，由此可计算出收获机的行驶速度。为避免作物秸秆等的影响，传感器一般安装在谷物联合收获机靠近地面且在前轮压过的已收割区域。

5. 收割台位置和割幅传感器

收获机在田间作业时需要转弯等，一般都在已收割过的田间空地进行，此时

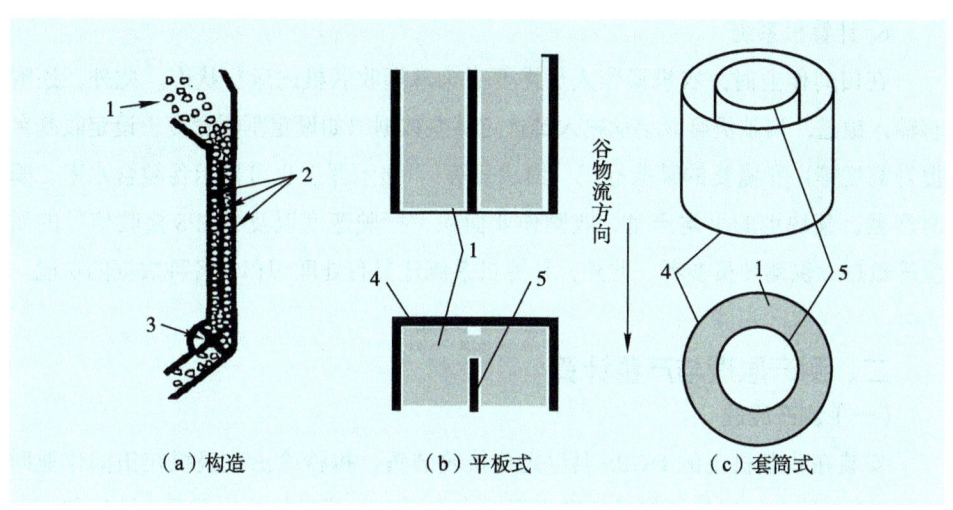

图7-9 电容式谷物湿度传感器构造及其类型
1. 谷物
2. 电容感应盘
3. 谷物拨出轮
4. 极板（1）
5. 极板（2）

收割机割台需要停止工作并提升到一定位置，通过收割机割台位置传感器使收获机自动暂停作业面积的计算。常见的传感器有位移传感器和机械式行程开关位置传感器，由于后者容易受到环境的影响且需要进行手动调整，一般很少在生产中使用。

一种超声波传感器可以实现该宽度的动态测量（图7-10）。传感器发出超声波，超声波传播遇到谷物边缘发生反射，传感器根据接收反射波的时间测得离谷物边缘的距离，从而计算出实际使用的割台宽度。割幅宽度借助超声波测距传感器进行动态测量，测距传感器安装在分禾器内，通过测量分禾器与谷物茎秆边缘的距离，计算出实际使用的割幅宽度（祝青园等，2008）。

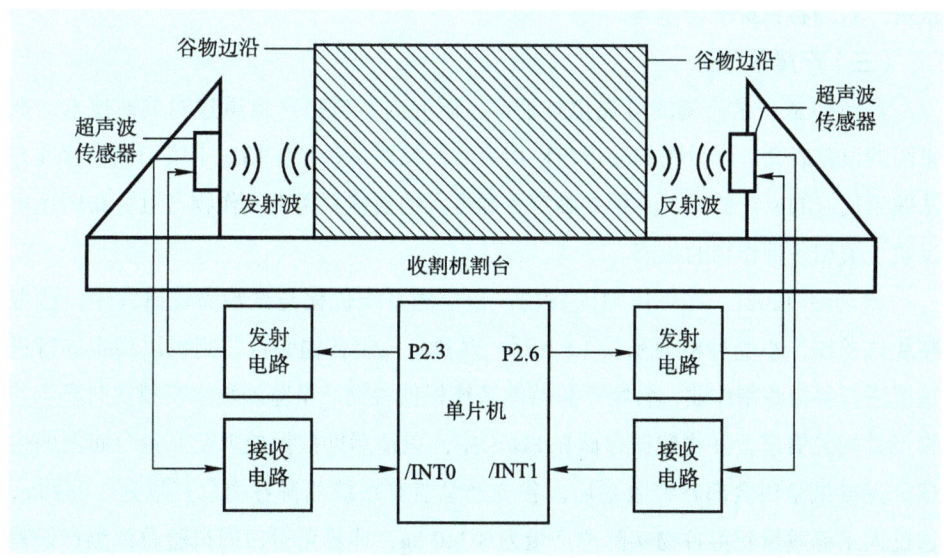

图7-10 超声波幅宽测量原理示意图

6. 计算机系统

在田间作业时，农机操作人员需要时刻掌握收获机的运行状态。此外，还附有输入键盘，驾驶员可以手动输入或选定某些数据（如设定割幅宽度、设定收割台提升高度等）和需要的某些标记（田块号等）。显示器上也可显示谷粒含水率、瞬时产量、某块地的平均产量、收割作业面积、行驶速度以及 DGPS 接收信号的质量等数据，供驾驶员参考。此外，计算机系统还具有处理和存储各种数据的功能。

二、测产原理与产量计算

（一）测产原理

安装在收获机上的 DGPS 卫星定位接收装置，每秒给出收获机在田间作业时 DGPS 天线所在地理位置的经纬度坐标动态数据，收获机割幅传感器、速度传感器测定割幅宽度、行驶速度，从而计算出对应时间间隔内的作业面积；谷物流量传感器、谷物湿度传感器在设定时间间隔内（即机器对应作业行程间距内）自动计量规定的标准含水量的产量；通过计算机系统利用专用软件将以上数据进一步处理，生成小区产量分布图。

（二）单位面积产量计算公式

联合收获机在田间作业某时刻所测得的单位面积产量 $Y_G(t)$ 的计算公式为

$$Y_G(t) = \frac{m_G(t)}{v(t) \times W_c(t)} \times \frac{[1 - U_G(t)]}{[1 - S_G]}$$

式中，$Y_G(t)$ 为瞬时 t 所测得的单位面积产量；$m_G(t)$ 为瞬时 t 所测得的谷物质量流量；$v(t)$ 为瞬时 t 的行驶速度；$W_c(t)$ 为瞬时 t 的割幅宽度；U_G 为瞬时 t 的谷物含水量；S_G 为谷物标准含水率。

（三）产量分布图

产量图是产量监测的可视化与延伸，研究内容包括产量重建的关键技术、产量图的误差研究、产量图的分析与应用等。产量图提供了作物对土壤和作物管理方法做出反应的反馈信息，并帮助确定资源投入的最佳利用率。作物产量分布图还可反映土壤和各种作物的状态。

耿端阳（2021）等在压力式谷物产量检测系统优化与试验验证研究中，选取整块试验田，小麦种植面积共 1.6 hm^2，驾驶员控制谷物联合收割机以稳定的行进速度进行谷物收割作业，谷物产量监测系统根据谷物产量监测数学模型实时显示谷物产量相关信息，并将数据存储在 SD 卡中，以便后期数据处理及产量分布图的生成。完成试验田全部谷物收割后，谷物产量监测系统测得谷物总产量为 8 089 kg，通过人工称质量获得谷物实际总产量为 8 340 kg，计算可得田间试验总体测产误差为 5.28%。利用专业科学绘图软件 Surfer，根据异常值剔除、缺失值插值和过滤降噪后的试验田谷物产量及含水率数据，生成试验田谷物产量分布图（图 7-11）。

图 7-11 试验田谷物产量分布图

三、测产功能与应用实例

（一）测产功能

获取农作物小区产量信息，建立小区产量空间分布图，是实施精准农业的起点，是作物生长在众多环境因素和农田生产管理措施综合影响下的结果，是实现作物生产过程中科学调控投入和制定管理决策措施的基础。通过计算机处理系统将土地边界、土地类型、地形地貌、排灌系统、历史土壤测试结果、化肥和农药使用情况与历年产量结果比较分析，找出影响产量的主要限制因素，制定出地块优化管理系统，用于指导当年播种、施肥、除草、灭虫、中耕等农艺措施。利用农业机械和科技手段，为作物生产管理做出科学的决策，用最少的投入获得最大化产出，使农产品品质和产品生产全过程增加透明度。

（二）应用实例

目前用于生成作物产量分布图的系统主要有三类：一是与商品化谷物联合收割机测产系统相配套的软件，如美国 CASE 公司的 Instant Yield Map 软件系统、美国 Ag Leader 公司的 SMS 软件；二是专用图形生成软件，如 Golden Software 公司的 Surfer 软件等；三是具有空间分析功能的地理信息系统软件，如 ESRI 公司的 Arc View 软件等。

1. 美国"绿色之星"精准农业技术

"绿色之星"是由美国约翰·迪尔公司研制开发的精准农业技术，它适合在大规模农业经营和机械化操作条件下使用。目前该公司有成套技术设备在市场销售。"绿色之星"精准农业技术包括：①全球卫星定位系统（GPS），实现数据采集及田间耕作、播种、施肥、喷洒农药和收获等作业的准确定位；②产量监测系统，测出各地域粮食的产量和水分等数据，并通过处理器将其转存在数据卡上，经计算机处理后即可编制产量数据表，将数据表与 GPS 获得的位置数据进行联合处理，生成产量模拟图；③地理信息系统（GIS），包括数据输入、数据库管理、数据分析及输出系统；④传感器技术，实施数据采集及田间作业参数监测；⑤监视器及计算机自动控制技术，监视、显示和记录农机性能及运行参数，计算、显示工作效率及投入量；⑥智能化控制农业机械；⑦农业管理方案。

（1）全球卫星定位系统　GPS 是一个全天候、高精度、全球性无线电导航定时、定位信息服务系统，在全球任何地方都可以免费享用的空间信息资源。利用全球 24 颗卫星和约翰·迪尔公司的 3 颗纠偏卫星，根据用户精准的要求给用户提供几种信号中的一种进行测量。其中双频校正最为准确，可达到 ±5 cm；单频次之，可控制在 30 cm 之内。用户只需要 3 个基本硬件，即"星火"卫星定位接收器、"绿色之星"显示器和移动处理器。这 3 个硬件可以安装在拖拉机、联合收割机、自走式喷药机、变量播种施肥机等农业机械上，并可以互换使用，与各种软件配合实现产量图、变量播种、施肥、变量施药等农艺措施。

(2) 产量监测系统　约翰·迪尔的收割机在进行产量监测及产量模拟图的生成时可选装：①产量传感器；②水分传感器；③行驶速度传感器及数据显示器。它可在行进中测出各地域粮食的产量和水分等数据，并通过处理器将其转存在数据卡上，经计算机处理后即可编制产量数据表，将数据表与全球定位系统获得的位置数据进行联合处理，便可生成产量模拟图。

(3) 地理信息系统　地理信息系统是采集、存储、管理、分析和描述具有区域性，多维性数据的空间信息技术，利用可移动的 GPS 取样器、田间数据采集装置和计算机处理系统，将土地边界、土地类型、地形地貌、排灌系统、历史土壤测试结果、化肥和农药使用情况及历年产量结果做成各自的成图管理起来。通过历年产量分析，观察田间产量变异情况，找出时空差异，然后通过产量图及其他相关因素层图比较分析，找出影响产量的主要限制因素。在此基础上，制订地块优化管理系统，用于指导当年播种、施肥、除草、灭虫、中耕等农艺措施。

(4) 传感器技术　依据变量投入地图，应用传感器进行田间定位操作，实时传感器在开始时进行土地特征或产量测定，由变量投入控制系统自动地按土地特征或产量需求控制投入化肥、农药等物料。传感器必须不间断地监测数据参数，监测数据必须与定位系统同步使用，实施定位监测或定位投入控制，传感器也可以单独应用于田间数据采集。常用的传感器有：土壤和作物数据采集传感器（土壤有机物含量、土壤水分含量、作物与杂草比例、土壤养分含量等数据），压力传感器、流量传感器、转数和速度传感器。"绿色之星"联合收割机的产量测定是由安装在籽粒升运器上部的质量流量传感器实时测试收获的籽粒流量，与籽粒湿度传感器、收割机割幅信息及收割机速度传感器相配合来进行产量测定。当谷物从籽粒升运器上部流出时，会撞击安装流量传感器的弯曲挡板，谷物流量传感器可测出 1/10 000 英寸的变化，然后转换为收获谷物的质量。籽粒升运器升运链上的刮板可使系统自动归零（约 3 s），避免系统调零而使收割机经常停车和重启动。温湿度传感器不断采集谷物样本并检测籽粒的湿度和温度，自动将所收获的产量转换为烘干后产量。

(5) 监视器及计算机自动控制技术　监视器应用于联合收割机和拖拉机作业运行中监视，显示和记录农机性能及运行参数，计算、显示工作效率及投入量，并以数据卡形式输出或输入。"绿色之星"显示器有一个简易的跟踪屏幕，上面有各种驱动命令菜单，可使操作者快速编辑信息。移动处理器装在显示屏的背后，将采集的耕作、土壤、作物和定位方面的信息存入数据存储卡中，该存储卡可支持800 h 的数据容量，并且把采集到的信息自动传输给计算机 J. Dmap 软件系统。计算机主要用于数据输入、数据分析、编辑及显示，构成分析模型、预测模型、决策模型和经济分析模型。将土壤资源、农用物资投入及作物栽培的有关数据合成，输出田间处方电子图。"绿色之星"精准农业技术的一切控制都来源于高精度的电子图。将产量数据、土壤成分和田地条件、农艺要求数据构成综合数据卡，与全球卫星定位系统结合起来，用来控制农业机械设备，实施定位变量投入。

(6) 智能化控制农业机械　智能化控制农业机械包括装有全球卫星定位接收器、产量传感器和处理器的拖拉机、联合收割机、带有自动控制装置的播种机、施肥机、喷药机及其他配套机具。精准农业要求拖拉机驾驶员有更高的技术，约翰·迪尔公司生产的拖拉机配置了卫星导航自动对行系统，"绿色之星"模拟导航系统相当于人工方向盘，它有 3 种模式：直线导航模式是引导操作者沿同一条直线前进；曲线导航模式是引导操作者沿往复直线、环形线及渐开线行驶；自动对行模式是用于直立生长、按行种植的作物。它可引导操作者在经过一条路径后，准确地进入下一条路径，以减少对行的烦琐，减少作业重行或偏行，夜间作业在地头转弯时也不用划印器，自动对行系统可以缓解驾驶员疲劳，提高工作效率，获得更高的生产力，同时履带及轮式拖拉机配置了自动驾驶系统，驾驶员根据具体的农业生产，设定行走路线。完全不用手握方向盘，只需检测仪表，即可获得与对行系统一样的好处。

(7) 农业管理方案　约翰·迪尔公司提供农业管理方案软件，农业管理方案包括：①精准农业，卫星定位基础上的耕作、播种、施肥、喷药、收获等；②农艺及信息服务，天气预报、农业文件记录、化肥农药信息、模拟工具、生产资料、畜牧业等；③机车通信，农机远程诊断、机群管理、农具管理、预防性维护保养、自动控制等；④企业管理，机械作业计划、零部件管理、财务管理、利润图等。

2. 美国 CASE2366 谷物联合收获机 AFS 系统

(1) AFS 系统工作原理　美国 CASE 公司于 1996 年提出了先进农作系统 (advanced farming system，AFS) 的技术理念，其基本技术思路是在充分认识农田内作物产量与作物生长环境因素的空间分布差异性的基础上，实施定位处方农作，从而达到充分发挥土壤潜力、节约投入、提高产出 - 投入比、减少环境污染的目的。在美国 CASEIH 公司生产的带有 AFS 产量监视系统的 CASE2366 联合收获机中，谷物收获机由 DGPS、产量监测器、前进速度传感器、净粮升运器轴速传感

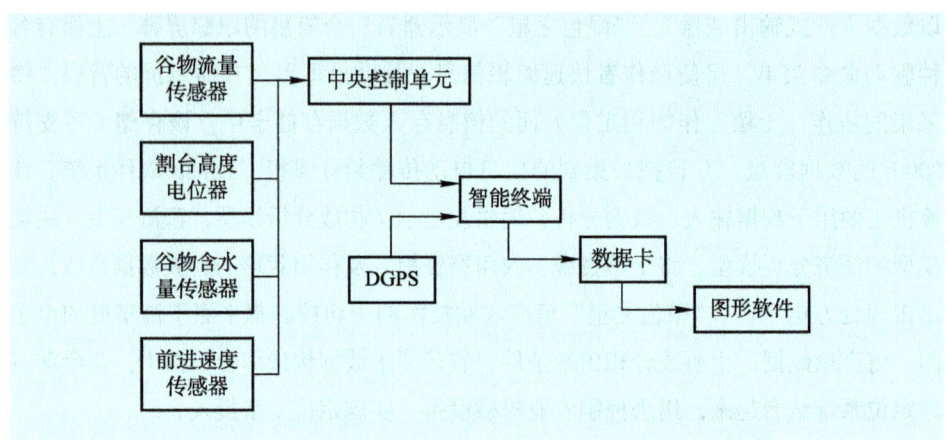

图 7-12 美国 CASE 公司的 AFS 系统组成图

器、割台高度电位器、谷物流量传感器、谷物含水量传感器和数据卡及图形软件等组成（图 7-12）。谷物流量传感器位于净粮推运搅轮的顶部，谷物进入升运器顶部时，在导流板的引导下打击传感器的冲击板，从产量监测器发出电信号，此信号的输出和谷物流量成正比。由净粮升运器轴速传感器的输出信号对流量传感器的输出信号进行校正。信号处理单元对前进速度传感器、升运器轴速传感器、谷物含水量传感器、割台高度电位器及谷物流量传感器的输出进行整合处理，测定机器行走距离、工作面积、瞬时谷物含水量和瞬时谷物流量。DGPS 为这些信号提供重要的位置信息。所有这些信号传递到产量监测器，由系统软件通过现场标定的方法有效地减少实测误差，然后将数据记录在数据卡上，得到对应每一空间位置所收获的小区产量的数据。把数据卡带回办公室后，即可在通用微机上利用专用数据软件生成小区产量空间分布图，用于产量分析并作为实施变量农作的基础。

（2）AFS 系统收获前及收获中的设定　在收获前和收获中需要对收割机和 AFS 进行设定，主要包括：①设定日期和时间；②选择正确的联合收获机类型；③设定地块，即给每个地块一个特定的名称；④选择要收获的谷物种类；⑤设定割台类型和宽度；⑥设定数据单位，英制或公制；⑦设置 GPS 采样的时间间隔；⑧根据作物类型设定割台停止的高度，因为收获时，当割台高度超过停止高度时，不计算产量和面积等。每天开始收割前，需要认真检查上述的各种设定，任何一项设置出现错误都可能导致全天的收获数据无效。例如，正常收割时割台宽度设定为 6 m，如果前一天在最后的收割过程中，将割台宽度调整为 2 m，在第二天收割时没有及时调整，这样就导致了当天所有面积数据的错误，因为收获机是按照割台宽度乘以行走距离来计算面积的。同时，要注意在收割某一地块前，一定要设置割台停止工作的高度，因为割台高度传感器将相对于收割机的高度将信号传递给产量监测器，以确定是否计算行走距离和面积。当收割某种作物时，要把割台放在规定割茬的位置上，从驾驶室仪表上看到割台高度所在的位置，将此高度设定为割台停止工作的高度，一旦割台的高度超过此值，将不计算产量。

(3) AFS 收获中的标定　对 AFS 系统的标定包括对距离、面积、温度、含水量和质量的标定。

① 距离标定　在收获前，找一块条件类似于将要收获的土地进行距离标定。方法是首先用皮尺量出一定的距离，用标杆做好标识。用收获机测量，终端上显示出测量距离，若测量距离与实际距离不相等，则在输入实际距离后系统计算出一个校正系数。

② 面积标定　在收获机进入地块放下割台或离开地块升起割台的过程中有少许误差被计入，为了消除这些误差，就要进行面积标定。面积标定的方法与距离标定类似，首先用皮尺或 DGPS 测定要收割区域的面积，等收割完成后，终端上会显示出测量面积，如果与实际面积不相等，在输入实际距离后按"校准"按钮，系统则计算出一个面积校正系数。

③ 温度和含水量标定　在联合收获机的谷物含水量传感器中安装了温度传感器，是用来校正由于收获作物时外界温度的变化对作物水分测量精度的影响。当收满一个粮仓时，比较温度传感器得到的作物温度与实际测量所得到的温度，并将传感器测量的温度调整到实际温度。为了提高作物含水量测量的精度，需用一台精度较高的谷物水分测试仪作为参考，对传感器进行标定。在小麦收获试验的含水率标定中，标定前的测量值与实际值间的平均相对误差为 6.7%，而标定后在误差验证试验中两者的相对误差仅为 0.235%，减少了 6.465%。

④ 质量标定　将收获的作物用标准计量秤称量，然后将产量监测器显示的谷物质量值调整到实际的质量值，使产量监测器达到最大精度。每次质量标定中的称重次数应当进行 3 次以上，每次的质量应在 1 400 kg 以上。在标定质量时，对应每次称重，要求联合收获机的速度要有所变化，每次的质量应相近，这样标定的结果才比较准确。

(4) 数据分析及处理　CASE 公司的 Instant Yield Map 数据处理软件，可根据原始数据得到 Raw Data Point、Grid Map、Smooth Grid Map 和 Contour Plot 四种产量分布图，每种图还可将产量分成不同的等级，这样可以快速看出田间的情况并标注出低产区域，如麦收试验中某一块地的产量分布图。

第二节 精准变量施肥机

一、精准变量施肥的意义

化肥是重要的农业生产资料,是作物产量和品质的重要保证,据联合国粮农组织的统计,化肥对粮食的贡献率占 40% 左右。我国能以占世界 7% 的耕地养活占世界 22% 的人口,应该说化肥在其中发挥了重要作用。大量的研究结果证明:合理施肥,特别是养分的均衡供应可以明显地提高农产品品质。例如,在一定范围内合理增施氮肥可以提高籽粒作物的蛋白质含量,可以改善小麦的品质;氮肥、磷肥、钾肥的均衡供应可以显著提高水果的外观品质、风味和营养品质。目前,我国化肥成本已占当前农业生产性支出的 30% 以上,多年来我国化肥生产和施用量一直处于世界首位。我国化肥当季的利用效率低,氮肥、磷肥、钾肥的当季利用率分别为 30%~35%、10%~20%、35%~50%,普遍低于欧美等农业发展水平较高的国家十至二十几个百分点(它们氮肥、磷肥、钾肥的当季利用率分别为 50%~60%、20%~30%、40%~60%)。农业发达国家早将精准农业中的精准施肥应用到农业当中,而我国依然采用传统的粗放施肥,或者是根据施肥经验进行平均施肥。这样就造成农田中化肥的大量投放和肥料过量施用,进而出现养分投入比例失调,化肥利用率偏低,投入产出比下降,同时也引起土壤生产力下降、水土流失、农产品品质下降,地下水污染、水体富营养化等环境污染问题。

二、精准变量施肥的技术路线与控制形式

精准变量施肥技术主要由农田空间地理数据、土壤质地和养分等数据,作物营养状况实时采集数据,决策分析系统,变量施肥控制技术组成。

精准变量施肥技术控制有两种基本方法:第一种是以处方图为基础的变量投入(VRA)控制技术。此技术必须预先采集各种相关信息,经过农业专家决策,生成变量控制处方图,并使用 DGPS 接收机确定变量作业机组位置,车载计算机控制系统按电子处方图数据进行变量控制操作,实现以处方图为基础的变量施肥投入控制。第二种是以传感器为基础的变量投入控制技术,系统由实时监测传感器、车载计算机控制装置、变量执行装置等组成。以传感器为基础的变量投入控制技术是以实时的信息采集与处理,代替电子处方图的信息来控制变量投放比例。传感器实时检测土壤的特性或农作物的特征,VRA 控制系统根据传感器采集到的信息来控制调整(变量施肥控制系统流程如图 7-13 所示),并由执行装置完成农业物料的

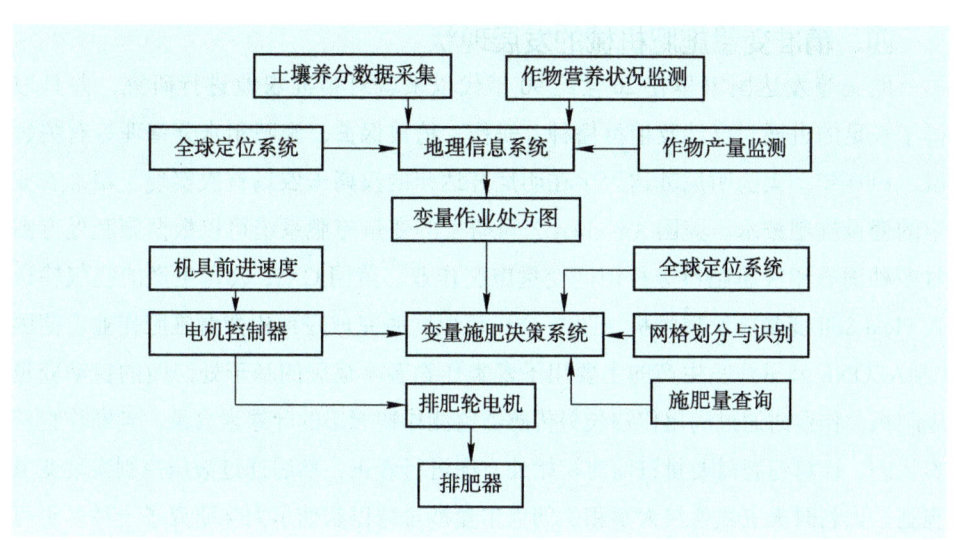

图 7-13 变量施肥控制系统流程图

变量投放,改变传统的均匀投入的生产方式,实现农业物资的高效利用。

三、变量施肥机械的组成

以吉林大学研制的精准变量施肥机为例,如图 7-14 所示。变量施肥机由控制器(图 7-15)、DGPS、排肥轮及驱动电机组成(图 7-16),精准变量施肥机由拖拉机悬挂或牵引,机架上固定着直流电机驱动排肥轮,通过调整直流电机的转速改变排肥轮的转速进而改变施肥量。变量施肥机装有 GPS 接收天线和差分信号接收天线精准定位施肥机的空间位置。控制器主要用于接受外部输入的处方图和田间导航时显示地块作业图。安装在机架上的测速雷达可以提供准确的机械前进速度,控制器根据拖拉机的前进速度和目前的处方图上的施肥数量值,自动调整直流电机的转速,使实际排肥量与处方图要求的排肥量相一致,经外槽轮排出的肥料通过导肥管排出,实现精准变量施肥作业。

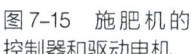
图 7-15 施肥机的控制器和驱动电机

图 7-14 装备有 GPS 的变量施肥机

图 7-16 变量施肥组件

四、精准变量施肥机械的发展现状

欧美等发达国家早在 20 世纪 90 年代以来就对精准农业进行研究,并且取得了长足的进展,已涉及精量播种、耕作、植被保护、施肥和水分管理等有关领域。1994 年,美国明尼苏达大学在明尼苏达州的汉斯卡农场首次实现了精准农业中的变量施肥技术。美国 Ag-chen 公司研发的变量施肥系统可以根据施肥处方图对多种固态和液态肥料进行田间变量施肥作业。美国 CASE 公司生产的空气输送式 Flexi Soil 变量施肥播种机(图 7-17)可以同时完成播种和变量施肥作业。德国 AMAZONE 公司开发生产的主要用于麦类作物春季追肥的基于处方图的自动变量施肥机,作业时通过利用作物长势传感器监测作物冠层的叶绿素含量,判断作物营养状态,计算追肥需要量进而对初始处方图进行修正,然后通过液压控制实现变量施肥。比利时天主教鲁汶大学和伊朗克尔曼沙希德巴霍纳尔大学研究了一种基于可见光和近红外线传感器检测土壤养分含量的系统,并对其进行了优化,使得获取的土壤光谱质量和土壤养分数据更精确,并对基于土壤传感器的变量施肥中响应时间进行了分析,得出整体的滞后时间由获取土壤光谱时间、收集数据时间、变施肥机变量施肥滞后时间和肥料从肥箱下落到开沟器的一系列滞后时间组成。对滞后时间进行了静态和动态测试,最终说明了土壤肥料养分含量监测传感器应该安装在拖拉机的前端并且应满足总体滞后时间。美国 Trimble 导航公司在利用处方图进行变量施肥技术中研发了 Ag GPS170 田间计算机,控制器通过给定的田间作业处方图信息指挥变量施肥机对指定地块进行变量作业。

随着 20 世纪 80 年代国外精准农业技术研究的兴起,作为精准农业关键技术环节之一的变量施肥技术引起了许多农业研究人员的兴趣,并开展了大量有关变量施肥作业系统方面的研究工作。在基于作业处方图的变量施肥研究方面,法国使用的肥料撒播机械和植保机械,在全部农业机械中自动化水平最高,并开始被电子化拖拉机与自动喷洒装置组成的联合机组所替代,法国"女骑士"肥料撒播变量控制

图 7-17 空气输送式 Flexi Soil 变量施肥播种机

第二节 精准变量施肥机

系统已大量应用于各种类型的离心式肥料撒播机上。在基于光传感实时变量施肥技术研究方面，美国俄克拉荷马州立大学的变量施肥小组从1993年开始进行基于光传感的实时变量施肥机及其配套技术的研究，2002年与NT公司合作推出了商标为"GreenSeeker"的光传感实时变量施肥机。这种变量施肥机采用"无损"测试技术，通过光传感器实时获取小麦冠层反射光谱的"面状"信息，据此一一对应计算每平方米的产量和施氮量，由变量施肥装置直接在田间实施。CASE公司的ST820型空气输送式变量施肥播种机，施肥作业前在计算机上利用软件制作处方图，生成处方文件并存入数据卡中，作业时将该数据卡插入变量控制器中，施肥机自动实施变量作业。CASE公司的变量施肥播种机为气吹式工作方式，栽培模式为窄行密植，行内双条播种，双条施种肥，深度在种下。播种机共有3个肥料箱和种子箱，第一箱装大豆种子，第二箱装尿素，第三箱装入混合的磷酸二铵和氯化钾。变量施肥播种机作业时会生成记录文件，记录位置和施肥量，从中可找到25种施肥组合的位置信息。

德国AMAZONE公司开发了一种基于视觉传感器的变量施肥机。该变量施肥机通过安装在拖拉机前部的作物长势传感器，测得作物冠层的叶绿素含量，计算出氮的追肥需要量，并对原来保存在中央控制单元的处方图作出修正，控制液压马达实现变量施肥。

曲桂宝等以变量施肥机的外槽轮排肥器为研究对象，利用SMS成图软件将施肥决策信息导入Flash卡中，作业时利用田间计算机接收DGPS位置信号和地面测速雷达测得的实际作业速度以及作业幅宽，调用Flash卡中的施肥决策信息控制液压马达的转速，而液压马达通过链轮和万向连接轴与精密播种机的排肥轴连接，进而控制排肥轴的转速实现变量施肥。西安科技大学以液压马达作为驱动排肥机的动力，以32位微控制芯片S3C44B0X作为控制核心输出电信号液压马达控制阀门的大小和配方来调节，实现对排肥机转速的控制，以达到变量施肥的目的。孟志军等基于处方图，研究了基于电液比例控制的变量施肥控制技术、低成本的地速信号采集处理方法、适合农机机载环境的嵌入式作业控制终端和作业导航等变量施肥系统关键技术。于玲采用GPS接收机测定液体施肥机在地块中的经度和纬度定位信息，由机载计算机根据GIS软件生成的施肥处方图和由雷达车速传感器检测并推送到的施肥机的行进速度而计算出施肥量，达到混动控制变量施液体肥的目的。牛晓颖等研究了基于遥感技术和PLC控制的实时冬小麦自动变量施肥系统。美国CASE公司生产的气力免耕系统播种机及气力播种机可随时改变播种和施肥量，最多可改变3种不同类型的种子或肥料的比例，可完成多种作物的作业，如玉米、大豆、小麦及水稻的播种，具备简便、易控制、精确、可靠性高等优点。

第三节 精准变量播种机械

一、精准变量播种的意义

变量播种机通过控制排种器实现变量播种，按调节方式的不同可分为自动调节型和机械调节型，变量播种机控制器对获取的一系列信息进行分析后，控制系统按规定的播量要求及作业田间的墒情、肥力等实际情况调整播量。根据地力和预期产量，调整排种轮的转速控制播种量以取得相应的单位面积的保苗数。根据土壤的温度、水分和种子特点调整开沟器相对地表的高度，控制覆土深度保持在一个要求的稳定值上，因此要有相应的传感器探测覆土深度。播种机在作业时，根据播种机械上装配的 DGPS 接收机确定播种机在田间所处的位置和行进速度，对应计算机提供的播种决策电子地图，由控制系统提供对播种量的控制决策，并由播种量控制执行机构完成变量播种的实施。变量播种更有利于土壤养分的合理利用及作物的均衡生长和发育，提高作物产量。

二、精准变量播种的技术路线与控制形式

精准变量播种技术主要由农田空间地理数据、土壤质地和养分等数据、历年播种量及收获量信息数据、决策分析系统，变量播种控制技术组成。

在精准农业模式下，为了适应 GIS 提供的不同地块的播种期土壤墒情，土地生产能力（参考产量图）等条件的变化，精准变量播种机要进行以下的调控：①播种量（即粒距 S）的调控。根据地力和预期产量调整排种轮转速控制播种量（S），以期取得不同的单位面积保苗株数；②开沟深度（或种子覆土深度 δ）的调控。根据土壤水分、温度和种子特点调整开沟器相对地表的高度，并且控制 δ 保持在一个要求的稳定值，在此要有相应传感器检测 δ 值。

播种机工作时，由 DGPS 准确确定播种机所在位置，通过 GIS 了解该位置土壤、水分、产量能力等条件，由计算机计算确定所需的粒距（S）、施肥量（q）和覆土深度（δ），并发出指令通过执行机构控制这 3 个参量。为了保持 δ 稳定，还要有检测装置随时检测 δ 偏离预定值的情况，并进行反馈控制。播种机械要根据小区的土壤湿度、肥力等因素进行播种深度、播种距离和播种量的调整。由于土壤湿度经常变化，可在播种机上装配能实时测定土壤湿度的传感器，然后根据小区土壤湿度，实时调整种子的播种深度以提高发芽率，或根据电子处方图的信号按小区实施播种距离和播种量的调整。精准变量播种控制系统流程如图 7-18 所示。

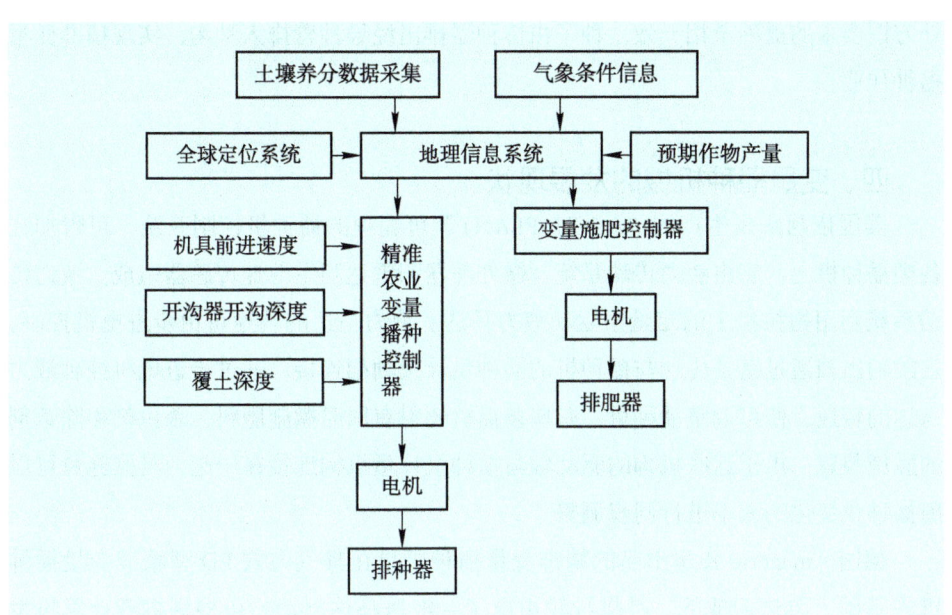

图 7-18 精准变量播种控制系统流程图

三、变量播种机械的组成

变量播种机是实现精准变量播种的主要手段,精准变量播种机以吉林大学研制的精准变量播种机为例,如图 7-19 所示。变量播种机由 DGPS、排肥器及驱动电机(图 7-20)、控制器组成,精准变量播种机由拖拉机悬挂或牵引,机架上固定着直流电机驱动排种器,通过调整直流电机的转速改变排种器的转速进而改变播种量和播深。变量播种机装有 GPS 接收天线和差分信号接收天线精准定位播种机的空间位置。控制器主要用于接受外部输入的处方图和田间导航时显示地块作业图。安装在机架上的测速雷达可以提供准确的机械前进速度,控制器根据拖拉机的前进速度和目前的处方图上的播种数量值,自动调整直流电机的转速,使实际播种量与

图 7-20 变量播种机的驱动电机与控制器

图 7-19 精准变量播种机

处方图要求的播种量相一致，种子由排种器排出经导种管排入种沟，实现精准变量播种作业。

四、变量播种机械的发展现状

美国依阿华州生产的"ACCU-PLANT"可编程的播种机控制系统，可附加在各类播种机上，它由液力传动系统、微处理器和雷达测量地速传感器组成。液力传动系统利用拖拉机上的定量泵驱动液力马达。液力马达的转速可由步进电机控制，它的输出轴通过链条传动与播种机的播种量计量轴相连接。通过步进电机控制液力马达的转速，便可调整播种量。有些条播机还附有同时撒施肥料、杀虫剂和除草剂的撒施装置，由于这些机构的驱动轴与播种机计量机构连接在一起，其撒施量可以随播种量变化的大小进行同步调整。

德国 Amazone 公司出品的精准变量播种机是在其气力式 ED 型精准变量播种机的基础上改进而成的。其排种轮由电子-液压马达驱动，可根据机载计算机发出的指令进行无级调速，使得每平方米面积上的播种量满足处方图的要求。为达此目的还要在配套的 DGPS 装置引导下进行田间作业。

娄秀华对精密播种机排种自动控制装置进行了研究。作业时由五轮仪测量播种机的作业速度，8031 单片机接收测得的速度数据并据此数据动态调节步进电机的转速，步进电机作为排种器的执行机构。张国梁等对精准农业变量播种技术进行了研究，以 AT89S52 单片机为精准农业中变量播种控制系统的核心部件。以步进电机作为执行元件，步进电机输出轴与气吸式精密播种机的排种器轴之间通过链条传动。控制系统根据株距控制代码，通过控制输出给步进电机驱动器的脉冲频率实现对电机转速的调控，进而实现精准变量播种。

第四节　精准变量施药机械

一、精准变量施药的意义

在农业田间管理过程中，经常发生病、虫、草害，严重影响作物的正常生长。生产上，通常采取农业生态防治、生物防治和化学防治方法来防治大田病、虫、草害。由于生态防治和生物防治效果慢，大部分病、虫、草害主要依靠化学防治方法进行及时控制。长期大量、大规模使用化学农药，特别是传统农药施用方法，农药利用率很低，不可避免地增加了农业投入，带来了病、虫、草的抗药性，次生性害虫的爆发，环境污染以及农药残留超标等令人担忧的生态与农产品安全问题。因此人们越来越需要提高农药靶向针对性，精准喷洒农药，大幅度提高农药利用率，限制农药的使用量，减少环境污染。

二、精准变量施药的技术路线与控制形式

精准农业变量喷药机技术上需解决的三大问题：喷雾流量的控制与雾滴大小相互影响、喷药量受行驶速度的影响、小区药量及雾滴大小能不能按处方图要求定位调节。变量施药机的控制流程如图 7-21 所示。

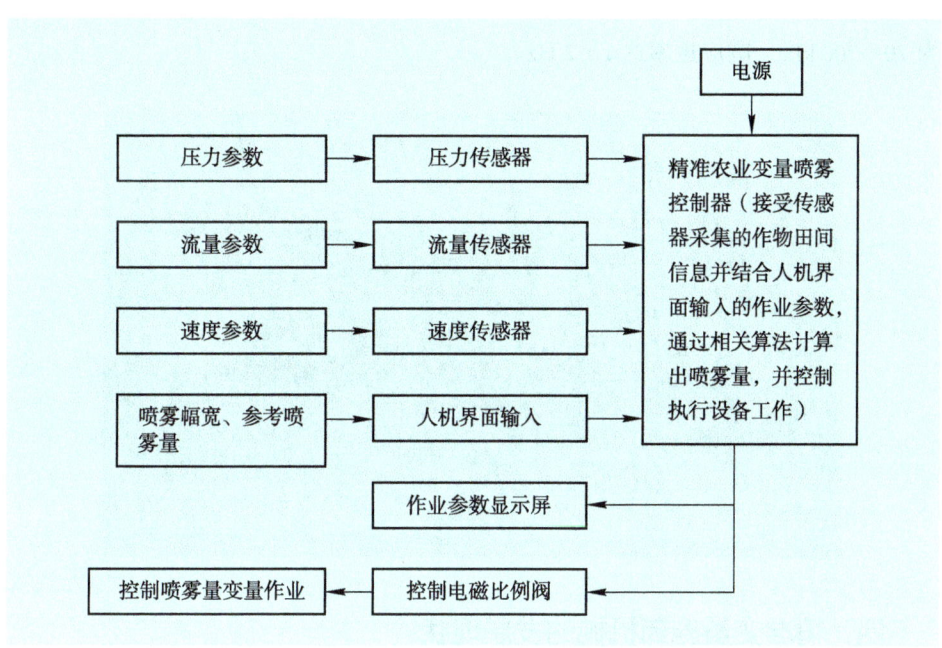

图 7-21 基于流量及雾滴大小调节技术的变量喷药机控制系统流程图

三、精准变量施药机械的组成

国外研制的光反射传感器利用棕色土壤和绿色作物叶子能反射不同波长的光波，可用于辨别土壤、作物和杂草。利用反射光波的差别，可用于鉴别缺乏营养或感染病虫害的作物叶片。变量施加除草剂有两种方法：一种是利用杂草检测传感器，随时采集田间杂草信息，通过变量喷洒设备的控制系统，控制除草剂的喷施量；另一种是事先用杂草传感器绘制出田间杂草斑块分布图，然后综合处理方案，绘出杂草斑块处理电子地图，由电子地图输出处方，通过变量喷药机械实施。研究表明，通过处方变量投入，可使除草剂的施用量减少 40%~60%。PATCHEN 公司生产的 Weeds Seeker PhD600 是应用半导体二极管光反射传感器的农药变量供给系统，它以发光二极管为光源，光电二极管接收分析反射的光波数据，经计算处理产

生信号并控制农药喷嘴阀。只有当杂草出现时才针对性喷洒除草剂，这样可以大幅度减少除草剂的使用量。喷药量和雾滴大小的控制系统基于改进的脉宽调制技术（pulse width modulation，PWM），根据事先绘制好的田间喷药（处方）图的要求和 GPS 对喷药机的田间定位，来独立调节药量和雾滴的大小。如图 7-22 所示，差分 GPS 接收器提供的地理位置、行驶方向和距离数据存入计算机。该计算机根据用户事先设定的喷药量和雾滴大小在田间的分布图，来决定田间逐个位置喷药的流量和压力。压力控制回路是由一个电液控制阀及离心喷雾泵组成的，压力的设定值来自机载计算机给定值，流量控制器保持着流量的闭环控制。流量的设定受输入的行驶速度值自动调节。该系统安装在喷药拖车上。流量可调范围达 4∶1，而压力变化为 70～700 kPa，响应速率达 1～2 Hz。

图 7-22 装备有 GPS 的变量施药机械

四、精准变量施药机械的发展现状

基于杂草分布图的控制策略存在实时性问题，因为杂草分布图的形成往往滞后，田间状态可能已改变，基于机器视觉检测和定位技术用于田间作业已成为国内外学者研究的热点，以美国、日本为代表的一些发达国家已经开始研究面向农业生产的精准变量施药机械的应用。经过 10 余年的探索，目前较为成熟的有基于地图的和基于实时传感技术的农药变量喷洒系统，即利用机器的视觉系统实时获得杂草空间分布信息，仅对杂草丛生的区域喷施所需数量的药剂，这样更有效率，且对环境的危害更小。

视觉系统中包括多个摄像机，每个摄像机辨识一行作物，多个摄像机获得的多幅图像在被计算机处理前合成为一幅独立的图像，使用近红外线滤波器产生高对比度的植物图像，如 CCD 摄像机对 700～1 100 nm 范围内的反射光是敏感的。摄像机位于喷施杆前 1 m，一是提高分辨力，二是图像处理便于及时用于喷药机速度传感和电磁阀控制。

传统的喷药机上,喷嘴间距和喷杆高度的选择主要依据总体喷施模型的一致性要求,而对于新型的精准喷药机,传感系统空间分辨力被认为是选择喷嘴间距的主要因素,每个喷嘴单独控制,每个喷嘴覆盖的田间带尺寸应该是相等的,或者稍大于视觉系统的检测带。喷杆高度可调整,以便图像视觉面积和喷施重叠量能够很好地适应作物状况,喷药机前进速度为 1.6~5 km/h。

在喷雾机精准喷雾作业中,喷雾目标的准确识别与检测是一项重要的工作。欧洲 ISAFRUIT 项目资助开发了一种新型的多通道对靶风送式喷雾机,该喷雾机具备基于超声波传感器的作物识别系统(crop identification system,CIS),该系统在拖拉机行进速度为 2 km/h、4 km/h、6 km/h、8 km/h 时能准确地识别喷雾目标,并控制喷头的开启与关闭,实现精准喷雾。

第五节 精准变量灌溉机械

一、精准变量灌溉技术的意义

水资源的短缺已经成为制约农业发展的关键因素之一,因此如何高效利用水资源已成为农业领域研究的重点。传统农业灌溉方式落后、粗放,利用率极为低下,精准灌溉技术作为精准农业的重要技术组成,具有明显的节水、增产、省工以及改善作物品质等优点。精准灌溉技术是以大田耕作为基础,按照作物生长的需水要求,通过现代化的监测手段,对作物生长发育状态过程以及环境要素的现状实现数字化、网络化、智能化监控,同时运用了"3S"技术以及计算机等先进的技术实现对作物土壤、墒情、气候等从宏观到微观的监控预测,根据监控结果,采用最精准的灌溉设施对作物进行严格有效的施肥灌水,以满足作物生长过程中的需要,从而实现高产、优质、高效及节水的农业灌溉设施。

二、精准变量灌溉的技术路线与控制形式

精准灌溉系统一般以旱田为对象,将需要灌溉的区域细分为较小的单元区域,测定每个单元区域各自的特性,制订科学合理的灌溉方案。其技术体系主要包括数据信息的采集、信息处理和分布式调控3个重要方面,数据信息的采集主要依靠 DGPS 获得定位信息,遥感系统获得遥感信息和基础动态信息,并形成作物生长环境及长势监测的分布图。信息处理环节主要对信息采集环节获取的数据进行进一步

加工和处理，经过一些数据库管理系统的再加工后进入决策支持系统，从而形成具有针对性的灌溉处方图。配套的大型喷灌设备，经 DGPS 的定位在处方图的指导下通过变量投入进行精准灌溉。一般常把喷水、施肥、喷药结合在一起。精准变量灌溉机的控制流程如图 7-23 所示。

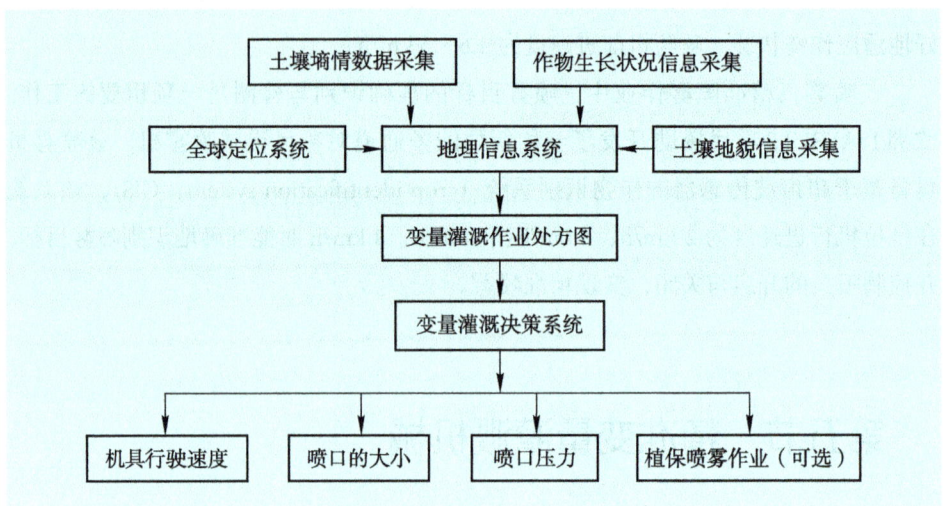

图 7-23　精准变量灌溉机变量控制系统流程图

三、精准变量灌溉机械的组成

现以美国爱达荷州变量喷灌系统为例加以说明。该系统采用主从微处理器分布式控制，使得臂杆长达 392 m 的喷灌机可以随时调节喷洒流量，以适应各田块因土壤质地、耕作层厚度、地形以及产量潜力不同对水分及农药的不同需求。系统仪表包括两支 0～100 PSI 压力传感器和一个 0～1 000 GPM 流量计。以电子控制变速驱动供水泵和药液泵来调节流量，进而实现精准变量灌溉控制。

四、精准变量灌溉机械的发展现状

在大面积旱田中，采用大型喷灌设备，比漫灌节约大量用水，并且省工、省时。利用调整喷灌机械的行驶速度、喷口大小和喷水压力等都能进行喷水量的控制，可以根据地块和作物的要求，进行适时适量地喷水，这些控制在利用微机后都容易实现。国外的自动灌溉管理系统可在几周前根据不同的作物生长期、土壤和地貌情况的要求，编写灌溉程序。喷灌机械可以自动地按照程序发出的指令，在规定的时间，按不同地块的要求，喷洒不同量的人工降雨。该系统加上遥控装置后，能够存储数据，通过个人计算机和通信网络，可实现在远处的控制室内进行灌溉管理。

复习思考题

1. 简述谷物联合收获机工艺流程。
2. 常用的谷物流量传感器有哪些？其工作原理是什么？

参考文献

1. 崔笛，李民赞，张俊宁，等.基于光电原理的容积式谷物流量传感器试验研究[C].农业工程科技创新与建设现代农业–2005年中国农业工程学会学术年会论文集第三分册，2005.
2. 周俊，刘成良.平行梁冲量式谷物质量流量传感器弹性元件设计[J].农业工程学报，2007（4）：110–114.
3. 郭琳，师帅兵，党学立.科氏力谷物流量传感器的研究[J].农机化研究，2007（11）：77–79.
4. 张惠莉，王刚，辛立国，等.γ射线谷物流量在线测量试验系统的研究[J].莱阳农学院学报，2005（3）：216–218.
5. ARSLAN S, INANC F, GRAY J N, et al. Grain flow measurements with X-ray techniques [J]. Computers and Electronics in Agriculture, 2000, 26（1）: 65–80.
6. 朱亚东.谷物湿度传感器的研究与设计[D].杨凌：西北农林科技大学，2009.
7. STAFFORD J V, AMBLER B, SMITH M P. Sensing and mapping grain yieldvariation [C]. In: Automated Agriculture for the21st Century, Chicago: ASAE, 1991.
8. 何勇，赵春江，刘飞.精细农业[M].4版.杭州：浙江大学出版社，2023.
9. 祝青园，王书茂，谭彧.谷物联合收割机测产技术研究[C]//.走中国特色农业机械化道路–中国农业机械学会2008年学术年会论文集（下册），2008：291–293.
10. 耿端阳，谭德蕾，苏国梁，等.压力式谷物产量监测系统优化与试验验证[J].农业工程学报，2021，37（9）：245–252.
11. 陈树人，胡鹏，胡均万，等.谷物产量分布图生成系统的开发研究[J].农业工程学报，2008（8）：182–184.
12. 美国的"绿色之星"精准农业技术[J].农业开发与装备，2008（2）：34.

数字课程学习

📺 教学课件　　🎞 教学视频　　🖼 图库　　📝 自测题

第八章

精准农业技术的集成与应用

精准农业作为一种现代农业管理理念,通过整合先进的信息技术和自动化技术,将农业生产全过程信息感知、智能决策、精准作业各单项技术及产品进行集成应用,优化农业生产过程,提升资源利用效率。本章系统介绍精准农业技术集成标准与规范、关键环节与技术、具体实践过程和实际应用场景与案例,展示如何通过精准农业实现高效、可持续的农业生产。

第一节　精准农业技术集成

一、精准农业技术集成概述

精准农业（precision agriculture）是当今世界农业发展的新潮流，是由信息技术支持的根据空间变异，定位、定时、定量地实施一整套现代化农事操作技术与管理的系统。刘金铜等（2001）将精准农业定义为：以农业可持续发展为最终目标，以生态系统的理论为基础，以信息化技术、数字化技术、智能化控制技术和精准变量投入技术为装备，集成了全球卫星定位系统、地理信息系统、遥感技术、信息技术、传感器技术、智能装备技术、自动化控制等兴起的一场新的农业技术革命，是对包括农、林、牧、渔各业的大农业整个生产工艺过程实现精细化、准确化的农业微观经营管理的新思想。皮龙风等（2005）将精准农业定义为：以集成利用现代高科技技术和思想对农业生产工艺全过程进行系统优化，通过对生产过程的精细化、准确化的调节与控制实现低投入、低消耗、高收益的可持续农业发展目标的农业生产经营思想体系。

精准农业技术集成通过"天、空、地、人、农机"数据采集、模型分析，实现农业生产全过程的信息感知、智能决策、精准作业。这有助于强化科技集成应用、推进农业结构调整、打造全产业链发展、创新经营体制机制，促进了智慧化农业技术装备水平、综合生产能力、质量效益水平以及农民收入水平的大幅提升。

我国当前面临农业资源匮乏、农田环境污染严重的问题，另外加入WTO后农业市场竞争激烈，因此在我国实施精准农业示范和研究工作具有重要的战略意义。但组成精准农业的各个子系统一般以完成本领域内的一项或者某几项工作为主，导致多个系统之间各自独立，系统性整体性差。同时各个系统专业要求高，而从业人员一般不具备较高的相关专业背景与知识技能，直接导致其在很大程度上不知何时该使用何系统去做何事，这就严重制约着各个子系统潜力的充分发挥，造成资源的浪费，如此就对精准农业系统集成提出了严峻的现实需求和巨大挑战。

二、精准农业技术集成的标准与规范

（一）农业环境信息与作物生理生长信息感知技术标准

作物生长环境信息（crop growth environment information）是指作物生长过程中的气象、土壤、地理等相关信息。

1. 信息采集内容

（1）气象信息　气象信息主要包括太阳辐射度、降水量、空气温度、空气湿度、风速、风向、二氧化碳浓度、光照强度、光照时长和气压等信息。

（2）土壤信息　土壤信息主要包括土壤温度、土壤湿度、电导率、pH，以及土壤氮、磷、钾含量等信息。

（3）地理信息　地理信息主要包括经纬度、高程等信息。

2. 设备要求

设备主要包括信息采集设备、信息存储设备和信息传输设备等。

（1）信息采集设备　信息采集设备应能实时提供数据信息并保证输出信息的流畅性，满足气象、土壤、地理等信息采集稳定性与精准性需要。

气象信息采集设备：可选择适合的气象信息采集设备，包括但不限于太阳辐射度传感器、降水量监测仪、空气温度传感器、空气湿度传感器、风速传感器、风向传感器、二氧化碳浓度传感器、光照强度传感器、光照时长传感器和气压传感器等。

土壤信息采集设备：可选择适合的土壤信息采集设备，包括但不限于土壤温度传感器、土壤湿度传感器、土壤电导率传感器、土壤pH传感器，以及土壤氮、磷、钾含量传感器等。

地理信息采集设备：可选择适合的地理信息采集设备，包括但不限于经度测量仪、纬度测量仪和高程测量仪等。

设备参数：信息采集设备参数应符合表8-1要求。

表 8-1　土壤及地理信息采集设备的参数（江苏省市场监督管理局，2021）

设备类型	测量范围	测量精度
太阳辐射度传感器	0 W/m² ~ 2 000 W/m²	±5%
降水量监测仪	0 ~ 9 999 nm	±0.1 mm
空气温度传感器	−30 ~ 60℃	±0.1℃
空气湿度传感器	0% ~ 100%	±0.1%
风速传感器	0 ~ 35 m/s	±5 m/s
风向传感器	0° ~ 359°	±4°
二氧化碳浓度传感器	0 ~ 2 000 ppm	±1 ppm

续表

设备类型	测量范围	测量精度
光照强度传感器	0~200 000 lx	±20 lx
光照时长传感器	—	±10 min
气压传感器	30 000~120 000 Pa	±100 Pa
土壤温度传感器	-40~60℃	±0.1℃
土壤湿度传感器	0%~100%	±3%
土壤电导率传感器	0~10 000 μs/cm	±10 μs/cm
土壤 pH 传感器	0~14	±0.02
土壤含氮量传感器	0~3 999 mg	±0.1 mg
土壤含磷量传感器	0~3 999 mg	±0.1 mg
土壤含钾量传感器	0~3 999 mg	±0.1 mg
经度测量仪	—	±1″
纬度测量仪	—	±1″
高程测量仪	—	±1 m

"—"表示该项不适用。

(2) 信息存储设备　设备应能实时存储数据，计算机终端安装的配套软件应具有实时显示当前及已存储数据和超出阈值自动报警的功能。

存储方式：采用集中式存储方式。存储容量≥100 GB。

存储期限：数据信息保存期限应≥60 d。

(3) 信息传输设备　信息传输网络：可采用蓝牙或 ZigBee 等无线通信技术或有线通信技术进行数据信息传输。

传感器节点：传感器节点由传感器、嵌入式控制系统和无线发射模块组成。

速率：采集设备间通信数据传输速率应≥20 kbit/s。

带宽：无线传输网络通信带宽应≥250 kbps。

(4) 电源　设备供电电压应为交流 220V，具备 AC/DC 及 DC/DC 转换功能。

(5) 接口　输出接口应采用 RS-485 以及 USB 接口。存储接口应具备 USB 接口或 SD/Micro SD 存储卡等接口连接外部存储介质。

(6) 温度　设备应能在温度为 -30~60℃的环境中正常工作。

(二) 农田信息实时传输技术性能比较

由于传输介质的不同、农田传输方式各自存在不同的特点，从传输距离、传输速率、适合传输的信息种类及其所属传输方式特点方面对传输方式的性能进行了比较（表 8-2）。

表 8-2 农田信息实时传输技术性能比较（姚元森等，2013）

传输方式	传输距离	传输速率	信息种类	方式特点
CAN 总线	40～110 m	50 kbps～1 Mbps	数据	有线
同轴电缆	<1 000 m	10～100 Mbps	数据/视频	有线
光纤	<2 000 m	1 Gbps～1 Tbps	数据/视频	有线
蓝牙通信	10～100 m	<1 Mbps	数据	无线
ZigBee 无线传感器网络	<100 m	<250 kbps	数据	无线
RFID 无线射频	10～100 m	<1 Mbps	数据	无线
GSM GPRS	无限制	<384 kbps	数据	无线
3G W CDMA	无限制	<14.4 Mbps	数据/视频	无线
3G TD SCDMA	无限制	<7.2 Mbps	数据/视频	无线

三、精准农业技术体系

精准农业技术体系是由农业适用科学技术、农业工程技术、农业生物工程技术、农业信息技术等先进科学技术组合而成，以精准灌溉技术、精准施肥技术、精准播种技术、精准收获技术、田间作物生产及环境动态监测等 6 项技术为核心的精准农业技术体系（图 8-1）。

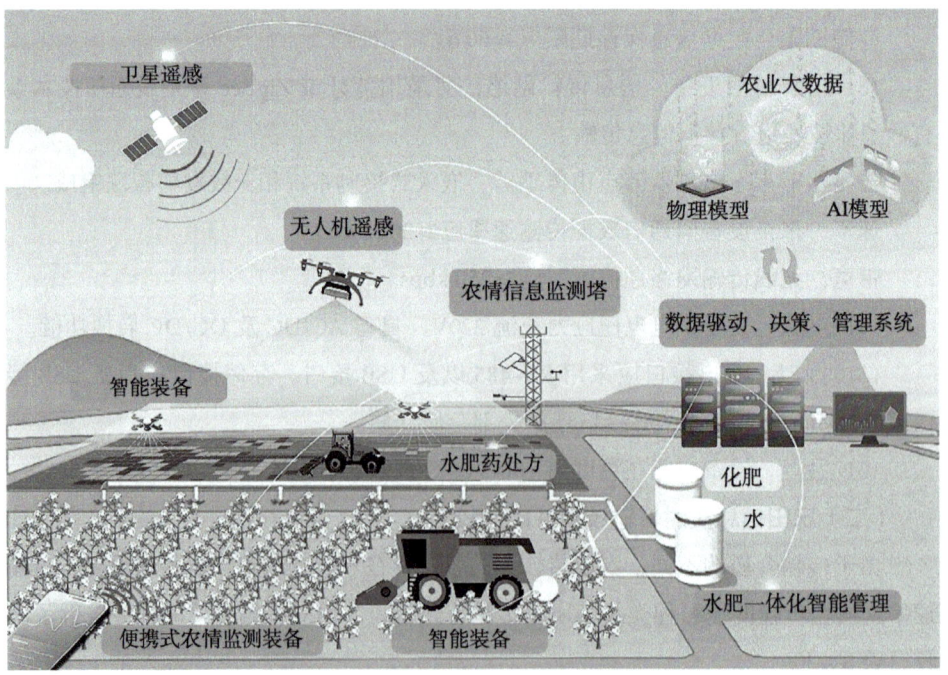

图 8-1 精准农业监测与应用一体化技术集成体系

（一）信息采集系统

1. 农作物生长环境精准监测集成技术

农作物生长环境土壤温度的快速感知技术：土壤温度是作物生长环境中的生态要素之一，它不仅影响着植株的生长、发育和土壤的形成，还对土壤中有机质的转化、土壤中养分的吸收和水分运动产生影响。土壤温度的高低还关系着微生物的活动、作物的分蘖消长和安全越冬等问题。由于大多数农作物的主要根系普遍分布在土下 50 cm 左右，所以测量土壤表层（或耕层）的温度，掌握其温度的周期变化，对于农业生产和作物研究都具有深远的意义。

农作物生长环境光照强度的快速感知技术：植物的生长是通过光合作用储存有机物来实现的，因此光照强度对农作物的生长和发育影响很大，它直接影响植物光合作用的强弱。因此，光照强度的监测对于农作物的生长发育至关重要。光敏传感器种类繁多，主要有光电管、光电倍增管、光敏电阻、光敏三极管、太阳能电池、红外线传感器、紫外线传感器、光纤式光电传感器、色彩传感器、CCD 和 CMOS 图像传感器等。几种光照强度传感器的比较见表 8-3。

表 8-3 几种光照强度传感器的比较（姚元森等，2013）

传感器类型	机制	优缺点
光合有效辐射传感器	硅光电池 LXD23CV 的光电模式	在低功耗的前提下实现微弱电流-电压信号的转换和放大、高频噪声滤波等功能，并使经调理的输出电压与光合有效辐射之间的相关系数达到 0.9879，且低功能消耗，适用于户外动态环境；调理电路对更低级别的微弱电流信号放大不明显，有可能导致有用信号被噪声淹没
以 STC89C51 单片机为控制核心的路灯自动控制系统	光敏器件对环境光照度进行采集	实时根据周边环境的光亮度做出反应，同时还采用声音控制和红外控制等作为辅助控制
基于光子晶体的 MEMS 气敏传感器	基于红外吸收原理的气敏传感器	实现了归一化频率 $w = 0.51 \sim 0.55$ 范围的分光，并能使该范围的光在空间的分开角度达到 67°，大大提高了传感器的分辨率

2. 农作物生长环境养分信息的快速感知技术

在农作物的生产管理中，常需根据土壤养分的测量结果进行施肥，以满足作物生长的需求。快速测定作物生长环境中的肥力信息，是实施科学施肥、防治环境污染、提高土地产出率、资源利用率和保障农作物生长安全的重要前提。作物生长信息感知技术及发展水平见表 8-4。

目前对于土壤氮、磷、钾等养分的快速测量仪器主要有两类：第一类是基于

表 8-4　作物生长信息感知技术及发展水平（翟长远等，2022）

感知内容	感知方法	局限性	发展水平
果树位置	采用光电传感器、超声波传感器、激光图像等感知树冠、树干	光电传感器易受光照影响	技术成熟、样机已产品化
果树外形和体积	采用超声传感器、激光雷达和机器视觉方法来感知果树外形和体积	探测数据量大，运算时间较长，导致系统响应慢	技术较为成熟、样机产品研发阶段
果树生物量	采用激光雷达、微波雷达、超声波传感器感知果树密度	静态探测阶段，自然环境下高精度快速识别技术未攻关	技术尚不成熟、试验样机研发阶段
大田作物行	采用机器视觉感知作物行	对行精度的响应速度较慢	技术尚不成熟、试验样机研发阶段
大田杂草	采用光谱和机器视觉来感知杂草位置、特征、面积	杂草识别算法较为复杂用于训练的数据库单一，包容性差	技术尚不成熟、试验样机研发阶段
病虫害	采用光谱、机器视觉感知病虫害种类和程度	静态检测阶段，自然环境下高精度快速识别技术未攻关	技术尚不成熟、实验室研发阶段

光电分色等传统养分速测技术基础上的土壤养分速测仪；第二类是基于近红外技术通过土壤或叶面反射光谱特性直接或间接进行农田肥力水平快速评估的仪器。

（二）智能化操作机械

1. 精准播种技术

精准播种技术主要集成了播量监控技术和播深监控技术。播量监控技术通过落种感知进行播种质量评价，根据最优播量实现变量均匀播种是播种机田间作业关键技术之一。基于落种感知进行播种质量在线监测与评价是保证播量精准的重要手段，在播深实时监测精度不断提高的基础上，播深控制得以实现，主要通过限深轮摆角度和单体仿形机构两种形式实现。

2. 高效精准施肥装备

基于云服务的设施农业水肥一体化装备及系统应具备以下功能需求：①数据采集：布置相关传感器，设备能够采集到作物的生长环境信息，包括空气的温湿度、大气压强、光照强度以及二氧化碳浓度，还需采集土壤中的温湿度、电导率以及氮磷钾有效养分浓度。②数据传输：采集到的数据可以通过互联网传输至物联网平台。③施肥灌溉控制：能够控制设备运行状态，泵及吸肥器开关，实现对水肥一体化设备施肥灌溉的控制。④远程监控：可通过云服务平台实时查看作物生长环境信息，并控制水肥一体化装备。⑤配方获取与传输：云服务平台根据作物生长环境信息选择合适的施肥灌溉配方，并发送至水肥一体化装备。⑥配方完善：

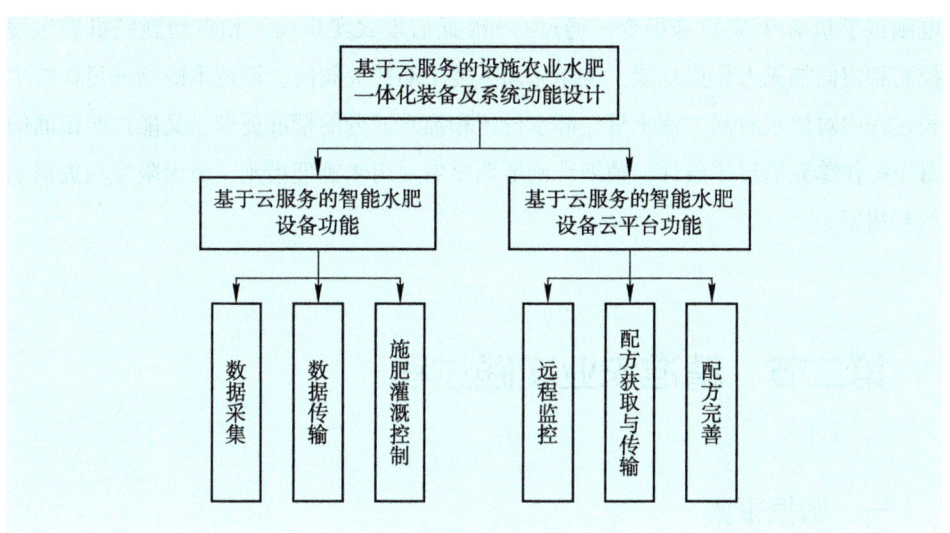

图 8-2 水肥一体化系统功能图（引自刘烨，2021）

云服务平台根据用户反馈数据可对数据库中的配方进行完善与增加。水肥一体化系统功能如图 8-2 所示。

3. 作物低损耗收获技术

作物低损耗收获技术主要集成自适应收获机智能监控系统、收获机作业工况智能监测技术、自动化工况监控技术等。对收获机进行智能监控，主要包括故障预警与智能诊断、作业信息监测、自动控制等方面。故障预警与智能诊断依赖于对发动机等核心收获部件的监测比较成熟，但仅靠核心部件监测的故障诊断准确率较低，为了提高预警及诊断的准确率，整机控制状态、收获模式、行走轨迹、发动机震动、堵塞等越来越多的参数被监测和使用，多传感器信息融合、故障诊断知识库和推理机制、深度学习及神经网络等技术开始应用于智能故障诊断。

（三）农田管理决策技术

1. 病虫草害精准测报与绿色防控技术

病虫草害精准测报与绿色防控技术主要集成构建病虫草准确预测预报及环境条件与病虫害发生的关系模型，农药高效精准施用技术，天敌的物理、化学、生物防控技术，精准施药装备等。植保作业状态参数包括作业速度、喷雾压力、流量、喷杆姿态、喷头堵塞等。实时监测作业状态参数旨在传递状态信息至控制系统分析执行变量控制决策。目前先进的对靶喷药机已经能够实现根据果园生物量分布进行精准施药，针对作物病虫害对靶施药将是下一步的研究重点。

2. 水肥精准管理技术

水肥一体化系统是通过配置田间信息精准监测系统，全程监测农田墒情、气象、设备工况等信息，为水肥决策和作业管理提供信息支撑。目前，使用者可通过电脑或手机 APP 来发送指令，通过 GPRS 通信模式实现阀门和自动施肥机的远程控制和田间的无人作业功能，全年无须下地手动开关阀门。该技术既能满足作物生长过程中对灌水时间、灌水量、灌水位置和灌水成分的精准要求，又能按照田间的每个操作单元的具体条件，精细准确地调整农业用水管理措施，最大限度地提高水的利用率。

第二节 精准农业实践过程

一、数据采集

电磁波在与作物相互作用后，携带有大量关于目标物的状态信息。对这种携带作物生长信息的电磁波谱进行探测、记录并解译，可以得到作物生长相关的信息。根据作物光谱数据属性的不同，将作物近地光谱数据获取方法分为非成像光谱和成像光谱获取两大类。

（一）非成像光谱获取

非成像光谱获取一般指的是利用非成像光谱采集传感器，在自然光条件下对冠层某一区域，或者在人造光源条件下对单叶某个部位获取反射光谱。以当前使用较广泛的美国 Spectral Evolution 公司生产的 SR-3500 便携式地物光谱仪（仪器基本参数如表 8-5 所示）为例，介绍其数据获取方法。

表 8-5　SR-3500 便携式地物光谱仪的基本参数

技术指标	SR 3500
光谱范围	350～2 500 nm
光谱分辨率	6 nm
测量模式	PDA 单手测控测量（内置 GPS）
接口与 PDA	USB 和蓝牙，可无线遥控测量，PDA 内置 GPS 模块

单叶尺度的非成像光谱获取，主要是利用仪器自带的叶片夹及叶片夹内配备的卤素灯作为光源，将叶片某一区域作为测试对象，创造一个相对封闭的测量环境，不存在太阳光照问题，从而稳定获取单张叶片某一区域的光谱数据，在室内、室外，叶片离体或不离体都可测试。需要注意的是，在作物叶片光谱测量过程中，要尽量避开叶片的主叶脉，并且保证叶片表面干燥，没有水汽附着。其光谱采集过程分为两步：

1. 辐射校正

在数据测试之前基于标准反射率白板进行辐射校正，SR-3500 的辐射校正即是利用叶片夹在内置光源条件下将光纤对准叶片夹自带的标准反射率白板进行光谱归一化，获得光谱曲线，然后利用叶片夹夹取叶片进行光谱获取。

2. 光谱采集

在单叶光谱采集过程中，应保证单张叶片在叶片夹内的部分尽量平整、干净，测量时保证无外部光源干扰。

获取冠层尺度非成像光谱，以太阳光为入射光源，借助自带水平仪的裸光纤配套把手，保持光纤探头垂直于地面；用米尺测量使探头到冠层顶部保持一定距离（约 1 m），获取传感器视场角 25° 范围内所有目标的平均反射率。测量过程中用标准反射率白板进行校正，以获得标准反射率。

（二）成像光谱获取

作物成像高光谱获取设备称为成像光谱仪。成像光谱仪在获取作物实时图像的同时，还可以获取图像中每个像素几个到数百个光谱波段信息，成像光谱技术将作物的电磁波谱和空间位置信息通过不同的探测方式予以记录，实现了真正的"图谱合一"。但从原理上来说，成像光谱仪基本上属于多光谱扫描仪，其构造与电荷耦合器件（charge coupled device，CCD）线阵列推扫式扫描仪和多光谱扫描仪相同，区别在于通道数增多，各通道的波段宽度很窄。根据传感器搭载平台的不同，作物成像光谱获取可以分为近地面、机载和星载三类。

虽然星载平台和机载平台能够提供不同尺度的作物群体光谱信息，但是容易受混合像元和大气吸收的影响，以及时间和空间分辨率的限制，并且数据获取成本较高、获取过程复杂，安全性难以保障。而高分辨率的近地成像光谱仪可以获取精确到毫米级的高空间分辨率作物成像光谱数据。目前，近地面成像光谱技术已经被应用到叶片和冠层两个尺度，在作物生理生化参数反演、病虫害监测及作物生长监测等方面有较多应用。

在叶片尺度，室内叶片尺度成像光谱获取系统主要是为了创造一个相对稳定的室内环境，借助成像光谱设备获取单叶尺度的高光谱影像，通过不同光谱分析方法，对叶片内部像元级别的生化参数进行估算。

二、诊断决策

近年来，针对作物光谱氮素诊断的无损测试技术已成为国内外研究的热点。基于光谱遥感营养诊断的主要方法有便携式叶绿素仪法、遥感光谱法等。

（一）便携式叶绿素仪法

随着主动光谱技术的发展，作物氮素诊断依据作物实时生长状况进行营养诊断，通过测量地面作物反射率特征可以反映作物的营养状况，尤其在作物缺氮时作物叶片叶绿素含量与氮素含量密切相关。叶绿素含量的高低可间接反映作物氮素含量，依据此原理日本于 20 世纪末生产了便携式叶绿素仪 SPAD-502。

SPAD-502 采用双波段 LED 光源，分别发射 650 nm 红光和 940 nm 近红外光，通过叶片反射的不同光密度通过自带计算机软件得到 SPAD 值。将植物叶片插入叶绿素仪测定部位感光后读出叶色值（SPAD 值），它是一个无量纲的比值，不需破坏作物形态，根据叶绿素与氮素之间的相关关系进行测试，表征叶绿素含量。此法代替了叶片的叶绿素含量的化学测定方法，可便捷、无损、及时地测定植物叶片的叶绿素相对含量，从而确定作物氮素状况。

（二）遥感光谱法

遥感技术是运用传感器、遥感设备获取，不接触探测目标就可记录磁波特性，它能够通过作物的生理生化特征的影响对光的吸收、透射和反射的变化，运用回归分析方法建立含氮量与光谱反射率定量关系，无损、便捷地获取作物生长信息和营养状况，成为作物营养诊断和施肥推荐强有力的工具。光谱遥感数据能准确地反映田间作物的光谱吸收、反射特性以及作物之间光谱差异，从而准确地获取叶片的叶绿素含量、作物含水量、冠层覆盖度、产量等生物参数。便携式高光谱仪是一种简单、快速、非接触地测定作物冠层养分的方法，美国 ASD 公司依据不同的波段设计了不同类型的外地面监测的高光谱仪，不仅可以对冠层进行测定，还能利用植被探头自带的照明光源进行单叶光谱测定，因此可以连续、稳定地获取光谱反射率曲线，且不易受外界环境因素的干扰，大大提高了作物氮素营养诊断的精度。20 世纪末美国俄克拉何马州州立大学开发了一种较先进的地面主动遥感高光谱仪器——GreenSeeker。它采用主动遥感方式，自身携带的高强度发光二极管发射 Red 与 NIR，经过作物反射后再被二极管接收并转换测量，从而获得两波段反射率，将数据信息记录在掌上电脑，并换算出光谱植被指数参数数据，由此依据所获取的 NDVI 分析作物生长信息及氮素状况，对作物氮素进行实时诊断，并提供最佳的推荐施肥量。

（三）信息处理与决策技术

随着现代信息技术的发展，一系列信息技术被广泛应用于农业，农业信息化水平有了显著性提高，农业生产各环节的数据量日益增多，基于数据分析的农业业务需求也越来越多。农业数据由结构化数据和非结构化数据构成，数据量大、涵盖领域广、数据类型多，属于典型的大数据。在农业生产中大数据技术可以精细化、智能化管理中的机制、方法与模型,还可以进行大规模数据集关联分析、建立模型等等,这对农业的发展有着重大的影响。将大数据技术应用于农业信息服务领域,不仅可以为农业信息服务技术带来革命性进展,还可以促进农业产业的整体进步,但如何对农业大数据进行处理是面临的一个挑战。

针对农业大数据的数据海量、数据源异构、数据结构多样和数据变化快等特点,应用大数据去冗降噪、数据存储、融合技术、非结构化和半结构化数据的高效处理技术以及适合不同行业的大数据挖掘分析工具和开发环境等技术,根据精准施肥分类标准定义主体的信息处理意向,开发农业大数据采集、转换、分类、清洗和聚类等智能分析系统,将从本地数据库、互联网、物联网和野外工作人员等数据源接收的海量数据,自动、实时地按照特定策略进行过滤,丢弃无效信息,生成不同类型的数据库,并自动生成元数据、准确描述数据出处、获得途径和环境等背景信息,为精准施肥提供服务。

1. 数据采集技术

进行数据整理之前首先要利用计算机将所有的数据进行收集,收集有用的数据进行整理加工,然后将整理好的数据放到网络上进行使用,或直接通过用户的浏览记录来收集数据信息,这样得到的数据更有价值一些。在进行数据收集的过程中,其同样需要采用多种不同的方式对信息结构体系进行相应的数据优化。让信息的内容更加精确,最终让计算机信息处理效率得到相应的提高。在整体的数据传播中,其需要根据信息的变化情况,对其整体的内容进行数据的调整,最终让计算机处理信息的效率得到全面性的提高。

精准施肥是通过对农田养分进行动态监测提供数据的。对农田养分状况的动态监测是信息的采集、获取过程,内容包括养分的容量、供应强度、空间分布、动态变化等。遥感技术与传感器技术的发展使得农田养分状况的检测可以实现实时监测,反映田间情况,减少采样、运输、处理分析等过程,大大提高监测的速度和能力,同时也降低了成本。

农田养分信息具有显著的空间属性,其空间变异性很大。在数据采集过程中,其位置的识别是与数据监测密不可分的,因此需要对信息进行准确的定位。GPS提供了全天候、实时精确定位的测量手段。精准农业中,GPS主要是用来确定在田间的位置,结合其土壤的含水量、氮、磷、钾、有机质、病虫害等不同信息的分布情况,辅助农业生产中的灌溉、施肥、喷药等田间操作。其作用从本质来说是提供三维位置和时间,从而提高信息技术采集的准确度和精度。

2. 数据清理技术

数据清理工作主要是为了清除源数据、处理遗漏数据以及清洗"脏数据",找出并且改正数据中可识别的问题，减少错误的出现和不一致性，完成对象识别的过程。清理源数据包含审计日志信息数据中的噪声数据和一系列无关数据。同时考虑审计日志信息的时间变化以及数据变化的过程，对重复数据以及缺值数据进行处理，并对缺省数据进行填补。该工作的关键是利用相关的技术手段，如数据统计、数据挖掘、预定义的数据清洗要求把"脏数据"转变成符合数据质量标准的数据。

3. 大数据存储和高效数据检索技术

农田养分信息包括多种形式，如电子地图、遥感影像、三维空间图形、多媒体信息以及各种专业测量信息、属性信息、统计信息等。为便于数据的管理、传递、更新以及分析使用，这些信息都需要以数据库形式存储。

农田施肥数据库包括属性数据库、空间数据库、影像数据库、模型数据库、参数数据库等。属性数据库包括各种统计数据、土壤养分监测数据、气候、水分、作物品种等农业相关数据。空间数据库包括行政区划图、地形图、气候图、土壤图、土壤养分图（有机质、全氮、速效磷、速效钾、pH、碳酸钙）、微量元素分布图（Fe、Mn、Cu、Zn、B、Mo）等。影像库包括土壤肥料基础知识（文字、图表）、各种作物的缺素症状（照片、文字）、各种施肥方法（影像）等。模型库对农田施肥模型进行管理，包括各种推荐施肥模型、养分丰缺评价模型、作物需肥模型等专业模型，具体有目标产量推荐施肥模型、养分平衡推荐施肥模型、丰缺指标推荐施肥模型、肥料效应函数推荐施肥模型，大量元素（N、P、K）、中量元素（Ca、Mg、S）、微量元素（Fe、Mn、Cu、Zn、B、Mo）养分丰缺评价模型以及土壤物理性状评价模型等。参数库包括推荐施肥的各种参数，包括肥料利用率、空白产量、土壤养分利用系数、土壤养分换算系数等。各种信息系统为决策实施提供基础。

4. 决策支持系统

要完成施肥决策服务，必须通过信息系统将各类施肥模型组合在一起，通过系统对施肥模型自动反复验证推理，以揭示作物生长和施肥的内部关系及规律。要达到这一目标，需完成三项重点任务：①农业数据去冗降噪、融合存储的智能化规范处理；②将各类施肥模型组合，形成农业大数据决策本体；③通过交互引擎和交互控制实现农业信息云服务的人机交互服务。

在实现对农田养分信息进行有效管理的基础上，与推荐施肥专家咨询系统、决策支持系统结合，提供多种推荐施肥模型；通过对施肥参数的动态管理，实现适时更新和校正；开发多种管理工具，提供信息传递管理、数据处理等功能；存储大量的土肥技术知识信息，供用户在线查阅。通过整个农田施肥系统的应用，提供决策者对农田施肥管理措施进行正确地决策，保证农业生产的正常进行，达到高产、优质、高效、可持续发展的目的。

5. 农业大数据关联分析与预测技术

农业大数据来源广泛、类型多样、结构复杂，应用关联分析可以很好地挖掘农业大数据的潜在价值。关联分析又称关联挖掘，是在大量数据集中发现频繁模式、关联性、相关性或因果结构等特征的一种实用分析方法，从而描述某些现象同时出现的规律和模式。当前相关的研究可分为两类：第一类是关于经典关联分析算法的研究；第二类是在云计算环境下，不少学者致力于把关联规则与云计算结合起来，以促进关联分析在大数据时代的发展，相关的研究如基于 Boolean 矩阵和 Hadoop 的高效 Apriori 算法实现，结合 FP-tree 与 Map Reduce 提出 MFIM 算法来挖掘频繁项集的研究，大数据环境下否定关联规则算法的研究等。这些研究都在一定程度上改善了关联分析的效率，但都未与具体的领域业务相结合，尤其少见关于农业大数据关联分析的研究报道。而如何在农业大数据中立足农业数据的时空特点，建立适合农业实践应用需求的农业大数据时空关联分析与预测方法及技术，从而有效揭示农业现象背后所隐藏的关联因素与潜在规律，是当前亟需解决的重要难题。

6. 农业信息化云服务人机交互技术

"平台上移，服务下延"是农业农村信息服务的主要方向，农业信息服务过程处理方法缺乏、农业信息服务方式落后等是我国农业信息服务依然存在的突出问题。个性化、智能化、互动化的农业信息服务将是大数据时代的重要研究方向。以农业决策本体为基础，通过交互引擎和交互控制，通过信息系统的建模、形式化描述、整合算法、评估方法以及软件框架等信息技术，研究基于我国农民交互习惯的用户模型、语音交互、信息呈现方式、多通道交互信息整合和人机交互软件体系结构，为农民提供高效便捷、简明直观、双向互动的服务。

7. 服务平台搭建

目前我们国家农业大数据技术的服务平台搭建方面采用了国内外最为先进的硬件、软件技术，另外还有低成本的第三方云计算和云存储商业设施。大数据服务平台的搭建结合私有云环境，构建的农业大数据并行计算环境及实时计算服务平台，可以实时计算出农业数据，服务平台研究了大数据的分布存储、计算、读取等，以及常见的分布式计算调度应用程序接口，为大数据分析和计算各种农业数据分析提供技术支撑。

建立面向非结构化和半结构化数据的高效处理平台以 Map Reduce 和 Hadoop 等非关系数据分析技术为代表的数据处理技术已在互联网行业取得了不错的应用效果，但还缺乏适合非结构农业大数据处理、大规模并行处理的高效数据处理平台，农业大数据搜索、分析领域等业务应用缺乏必要的技术支撑,因此,农业大数据需要建立面向非结构化和半结构化数据的高效处理平台。

三、精准控制

滴灌精准施肥装置及自动控制系统通过明确基于 SPAD 营养诊断的滴灌棉花不同生育时期最佳施氮量、单次灌水时间与轮灌区面积,研究滴灌棉田单位时间最高施氮量,通过滴灌精量控制施肥装置单位时间配肥量与滴灌棉田单位时间最高施氮量的对比研究,确定滴灌精准施肥装置在不同灌溉条件与棉花不同生育时期的配肥能力,为配肥系统机构的改进与参数的优化提供理论依据。

(一)设计原理依据

要达到滴灌自动化精准施肥的目的,就需确保在单位时间内配肥投料设备投递的固体肥料的量一定,同时施肥设备在整个施肥过程中需要确保肥液浓度均匀。本研究需设计一个满足单位时间内固体肥料的投递量完全与需肥量一致的投料装备,要实现自动化将所需施加的固体肥料投递到肥料溶解罐内来实现精准配肥,在投料精准的基础上还需要设计一套与其匹配的混肥设备和施肥设备来配合投料设备共同完成滴灌自动化精准施肥。为此该滴灌自动化精准配施肥结构设计具备以下特点:设备结构包括配肥箱结构、配肥传送仓结构、精准配肥槽结构、精准送肥传送带结构、精准送肥管道结构、精准配肥驱动结构、密封活塞式溶肥结构、密封活塞驱动结构、肥料溶解结构、人机交互操作结构、工况环节实时监测结构、精准自动化施肥结构、PLC 集成自动化控制结构,配肥箱结构连接配肥传送装置之上,固体肥料通过配肥箱由肥料传送装置传送至肥水控制系统,肥水控制系统和配肥传送系统均由 PLC 集成系统控制;通过 PLC 集成系统人机交互操作界面来输入需要灌溉施肥的信息、固体肥料的施加量以及灌溉施肥的总时间,这一系列的参数和信息来确定配施肥的循环次数和每次配施肥量以及单次施肥时间;同时通过组态实时监控界面可呈现出设备的工作环节和工况信息,在自动化控制操控的基础之上设计一套人工操作控制界面以防止自控系统失灵而影响功效,实现自动化控制精准配肥施肥。

配施肥装置自控系统主要组成有九部分,即人机交互界面控制单元、PLC(ECU)集成控制单元、上下液位传感控制单元、精准配肥驱动电机控制单元、活塞驱动直线电机控制单元、进水电磁阀控制单元、施肥电磁阀控制单元、进水泵驱动控制单元和精准施肥驱动泵控制单元。

为达到灌溉肥液浓度和流量自动化精准控制的目的,配施肥装置自动化控制逻辑如下:在确定了施肥灌水面积和施肥量后,再根据灌水施肥标准计算出循环施肥次数和单次循环过程中的配肥时间，将确定的参数通过人机交互界面输入 ECU 集成控制系统，然后确认。此时配施肥装置自控系统启动并开始工作，ECU 集成控制系统将单次循环过程中的配肥时间输送给精准配肥驱动电机控制单元，配肥驱动电机启动，带动配肥传送带工作，肥料由配肥传送带和精准配肥槽经过下料管输送到混肥罐混肥区域内；当配肥驱动电机工作到输入设定时间，自动停止工作，此时密封活塞驱动直线电机启动并带动密封活塞移动来密封下料管，当活塞移动到左限位位置，此时下料管密封完成；进水电磁阀开启，同时配肥进水驱动泵开启，配肥用水进入混肥罐溶解固体颗粒肥料，当配肥水液位到配肥罐上液位位置时，进水电磁和进水驱动泵依次关闭；此时出肥电磁阀打开，并伴随着精准施肥驱动泵开启，实现精准施肥；当肥液液位到达混肥罐下液位时，出肥电磁阀关闭，同时精准施肥驱动泵停止工作；密封活塞驱动直线电机启动并带动活塞移动使下料管保持畅通，当活塞移动到右限位位置，下料管畅通完成，直线电机停止工作；一个精准配施肥过程完成，PLC（ECU）控制系统开始启动配肥驱动电机启动，进入下一次配施肥循环，当这种循环次数达到开始输入的循环次数以后，整个自动化精准配施肥过程完成控制系统自动关闭。

（二）设备选型

型号：6IK180RGU/6GU40K 三相步进电机

产品描述：功率 180 W；电压 220 V（可定作 110～380 V）；减速比为 40；固定转速为 36 r/min；调速范围为 3～36 r/min；减速比包括 3、5、7.5、10、12.5、15、18、20、25、30、40、50、60、75、100、120、150、180、200、250、300 且每个减速比都有对应的调速范围。

(1) 自动化控制系统 PLC 编程控制器选型

型号：S7-200CN 中央处理器模组 CPU226CN AC/DC/RELAY 继电器输出

产品描述：交流 220 V，功耗 17 W；数字量输入 24/24 V DC，数字量输出 16/继电器（5～30 V DC 或 5～250 V AC），2 个 RS485 通讯口，最多扩展 7 个扩展模块，它是一种小型的可人工编写程序的控制器，可以用于各行各业中的检测、监测及控制的自动化。PLC 编程控制器选型参数如图 8-3 所示。

图 8-3 PLC 编程控制器选型参数

(2) 活塞驱动直线电机选型

型号：24 V 直流电动推杆 3 000 N 直线电机

产品描述：额定功率为 75 W；空载速度为 15 mm/s；额定工作电压为 DC24 V；额定输出推力为 300 kg；自由行程为 300 mm；工作制式要求为 15%（连续工作 5 min，必须停止 5 min）；环境温度为 –15～60℃；推杆材料为铝合金。活塞密封驱动直线电机如图 8-4 所示。

(3) 电磁阀选型

型号：2W-160-15BF DN50

产品描述：接管孔径为 DN50G1/2″4 分阀体；材质为不锈钢 304；连接形式为法兰连接；常闭式：通电打开、断电关闭；电压：AC220V、DC24V（150 度 AC220V、150 度 DC24V）（150 度 AC220V 不发热、150 度 DC24V 不发热）；密封材质为 NBR 丁腈橡胶、-5～80℃以下；PTEE 氟橡胶、-5～150℃；压力范围为 0～1.0 Mpa（水液空气：0～0.7 Mpa；油：0～0.5 Mpa）；功率为 28 W；适用于常规水汽、氢气、氮气、燃气、天然气、汽油以及常规油类弱酸碱性范围内使用。精准进水、施肥电磁阀结构如图 8-5 所示。

图 8-4　活塞密封驱动直线电机

图 8-5　精准进水、施肥电磁阀结构

(4) 进水、出肥调速泵选型

型号：DYGL50-200B-3KW 全自动智能变频水泵

产品描述：DYGL50-200B-3KW 全自动智能变频水泵可保持给水系统压力恒定，不需要专业人士设置调试，用户如无特殊要求，安上即可使用。单相/三相水泵自动识别；可保持给水系统压力一定，使用压力稳定，不像压差式，该变频水泵不要上下限间距，只要求一个压力。产品特点为 IP55 全密封设计，恒压精度高，±0.1% 额定压力，操作简单供水量可提高 20%；输出频率为 0.1～400 Hz。具体参数见表 8-6。

表 8-6　精准进水、施肥调速泵参数

主要参数		主要参数	
电压	380 V	原理	离心泵
扬程	36 m	叶轮数目	单级
电动功率	3 000 W	进出口径	50 mm
泵轴位置	边立式	工作温度	120℃

续表

主要参数		主要参数	
材料	铸铁	型号	DYGL50-200B-KW
流量	10.5~15 m³/h	转速	2 900
吸程	8 m	品牌	东音
驱动方式	电动	性能	变频

（5）人机交互界面触摸屏选型

型号：ET100 人机界面触摸屏

产品描述：采用 400 MHz 高性能高速 CPU，通信传输速度快，多页切换速度流畅，高性价比价低值高，背光 LED 背光，亮度可随意调节，节能更环保。16∶9 的时尚宽屏，TFT 液晶显示，色彩 65536 色，显示更丰富多彩。应用触控灵敏无视窗面膜新技术，面膜不鼓泡，触控灵敏度更高。编程组态软件 Kinco HMIware_V2.0_Build1 30301 及其以上版本支持 ET070 编程均可使用。ET 人机界面触摸屏系列产品参数及 ET 人机交互组态监测界面分别如表 8-7 和图 8-6 所示。

表 8-7　ET 人机界面触摸屏系列产品参数

性能规格	ET050	ET070	ET100
液晶尺寸	4.3″TFT	7″TFT	10.1″TFT
分辨率	480*272 像素	800*480 像素	1024*600 像素
显示色彩	65536 彩色		
亮度	200 cd/m²		
背光灯	LED		
触摸屏	4 线精密电阻网络（表面硬度 4H）		
液晶寿命	50 000 h		
CPU	400 MHz RISC		
存储器	128M FLASH+64M SDRAM		
RTC& 配方存储器	实时时钟 +512 kb		
可扩展存储器	不支持		
打印端口	串口		
以太网	不支持		
程序下载	MINI USB SLAVE（B 型）接口 / 串口	1 个 USB SLAVE 接口 / 串口	
通信端口	COM0：RS232/RS4852，COM2：RS232		
扩展接口	不支持		

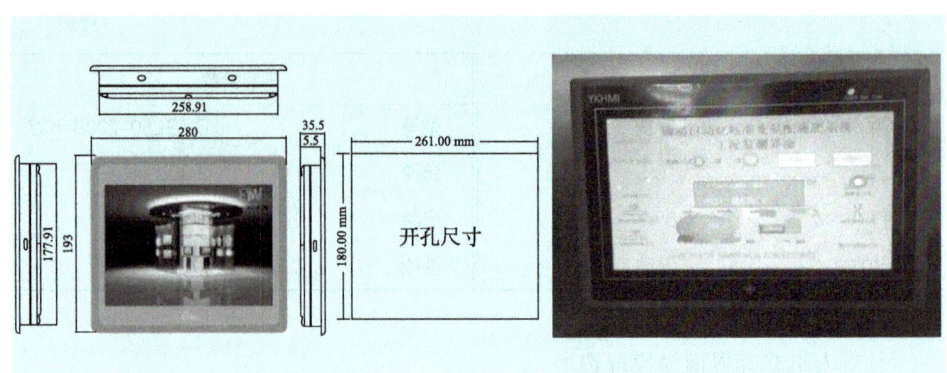

图 8-6 ET人机交互组态监测界面

(6) 压力传感器

型号：BK-2-BX 钢制"S"型称重传感器

产品描述：BK-2-BX 型钢制"S"型称重传感器，承受拉、压外力均可，输出对称性好，结构紧凑，安装方便，规格齐全，采用焊接密封结构，防潮性好。其可用于制造机电结合秤，吊钩秤，料斗秤及各种专用秤、工艺秤，配料秤等。传感器工作原理如图 8-7 所示，主要技术指标如表 8-8 所示。

表 8-8　主要技术指标

主要技术指标		主要技术指标	
输出灵敏度 /（mV/V）	2±0.005	输入电阻 /Ω	385±10
非线性	±0.02% FS	输出电阻 /Ω	350±3
滞后	±0.02% FS	绝缘电阻	≥5 000 M（Ω）
重复性	±0.01% FS	供桥电压	5～15 VDC
蠕变（30 min）	±0.02% FS	温度补偿范围	-10～50℃
零点输出	±1.00% FS	使用温度范围	-40～65℃
零点温度系数	±0.02% FS/10℃	允许过载负荷	150% FS
额定输出温度系数	±0.02% FS/10℃	连接电缆	$\phi 5.4 \times 5m$

四、管理平台

近年来云平台在农业领域智能化监测与管理方面取得了迅速的发展，当前研究主要是围绕休闲农园、温室栽培、精准播种、植物工厂和智慧园艺等构建云平台管理系统，实现了对环境因子、病虫害、播种状况等的实时监控，但目前关于大田作物生产尤其是棉花生产管理方面鲜有报道。新疆棉花的规模化生产是其重要特点之一，在实际管理中由于棉田面积大、地块相距远等因素一定程度上影响了棉花的高效管理，云平台的兴起和发展为规模化条件下的棉花高效生产管理提供了有效的

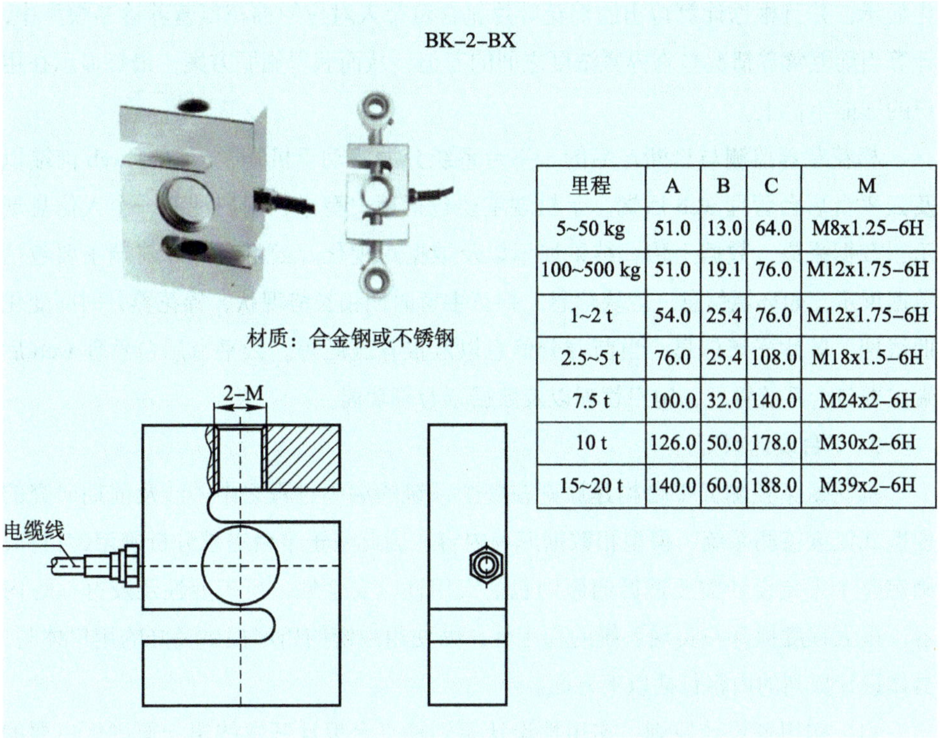

图 8-7 传感器工作原理图

里程	A	B	C	M
5~50 kg	51.0	13.0	64.0	M8x1.25-6H
100~500 kg	51.0	19.1	76.0	M12x1.75-6H
1~2 t	54.0	25.4	76.0	M12x1.75-6H
2.5~5 t	76.0	25.4	108.0	M18x1.5-6H
7.5 t	100.0	32.0	140.0	M24x2-6H
10 t	126.0	50.0	178.0	M30x2-6H
15~20 t	140.0	60.0	188.0	M39x2-6H

解决途径。

以下研究基于棉花氮素监测模型以及自主研发的便携式光谱监测系统，结合云技术，面向棉花全生长周期，构建多源感知、融合交叉及多尺度立体化无干扰监测物联网系统和面向服务与决策的棉花氮素监测云平台。通过便携式氮素快速监测系统，实时获取多源监测数据，并利用云平台为智能诊断系统提供云服务，通过虚拟感知设备的实时数据进行云端融合，将特征建模、智能关联、评估诊断模型进行动态演化和可视化服务，平台的构建能够使棉花的氮素监测与施肥管理更加智能化，同时降低环境污染，提高棉花的生产管理效率。

（一）棉花氮素监测云平台总体方案设计

1. 平台需求与功能分析

棉花氮素监测云平台系统能够使用蓝牙或无线局域网将智能手机与便携式光谱仪设备建立连接，通过便携式光谱仪设备和智能手机采集棉花叶片的光谱数据以及获取当前设备所在位置，获取到的数据和当前棉花的生育时期等数据将能够在智能手机上显示并通过手机传送到云平台。云平台可以针对棉花光谱数据进行筛选，根据棉花氮素光谱监测参数，采用棉花氮素估测模型，实时计算得到棉花叶片氮含量数据。云平台还可以对智能手机上传的光谱数据和棉花叶片氮含量结果进行可视化显示，并且根据计算得出的棉花叶片氮含量带入对应的棉花氮营养诊断模型中，计算当前氮营养情况与临界氮浓度之间的差值，从而获得施肥方案，最终显示在用户的智能手机上。

棉花营养监测与诊断产品的云平台系统分为移动手机端、云平台 web 前端以及云平台后台管理 web 后端。手机端主要包括用户登录、用户注册、个人信息展示、数据采集、数据上传、结果展示以及数据可视化。云平台 web 前端主要包括数据展示，如环境信息、地块信息、棉花生育时期和长势现状、棉花养分时间变化曲线图、叶片光谱信息，当前养分信息以及推荐施肥等。云平台后台管理 web 后端主要包含系统管理、用户管理以及数据查看等功能。

2. 平台设计原则

棉花氮素监测云平台构建原则在整个系统的编码过程之中，涉及前期研究的便携式氮素监测系统、模型和数据库等内容。因此基于平台需求分析确定的目标，确定整个系统设计需要遵循的原则包括实用性、安全性、可扩展性及友好性等内容，最大程度提升并实现系统的稳定性，为使用系统的用户提供良好的用户体验，具体设计原则的内容包括以下方面。

(1) 实用性设计原则　实用性设计原则是平台设计开发的第一原则，主要的工作目标是为用户提供使用体验良好的棉花氮素监测云平台，能够有效地解决以往棉花氮素营养监测与施肥管理过程中存在的效率低、精确性差等问题，用户简单培训之后即可掌握系统的操作步骤，根据系统提示内容进行操作。

(2) 安全性设计原则　在系统进行研发时，安全性是整个系统稳定运行的必要原则，如果系统的业务逻辑程序及数据信息发生泄漏，必然会给使用系统的用户带来不可估量的损失。因此需要采用多种方式来提升维护系统安全性，包括不同用户权限设置、病毒防护、数据库管理维护等多方面措施，最大程度提升系统安全性，保障系统的稳定运行。

(3) 可扩展性设计原则　在系统研发阶段，可扩展性是其重要的考虑内容。目前大部分业务管理系统都是分阶段迭代进行设计研发，在满足用户需求的基础上完成 V1.0 版本系统的研发，后续在用户的使用过程中不断根据其使用体验进行优化升级，系统模块化、低耦合度等设计特点为系统研发带来了良好的可维护性。

(4) 友好性原则　其主要工作目标是为用户提供良好的使用体验，涉及多方面内容，包括系统总体业务功能模块的操作提示内容、整个系统功能模块的跳转提示、功能模块布局及操作友好性等方面的内容，最大程度地提升系统不同类型用户使用的便利性。

3. 棉花营养监测数据传输技术及传感网络设计

(1) 数据传输技术

便携式氮素快速监测系统、移动端 APP、棉花氮素监测云平台之间通过使用 WPAN、WLAN、TCP/IP 通信协议和 RDF-XML 数据封装协议等数据传输技术进行数据交互，达到了高性能、高稳定的通信要求。

① 无线个人局域网与无线局域网设计　便携式光谱监测设备和控制系统进行数据传输时，由于需要高频率传输图片数据、光谱数据、采集时间、采集地点等信息，对快速通信要求较高。WPAN 与 WLAN 技术低功耗、低辐射，造价成本低，传输速度非常快，可以达到 54 Mbps，符合便携式光谱设备和移动设备快速通信的需求，可以根据通信距离切换选择 WPAN 和 WLAN 模式。最主要的优势在于不需要布线，因此非常适合非室内用户的需要，具有良好的实际生产应用前景。

② TCP/IP 通信协议　TCP/IP 通信协议是最完整，使用最普遍的通信协议。移动设备端 APP 在和棉花氮素监测云平台进行数据交互时，由于需要远距离、不定时进行图片数据、光谱数据、文本数据等信息的传输，所以对通信的稳定性与距离要求较高。TCP/IP 协议能够在不中断现有服务的情况下加入网络，具有高效的错误率处理、平台无关性、低数据开销等特点，满足了远距离通信的高性能要求。

③ RDF-XML 数据封装协议　Android 应用开发中需要对网络数据进行访问，移动端设备 APP 和云平台之间的数据访问更加频繁，无论是采集数据的上传还是从服务器下载诊断数据，移动端 APP 与服务器之间都需要通信，对于那些比较敏感的数据，更是要通过加密协议来保证网络传输数据的安全性。通过对开发中用到的所有通信协议分析，可以将通信协议分为两类，发送协议和接收协议。而协议封装的优点就是实现了请求接口（抽象）化和协议的通用化，通过使用 RDF-XML 数据封装协议对节点对象化和对节点序列化来封装协议，以完成数据传输的压缩和加密。

(2) 传感网络设计

平台所获取的数据包含环境气象信息数据、棉花光谱反射率数据和棉田基本信息数据等，环境气象数据包括温湿度、降水量以及位置等，棉花的光谱反射率包括棉花不同生育时期采集的冠层光谱数据，这些数据的获取和传输需要一个传感网络来实现。因此，在平台开发过程中，便携式氮素光谱快速监测系统与云平台移动端 APP 通过同一个 WLAN 连接在一起，即物联网设备与互联网连接在一起。

便携式氮素光谱快速监测系统通过光谱采集设备能够实时地获取棉花冠层的光谱反射率信息，同时系统还配置了一个摄像头能够对棉花进行图像信息采集，这些图像和光谱数据通过 WLAN 由便携式氮素光谱快速监测系统传送到手机上的云平台 APP，图谱数据再由云平台 APP 传到云端进行数据处理。通过采集的光谱数据，结合已有的特征波段和监测模型，利用云平台的模型库模块，就能够实时地获取棉花生长氮素营养的光谱信息和氮含量，从而实现棉花生长状况的监测与管理决策。

4. 平台概要设计

棉花氮素监测云平台系统分为手机端、云平台 web 前端以及云平台后台管理 web 后端，系统功能结构如图 8-8 所示。

棉花氮素监测云平台系统应包括数据采集、模型运算、信息展示、信息反馈以及系统管理和用户管理等功能。①数据采集：通过手机连接便携式光谱仪采集棉花叶片光谱数据，光谱信息可以暂存手机中，一批数据采集完毕后统一上传（采集过程中自动定位，可以人工为采集数据添加标签以方便后期数据的取用）。②模型运算：当上传了棉花叶片光谱数据，需要对棉花光谱数据进行筛选，选择需要的光谱波段（R673、R705、R723），将挑选出的波段带入构建的棉花氮素估测模型中，从而计算得出棉花叶片氮含量。③信息展示：可以看到用户上传光谱数据曲线，与对应计算的棉花叶片氮含量结果（可以多选，查看多条数据间的关系与变化趋势）。④信息反馈：根据近期上传的数据所计算的棉叶氮含量，结合用户输入的棉花生育时期信息，带入对应的棉花氮营养诊断模型中，计算当前氮营养情况与临界氮浓度之间的差值，根据差值信息提供施肥方案。⑤用户管理：前端采集数据时采集人员需要注册账户，后台管理人员管理用户时也需要注册账户，后台管理应具备用户的增、删、改、查等功能。

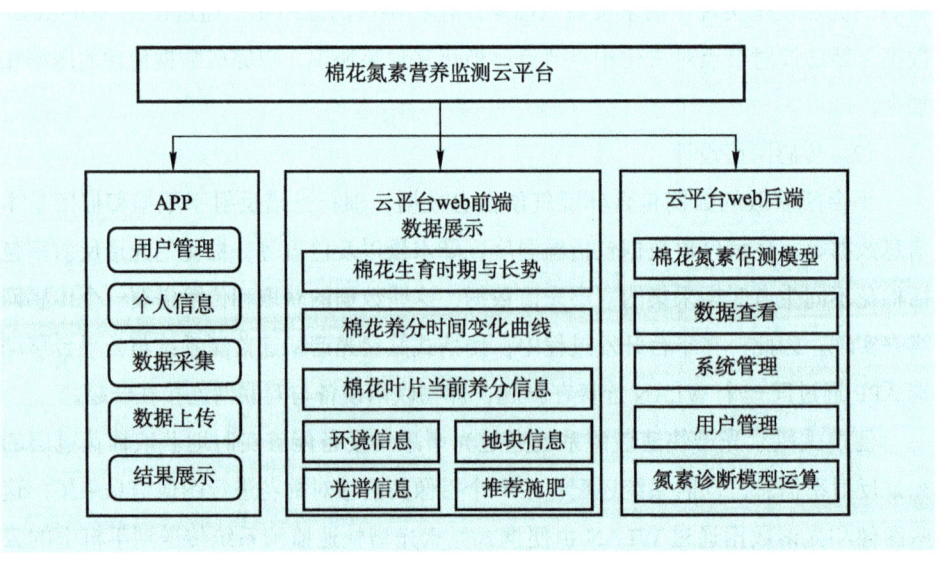

图 8-8 棉花氮素监测云平台构架

（二）平台数据库设计

1. 数据库逻辑设计

根据棉花氮素监测云平台的需求分析，设计了用户信息表、光谱成像数据信息表、监测模型信息表、地块信息表、监测记录表 5 个主要的数据表，数据表详细内容：①用户信息表，包括用户 ID、姓名、用户名、手机号码、身份、密码、地块数量；②光谱成像数据表，包括成像 ID、地块 ID、采集时间、起始波段、波段数量、处理状态、成像存储路径；③监测模型信息表，包括模型 ID、模型名称、输入格式、输出格式、模型精度、应用次数、存储位置；④地块信息，包括田块 ID、经纬度信息、面积、播种时间、监测次数、预警信息、所有者 ID；⑤监测记录表，包括监测 ID、监测田块、监测时间、计算模型 ID、预警信息、监测信息。

多个数据表相关联，根据系统所需实现的功能，绘制云平台系统的数据库结构 E-R 图（图 8-9）。

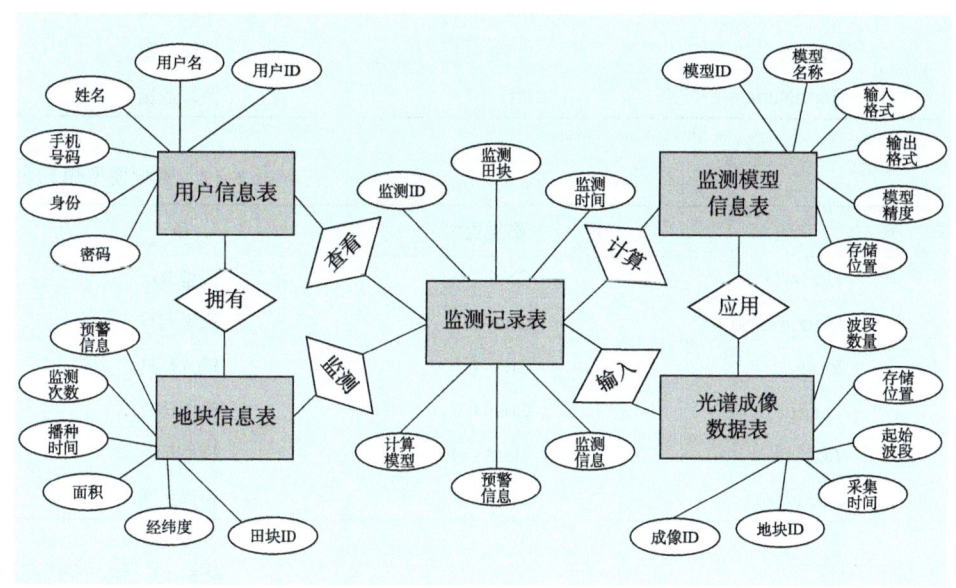

图 8-9 E-R 图

2. 数据库物理设计

棉花氮素监测云平台采用的是 MySQL 数据库，物理设计是通过数据库的逻辑结构建立每个实体表所对应的属性的存储方式，设置相应的主键和索引满足系统的功能应用。云平台数据库主要包含以下数据表：用户信息表（表 8-9）、棉花光谱数据采集信息表（表 8-10）、监测模型信息表（表 8-11）、地块信息表（表 8-12）、监测记录表（表 8-13）。

表 8-9 用户信息表

字段	数据类型	备注
ID	Char（）	用户 ID
UserName	Char（）	用户名
Name	Char（）	姓名
Phone	Int	手机号码
Identity	Char（）	身份
PassWord	Char（）	密码

表 8-10 光谱成像数据表

字段	数据类型	备注
ImageID	Char（）	成像 ID
FiledName	Char（）	地块 ID
Time	Char（）	采集时间
Band	Int	起始波段
Location	Char（）	存储位置
BandNum	Int	波段数量

表 8-11 监测模型信息表

字段	数据类型	备注
ModelID	Char（）	模型 ID
ModelName	Char（）	模型名称
Input	Char（）	输入格式
Output	Char（）	输出格式
Acc	Float（）	模型精度
Location	Char（）	存储位置

表 8-12 地块信息表

字段	数据类型	备注
FieldID	Char（）	地块 ID
Longitude	Float（）	经纬度
Area	Float（）	面积
Time	Char（）	播种时间
Frequency	Int	监测次数
Inf	Char（）	监测信息

表 8-13 监测记录表

字段	数据类型	备注
MonitorID	Char ( )	监测 ID
Filed	Char ( )	监测田块
Time	Float ( )	监测时间
Model	Char ( )	计算模型
Inf1	Char ( )	预警信息
Inf2	Char ( )	监测信息

3. 模型库设计

棉花氮素监测云平台中包含多个模型，可以根据用户的需求，选择对应效率、精度的模型进行氮素预测。本系统将多个模型权重文件保存到数据库中，当需要模型运算时，读取数据库中的模型文件，计算监测的目标地块中的棉花氮素含量。

在平台模型库设计中，数据的输入类型分为特征光谱与优化的光谱指数两种，模型构建过程中根据数据的采集时期，将模型分为棉花不同生育时期的多个独立模型，也可以按照作物的种类不同分为不同的模型库。因此，本系统中针对各种模型、数据输入存储所有的监测模型，模型库如图 8-10 所示。

平台保存模型时采用序列化过程库 Pickle 中的 dumps() 方法实现对象与文本、对象与二进制信息之间的相互转化来实现模型权重文件的保存，文件存储于服务器物理地址中，将模型存储地址保存到数据库中。当系统接收到模型运算的指令时，

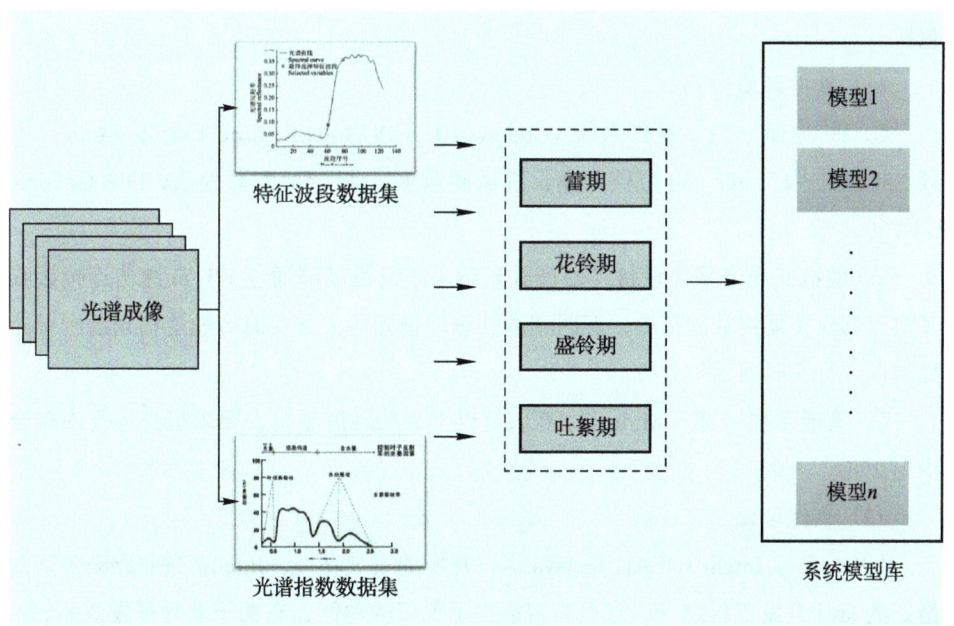

图 8-10 模型存储示意图

图 8-11 模型存储调用示意图

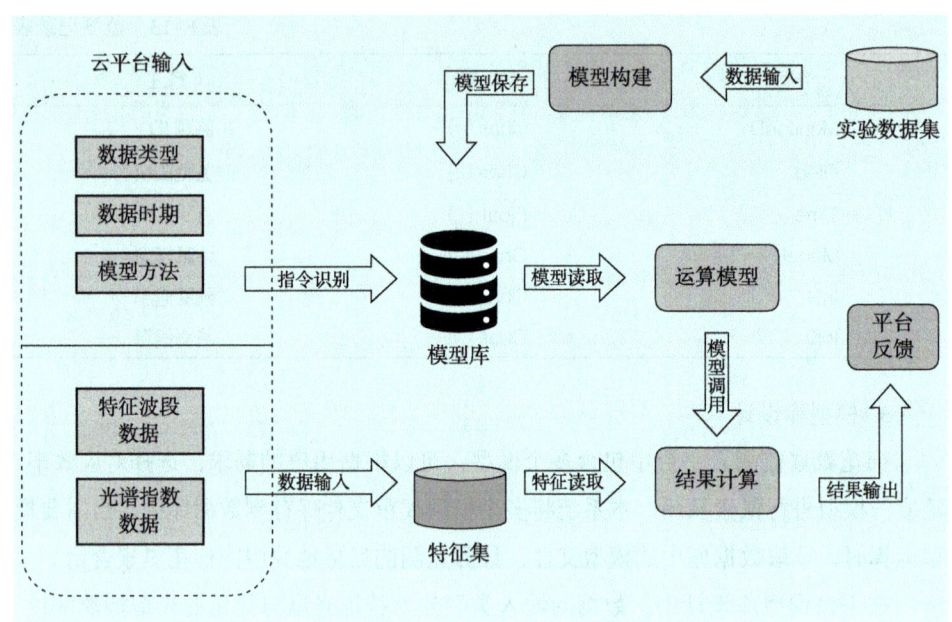

云平台识别指令信息后，检索到所需的模型文件，采用 Pickle 中 load() 方法调入权重文件进行数据运算。模型存储调用示意图如图 8-11 所示。

（三）平台详细设计

1. 系统开发环境

棉花营养监测与诊断产品的云平台系统，分为手机端，云平台 web 前端以及云平台后台管理 web 后端。系统开发所需硬件环境和软件环境以及相关技术主要包括：

（1）硬件环境

① PC 电脑一台　操作系统 Windows 10，CPU Intel(R) Core(TM) i5-9400F，主频 2.5GHz，内存 8G，64 位处理器，机械硬盘 1T，显示适配器为 NVIDIA GeForce GT 730。

② 便携式光谱采集设备　便携式光谱采集设备能够通过 Wi-Fi 通信连接接收并快速响应智能终端的指令，实时精准测量地物光谱，并实时传输地物光谱到智能终端以进行实时展示与分析。

③ 智能手机一部　Android 5.0 以及以上智能触屏手机，要求机身运行内存至少为 2GB。

（2）软件环境

IDEA 全称 IntelliJIDEA，是 Java 语言开发的集成环境，IntelliJ 在业界被公认为最好的 Java 开发工具之一。它具有智能提示代码的功能，有助于提升开发效率。

SVN 是 subversion 的缩写，是一个自由/开源版本的控制系统，它跟踪目录树的变更，即其管理文件和目录都是版本化的，可以超越时间，能够真实重现每一个版本历史。管理每一个功能分支模块，同一个项目支持多人共同开发，实现共享代码资源，最终实现集中式的管理。

Navicat 是一套可创建多个连接的数据库管理工具，可方便管理 MySQL、Oracle、PostgreSQL、SQLite、SQL Server、MariaDB 和 MongoDB 等不同类型的数据库，并支持管理某些云数据库，如阿里云、腾讯云。Navicat 的功能足以符合专业开发人员的所有需求。Navicat 的用户界面设计良好，以安全且简单的方法创建、组织、访问和共享信息。

(3) 系统开发工具

① Java 技术　系统采用 Java 编程语言进行开发，Java 语言具有面向对象、可移植性好、与平台无关、提供比并发机制等明显的优势，系统开发过程中需要对所获取的棉花光谱和图像数据进行采集以及与平台的对接，Java 编程语言能够很好地满足设计需求。因此本系统采用 Java 作为云平台系统前后端以及 Android 应用开发语言，主要实现与页面和数据库动态交互，并且与便携式光谱采集设备建立连接，进行 socket 通信，获取数据，并对数据进行处理，最后将数据通过接口调用返回给页面或存储到数据库中。

② MySQL　平台数据库的建立多采用 MySQL，MySQL 是一个典型的关系型数据库管理系统，对于平台所需建立的光谱、养分、气象以及用户信息等数据表，能够根据其中的关系将数据存放在不同的表中，不仅能提高数据的处理速度，也可以大大提高系统的灵活性。

③ VUE　本系统涉及的前端页面开发采用 VUE。Vue.js 是一套用于构建用户界面的渐进式框架，Vue 在开发的过程中能够只关注视图层，采用自底向上增量开发的设计，结合平台需求，Vue 能够通过尽可能简单的 API 实现数据绑定响应和视图组件组合。

④ JavaScript　JavaScript 技术可以实现页面友好的交互，JavaScript 框架也称 JavaScript 库，它封装了很多预定义的对象和功能函数，能帮助开发者轻松建立有高难度交互的 Web 2.0 特性的富客户端页面，并且兼容各主流浏览器。

⑤ SSM 技术　平台的服务框架采用 SSM 框架进行开发，主要包括 Spring MVC、Spring 和 My Batis。SpringMVC 隶属于 Spring 框架，主要调用 userService 和 userMapper 提供的方法进行数据操作，也存放 view 视图层的一些页面数据并对此做出加载响应，Spring 可以使得 view 层、service 层和 model 层之间的信息或参数的依赖度大大降低，My Batis 能够支持高级映射、存储过程以及定制化 SQL。

2. 棉花氮素监测云平台前端设计

棉花氮素监测云平台前端作为集中的展示端，中心为新疆地图（可以放大缩小），在地图上标记出该系统都用于哪些地区。每个标记对应一个用户，点击标记点可以查看该点用户姓名；上方显示当前已使用人数、处理数据个数、发送报告数；左右两边各有3个动态数据栏，分别显示环境信息、地块信息、当前棉花生育时期与长势现状，棉花养分时间变化，光谱信息汇总，当前养分信息与推荐施肥。平台主界面及各功能模块如图8-12所示。平台功能模块如下。

图 8-12 棉花氮素监测云平台主界面及各功能模块

(1) 气象数据监测　气象数据监测模块基于田间气象传感器收集的气象因子数据，通过平台建立的数据库系统，集中采集与显示目标地块近两个星期的降水量、出水量以及降水深度信息，同时包括当前日期温度、湿度、风速风向等信息。用户能够实时地查询除当前时间外其他的历史气象数据，从而实现对气象信息的跟踪。

(2) 土壤信息监测模块　土壤信息监测模块基于建立的土壤基本养分信息库，通过手工录入与实时监测两种主要方式获取目标地块的土壤基本信息，主要包括用户信息与联系方式、棉田位置、土壤类型、基础养分（氮、磷、钾、有机质与酸碱度等）数据信息；同时平台后台能够一键查询土壤相关数据并进行可视化，为棉花生产精准管理提供依据。

(3) 棉花生长监测模块　棉花生长监测模块是平台最核心的部分，该模块在基于棉花氮素光谱监测的技术上能够实现棉花不同生长阶段的基本光谱信息和养分信息的实时展示，从而间接地反映棉花长势，用户能够通过查看棉花现阶段的长势，判断棉花营养（主要是氮素）的丰缺情况，最终形成施肥建议指导棉花实际生产。

(4) 施肥管理模块　用户可以通过手机APP对目前棉花生长过程中施肥管理的基本信息包括施肥次数、施肥量、施肥时间等灌溉信息进行上传，平台接收数据后能够通过与棉花目前的生长状态进行对比，形成施肥管理建议指导用户进行施肥管理。输出的结果能够集中展示地块位置、地块面积、建议施肥方案与施肥量，专家生产管理建议以及不同地块具体的目标产量下的推荐施肥量和施肥时间等信息。

同时，根据系统展示监测目标地块的地理位置图，其中分别展示各地块的养分专题分布图，包括主要养分信息（N、P、K）的分布情况以及推荐施肥等信息。

3. 棉花氮素监测云平台后端设计

棉花氮素监测云平台后端主要包括用户管理、数据查看两个模块，界面示意如图8-13所示。

图 8-13 气象数据监测

(1) 用户管理　用户选择不同的操作按钮可以进行不同的操作，其中包括新增用户、修改用户权限、删除用户、查找用户以及查看用户当前的状态。

(2) 数据管理　用户点击数据，可以进入查看数据信息页面，以查看用户的信息，也可以选择用户的田块进行查看。其中可查看的数据包括棉花生育时期、光谱数据、养分数据以及推荐施肥卡。

4. 平台通信设计

平台上传高光谱数据之前须认证，后续工作都以完成认证为前提。

高光谱数据上传以"任务"为单位，每一个任务包含若干条高光谱数据，而每一条高光谱数据又包含了采集时间、采集坐标、高光谱数据、图片数据等信息。

上传一次任务的数据分为 3 步，每一次都需调用网络接口：步骤一：新建任务；步骤二：上传任务数据；步骤三：结束上传。

采用这种方式的原因是手持探针可能在一次任务中采集多个不同的点，而每个点的位置、时间也不尽相同，这种方式可以提供一定的灵活性，通信接口设计相关参数如表 8-14 所示。

表 8-14　通信接口设计相关参数

序号	参数名称	参数类型	参数说明
1	hyperspectralFile	MultipartFile	高光谱数据
2	imageFile	MultipartFile	图片数据
3	taskId	整数	任务 ID，由新建任务接口返回
4	monitorTime	日期 YYYY-mm-dd HH：MM：ss	采集时间
5	lat	浮点数	采集位置的纬度
6	lng	浮点数	采集位置的经度
7	code	字符串	结果码，"000000"表示成功，其他表示失败
8	msg	字符串	结果描述
9	id	整数	新建的任务 ID，当结果码非"000000"时，该值为空
10	hyperspectralFile	MultipartFile	高光谱数据
11	imageFile	MultipartFile	图片数据
12	taskId	整数	任务 ID，由新建任务接口返回
13	monitorTime	日期 YYYY-mm-dd HH：MM：ss	采集时间
14	lat	浮点数	采集位置的纬度
15	lng	浮点数	采集位置的经度

续表

序号	参数名称	参数类型	参数说明
16	code	字符串	结果码,"000000"表示成功,其他表示失败
17	msg	字符串	结果描述
18	taskId	整数	任务 ID,由新建任务接口返回
19	code	字符串	结果码,"000000"表示成功,其他表示失败
20	msg	字符串	结果描述

(四)棉花氮素监测云平台测试与评价

本系统测试的环境分为硬件环境和软件环境两大部分,其中硬件环境最低配置为:一台 1 核心 2G 内存 100GB 硬盘空间。软件环境则要求为:Chrome 5.7 及以上版本浏览器,Apache 2.7 以上版本服务器,MySQL 5.7 版本以上数据库软件,Tomcat 必须大于 3.2。

本节针对移动端 APP、棉花氮素监测云平台前端、棉花氮素监测云平台后端各部件分别进行测试,每个部件测试次数为 100 次,测试样例的通过率情况如下:①移动端 APP 数据采集功能。样例通过率 95%,失败率 5%;未通过原因为网络波动。②平台前端的模型运算、信息展示、信息反馈等功能。如气象数据监测、土壤养分信息监测、棉花长势与养分信息监测、施肥信息、灌溉信息、棉花推荐施肥建议、养分分布图的可视化等,样例通过率 98%,失败率 2%;未通过原因为服务器波动。③平台后端的用户管理、数据查看功能。样例通过率 100%。具体测试内容如下:

1. 平台前端测试

(1) 创建角色 点击用户左边栏"用户数据管理",然后选择角色组,点击"添加",此次添加政府及相关机构组,然后在权限栏选择对应权限勾选。最后点击"确定",此类角色就完成创建。

(2) 添加用户 切换至"用户管理",然后选择权限组,添加相关信息及密码。然后点击"确定",用户创建成功。

(3) 测试权限是否生效 退出登录后,使用测试用户账号登录,登录成功后,显示左边菜单栏只有棉花相关数据,没有其他数据,则为权限生效。

2. 平台数据管理功能测试

(1) 增加数据 点击任意栏目,点击"添加",弹出一个框,然后用户填写相关信息,点击"确定"。

(2) 修改数据　点击修改按钮，然后修改相关数据后点击"完成"，如果提示成功，则为修改成功。

(3) 搜索数据　点击表格搜索按钮，输入搜索的关键字，按回车键。

3. 平台生成图表功能测试

点击表格的"生成图表"按钮，同时点击不同状态还能生成不同类型图表，将图表变成图片与下载等功能。点击"切换年份"，图表内容会随年份的变化而变化，无明显卡顿，则为测试成功。

4. 平台后端测试

(1) 查看用户田块功能测试　点击"查看用户田块"，页面若显示棉花生育期、光谱数据、养分数据、推荐施肥卡等信息，则为测试成功。

(2) 查看用户信息功能测试　点击"查看用户信息功能"，若显示用户的信息，则为测试成功。

(3) 平台中模型运算测试　① 数据上传到平台。② 模型对数据进行运算。测试结果如表 8-15 所示。

表 8-15　平台中模型运算测试

模块名称	测试用例	预期结果	实际结果	是否通过
棉花营养估测模型	大田的图谱数据	结果是棉花的营养估测数据	棉花的营养估测数据	通过
棉花营养诊断模型	棉花的营养数据	推荐施肥方案	施肥方案卡片出现	通过

第三节　精准农业应用案例

一、棉花生产全程精准管理技术及装备集成应用

(一) 棉花生产全程精准管理技术及装备简介

棉花是关系国计民生的重要战略物资，也是我国最重要的经济作物，在农业经济发展中起重要作用。新疆是棉花主产区，种植面积超过全国种植面积的 80%，产量占比更是持续提升，达到 90.2%，在我国乃至全球棉花生产格局中占有极其重要的地位。新疆棉花具有规模化与机械化程度高、生产现代化水平高等特点，但在棉花规模化生产精准技术实际应用中，还存在监测时效性差、决策依据不充分、控制不精准及管理效率低等技术薄弱点，极大地制约了棉花精准生产、提质增效与可

持续发展。针对上述重大科学与技术问题，项目利用栽培、信息、自控等技术，开展多学科交叉攻关，采取"攻关→集成→示范→推广"的协同联动模式，创建了棉花规模化生产关键环节精准监控技术体系。首先，按播种、水肥管理、虫害管理和收获4个关键环节，创建了"种→管→收"精准监控技术；其次，利用物联网信息采集、反馈与专家决策相结合，创建了"监测→决策→精控"的技术流程；再次，以"精准定量"为主线，技术与装备相结合，研制了精准监控装备；最后，集成创新成果，建立了适合各生产区的棉花精准作业技术规程，提高了植棉水平和效率，实现节本增效，引领了新疆棉花精准管理技术的创新和应用。

（二）案例介绍

1. 棉花精量播种管理技术与装备应用

棉花精量播种技术是指用精量播种机械将棉花种子按农艺要求的播量、行距、株距、深度精确播入土壤的技术，一般要求1穴1粒种子，从而简化间定苗操作。针对棉花精量播种作业中种箱排空或种管阻塞导致漏播而造成减产的问题，建立了物料流量与电容值最优关系模型，研制了螺旋形电容籽粒流量传感器，结合压力传感器实时监测种箱内种子质量变化，研发了棉花精准播种作业质量在线精准监测系统及时发送信息提醒驾驶员对漏播进行处理，解决了国外光电传感器易受灰尘影响而监测精度下降的难题。本装备直接在精量播种机安装，拆装方便、可重复利用。系统漏播报警准确率100%，漏播率降低15%~20%，省种5%。采取历年产量为基准、区域土壤养分校准的方法，建立了基于土壤养分和棉花产量加权组合分析的精准播种预测模型，构建了精准播种决策系统，实现了播种量精确控制，系统控制精度97.8%，播种效率提高15%~20%（图8-14）。

图8-14 基于电容籽粒传感的棉花精量播种装备

2. 棉花信息精准监测与水肥智能管理技术与装备的应用

针对大尺度棉田肥力信息获取费时、费力、时效性差，基肥决策缺少模型支持和施肥控制精度不高等关键问题，在条田、乡镇和县域尺度上，探明了影响棉田肥力的关键因子，构建了不同尺度棉田土壤肥力评价指标，创新性地提出了大尺度棉田土壤肥力评价指标；采用加权空间模糊动态评价方法，创建了县级、乡镇级和条田级棉田土壤肥力多指标综合评价模型，实现了不同空间尺度土壤肥力的快速、精确评价。通过基肥综合推荐模型和定点养分信息，获取棉田样点的推荐施肥量，利用GIS技术将离散的点域数据转换为连续的面域施肥处方图，构建了"土壤养分监测→施肥决策→施肥处方图→精量控制"的基肥精准施肥技术。研发了肥量在线监测与反馈调控系统，攻克了目前施肥装备无法按施肥处方图精准施肥的技术难题。施肥控制精度93%以上，肥量反馈控制精度97.5%以上，较传统基肥施用方法，肥料利用率提高6%~8%。

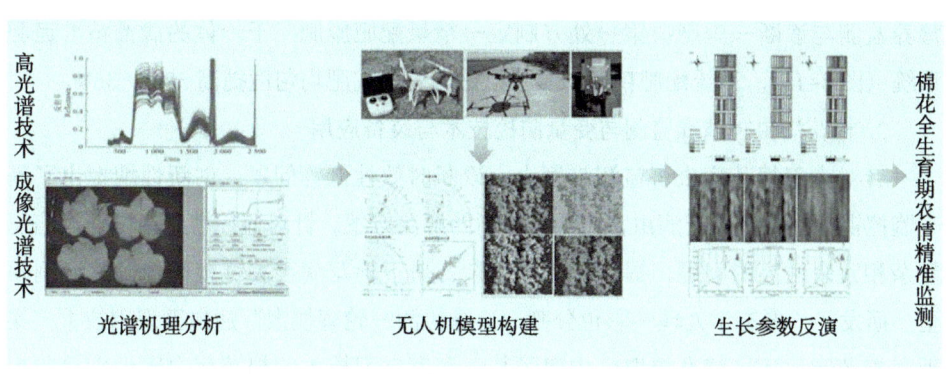

图 8-15 棉花农情遥感精准监测技术

(1) 棉花信息精准监测与水肥智能管理技术（图 8-15） 针对新疆高密度、施肥次数多导致棉花养分监测不及时、监测不准确的问题，深入探究高光谱数据与棉花氮素之间的潜在联系，阐明了养分供给与棉花生长、产量形成的响应机理，揭示了光谱参数与滴灌棉花氮素、生长状态的响应机理和耦合关系，探明了棉花生长发育状态与养分利用效率之间的响应机制，创新性地提出了棉花敏感叶层氮营养精准监测模型，并首次提出了滴灌棉花全生育期氮素营养光谱诊断临界值，构建了滴灌棉花氮素营养定量诊断与追肥决策模型。并结合生产实际，将模型应用到无人机尺度中，并通过融合多种高度的光谱信息以及衍生出的植被指数，构建基于无人机影像的氮素监测模型，其模型精度达 86%，为棉花营养精准监测奠定了基础。

(2) 便携式光谱快速监测设备的研发与应用 针对棉花生长过程中传统的营养监测手段时效性差、精度低等问题，基于特征波段建立了各生育期基于优化光谱指数的棉花氮素监测模型，通过硬件设备选型、功能设计以及软件系统的开发，研制了集光谱采集、监测模型与管理决策于一体的便携式光谱快速监测系统，攻克了实际生产中棉花氮素营养无法实现定量反演的技术难题，通过获取分析不同波段的冠层光谱反射率，棉花不同生育时期反射率都表现出与叶片氮含量具有 1% 水平上的显著相关性，研究表明系统对棉花各生育期叶片氮含量的监测性能优良，实际应用精度达 86.7%，实际应用效果良好，实现了对棉花氮素的快速监测。

(3) 精量控制施肥系统的研发与应用 针对滴灌棉花生长过程中追肥决策缺乏养分实时监测与定量诊断的问题，阐明了养分供给与棉花生长、产量形成的响应机制，揭示了光谱参数与滴灌棉花氮素、生长和产量的响应机制和耦合关系，首次提出了滴灌棉花全生育期氮素营养光谱诊断临界 NDVI 值为 0.695~0.851，构建了滴灌棉花氮素营养定量诊断与精准追肥决策模型。基于追肥决策方案，研制了新型生物生态配方肥，创新性地研发了滴灌定量配肥施肥装置，攻克了滴灌棉田追肥均匀度低、肥效差、缺少精量控制的技术难题；基于移动智能终端开发出集"棉花

图 8-16 滴灌精准追肥系统

营养监测与诊断→施肥决策→处方制定→精量配肥施肥"于一体的滴灌精准追肥系统（图 8-16）。系统配肥精度 98%，相比压差式注肥均匀度提高 30%~35%。

3. 棉花病虫害精准监测与变量防控技术与装备应用

针对大田棉花病虫害监测难度大、诊断时效性低等问题，创新性地提出了基于监控视频的大田棉花病虫害监测与诊断的解决方案。针对监控视频中图像帧信息复杂和冗余性高的问题，提出了基于复杂背景下棉花病害关键帧图像叶片分割模型。研发了"形态学处理→彩色分割→边缘检测→轮廓搜索"病虫害识别技术，实现了棉花叶片病区精准提取；构建了基于深度学习技术的棉花病虫害识别诊断模型，采用"局部感知→权值共享→降采样"路线设计了深度卷积神经网络，建立了图像特征提取、层次结构化和图像分类相结合的网络模型，对图像大小改变、特征位置、旋转角度具有较好的鲁棒性，病害诊断平均精度 95.36%。研发了棉花病虫害实时识别诊断系统，集成了"视频采集→关键帧提取→棉花叶片分割→病害实时诊断"的棉花病虫害实时监测与诊断平台，系统响应时间 0.1 s，较传统诊断方式时效性平均提高 50 倍。棉蚜精准监测与预警技术如图 8-17，棉花黄萎病精准监测与预警技术如图 8-18。

4. 棉花精准采收技术与装备应用

（1）棉花精准采收技术

针对收获机械复杂作业过程中缺乏故障预警、分析方法及故障工况数据样本等问题，研究了收获机械作业工况参数实时监测技术，针对大型采棉机研制了产量传感器，开发了农机作业质量信息监控系统，实现了采棉机作业工况信息的实时监测与棉箱火情预警监测。针对农机工况信息数据的采样频率、并发量不断增大时，会造成 I/O 速度降低和数据丢包率上升等问题，研究了车载终端与云服务的数据通信协议和长字符串编解码方法，分析了 Netty 框架和传统 NIO 框架对并发量的影

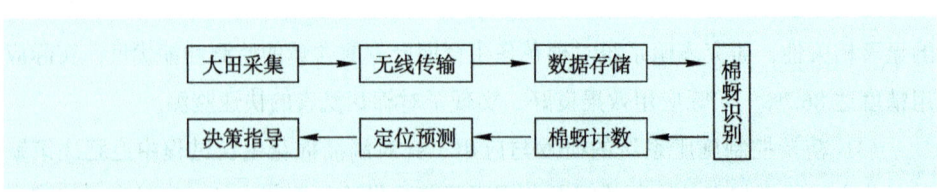

图 8-17 棉蚜精准监测与预警技术

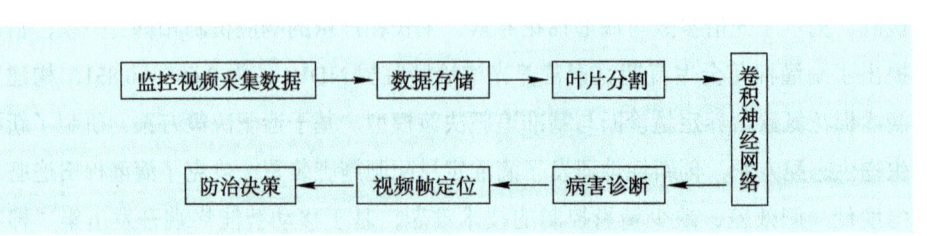

图 8-18 棉花黄萎病精准监测与预警技术

响，设计了基于 Netty 和 Marshalling 的农机工况远程监测系统，并通过结合自定义通信协议和 Marshalling 编解码方法进一步提高监测系统的高并发处理能力和系统稳定性。采用可弹性伸缩的分布式集群架构，面向农业生产和农机专业化服务组织构建了农机作业与运维大数据系统管理平台，提供面向系统管理、服务管理和安全审计管理三权分立的统一运维平台，实现平台及内部组件的自动化安装部署、参数调整、操作记录和审计、可自定义的监控和告警。面向管理部门、专业服务组织和农机用户开展示范应用，实现农机作业与运维管理技术水平的提升。

（2）棉花精准采收系统及应用

整个监测系统包括固定在驾驶室的显示终端、北斗天线、安装于输棉管的流量传感器和微波籽棉水分传感器等，系统通信采用 CAN 总线架构，系统总电源由车载 12 V 蓄电池提供。采棉机产量监测系统通过安装于各路输棉管的流量测量套筒获得实时籽棉流量信息，由含水率传感器获得籽棉的实时含水率信息，由机载控制终端通过 CAN 总线接收采棉机的质量流量、籽棉含水率、前进速度、风机转速以及割台状态信息，对采棉机运动状态进行识别并得到产量，通过 RS232 接收北斗信号，获得采棉机位置信息；并由 GPRS 模块将信息远程发送至控制中心。

迪尔 7760 型采棉机自带风机转速、发动机转速、采摘头状态和前进速度等监测用传感器，内部监测单元通过 CAN 总线将信息传输到驾驶室加以显示。通过 CAN 总线提取这些信息并进一步利用。

整个监测系统包括固定在驾驶室的显示终端、北斗天线、安装于输棉管的 8 路电容流量传感器、微波籽棉水分传感器及油耗传感器等，系统通信采用 CAN 总线架构，系统总电源由车载 12 V 蓄电池提供，系统各部分组成如图 8-19 所示。

图 8-19 采棉机监测系统各部分组成

采棉机工况监测系统是基于虚拟仪器技术平台 Labview，利用图形化编程语言环境所开发的软件系统。该系统针对采棉机各核心部件工况特点进行开发，集成了信号采集、处理、保存、远程传输等技术，采用模块化开发，操作友好。

5. 棉花大数据关键技术与综合服务平台应用

采用云计算和大数据技术，从管理服务结构、终端布局设置、系统互联互通、垂直资源共享与管理功能覆盖五个层面搭建兵团棉花生产农业大数据应用云平台，集成农业资源、棉花生产、农业遥感、农业机械、棉花产品质量与市场信息等系统，整合大量、分散的农业信息，为兵团棉花生产提供全方位的服务。通过研究数据共享交换技术，为各类业务系统提供统一的、全备的数据服务；根据不同行业业务需求，将各类基础数据和业务数据进行抽取，形成概念模型，并与业务模型相匹配，从而满足各行业需求；对基础数据和业务数据整合，形成平台的大数据，研究数据挖掘和分析技术，对平台大数据进行分析，提炼业务相关的数据结果，为兵团棉花产业提供决策服务。选择第八师作为兵团棉花生产农业大数据应用云平台示范单位，从行政手段、技术途径等方面着手，集成、完善与开发平台所需软硬件环境，对平台所包含的农业资源、棉花生产、农业遥感、农业机械、棉花产品质量与市场信息等多个层面进行集成应用。主要包括农业大数据共享机制与形式、组织机构建设与运行模式、系统运行与业务化服务、成果推广与人员培训等内容。

二、无人农场

无人农场是现代农业发展到一定阶段的产物，是中国农业发展的方向。无人农场田间作物播种、施肥、灌水、中耕、收获等农事作业全程智能控制，无人操作，作物长势监测采用田间气象站、土壤环境传感器、无人机远程监控等方式，将监测的数据汇集到大数据平台，系统智能感知、分析、决策，形成作业任务，发布到无人农机进行田间作业，达到无人作业、自动作业、变量作业、精准作业的目的。自2004年开始，罗锡文院士团队就开始研究农业机械导航及自动作业关键技术，相继成功突破了十大关键技术。先后研制出无人驾驶旋耕机、播种机、插秧机、高地隙宽幅喷雾机和收获机，实现了耕整、种植、田间管理和收获全程无人机械化作业。

（一）无人农场的信息化应用技术

无人农场要实现数据分析与设备自动化，需要综合应用多项现代信息化技术，才能将无人农场的各项任务统一调配。应用的技术包括大数据技术、物联网技术、3S技术、4G/5G技术、云计算、人工智能技术、智能机器人等，这些技术将支撑无人农场的高效运转。

（二）无人农场建设设想

1. 建设思路

无人农场从"天、空、地"建立起系统化、立体化的管理体系，从种、管、收、测全程使用无人（少人）模式。参考国内和国际先进作业模式和技术趋势，无人农场以感知、分析、决策为基础建设平台，按照平原、丘陵等地区的环境特点、土壤特点和地势特点，选择机械设备，重点采用物联网、大数据、云计算、人工智能等多项关键技术，实现农业生产的智能感知、实时传输、实时调控，做到无人化、精准化、可视化和智能化操控。

搭建大数据云平台，将土壤数据、气象数据、作物长势数据、病虫害发生趋势数据、机械耕作数据、无人机遥感数据、飞机植保数据等随时回传到平台，管理者掌握农场动态，并形成一体化综合管理体系。利用北斗卫星定位系统精准定位无人农机，采用4G/5G网络发送接收传输信号、采用地理信息系统管理界面，管理者在办公室就可以对各类作业机械实施精准控制。

2. 露地农业无人农场建设

(1) 基础数据采集模块　从各项监测设备中实时提取数据,包括:①田间气象站数据,如环境温度、相对湿度、风速、风向、雨量、大气压力等基础数据;②土壤传感器数据,如土壤温度、土壤电导率、土壤 pH 等基础数据;③农机作业数据,如农机参数、作业参数;④地块基本信息数据,如起垄情况、土壤养分含量、土壤墒情、历史种植作物、施肥、施药记录等;⑤病虫害监测数据,无人机定期巡航,监测田间病虫害的发生情况和发生趋势,同时利用田间虫情监测仪采集虫情信息;⑥作物长势数据,利用无人机定期巡航,摄像头随时监测田间作物长势,利用多光谱相机拍摄作物叶色、株高、叶片宽度等植物表型参数。

(2) 数据分析模块　将气象数据、环境数据、病虫害监测数据等多个影响作物生长的因素综合参考,利用作物生长模型,结合历史数据进行分析,形成阶段农田环境和作物长势分析图表。

(3) 任务发布模块　利用 4G/5G 网络,将前端采集的信息回传到平台,实时查询各类数据与平台的交互。根据田间采集的数据和分析的结果,发布任务到智能农机和无人机,实施田间作业,指导田间科学施肥、灌水、施药等。

可发布的任务模块有:田间灌水、变量施肥、智能播种、中耕、除草、病虫害防治、长势监测、田间收获等。

(4) 大数据平台　利用地理信息系统在一张地图上就可以进行感知数据结果查看,如历史数据对比、发布指令情况、田间作业情况、限定工作区域内的农机作业情况、作物长势等。

3. 设施农业无人化农场建设

(1) 基础数据采集模块　室内机器人采集的 CO_2、光合辐射、温度、湿度等环境数据,直接传输到大数据平台,管理者能实时掌握前端智能感知情况。

(2) 智能数据分析模块　平台将智能传感器采集的数据进行分析,与系统设定的参考数值进行对比,形成变化趋势图,给出预警提示。

(3) 物联网设施管理模块　智能机器人将采集的数据传输到平台后,平台根据预警提示发送任务指令至物联网设施,自动控制农业设施,调控温室环境。

(三) 无人农场建设案例

1. 北大荒建三江"碧桂园无人农场"

北大荒建三江"碧桂园无人农场"项目地点在建三江七星和二道河农场,农场运用了物联网、大数据、人工智能、5G、机器人等技术,重点进行农机作业无人化试验示范。具体包括 4 个方面的建设内容。

(1) 植保作业系统　植保作业系统在接收到指令后，指挥无人机驶向作业区域，进行"飞防"喷药作业（图8-20）。

还有地面植保打药机，可进行高精度无人驾驶自动喷药，提高了作业效率和精度（图8-21）。

(2) 收获作业系统　无人驾驶收割机具备路径规划、路径跟踪、自动掉头、收割等作业功能。

(3) 卸粮、运粮系统　无人驾驶收割机与无人驾驶接粮机进行协同作业，实现自主卸粮、运粮。

(4) 农机管理"云平台"　该系统是无人驾驶农机全流程作业背后的"中枢系统"，农场管理人员可以远程监控所有农机管理信息、卫星定位、作业轨迹等各类信息，遇到问题及时协调。

2. 广州市增城区无人水稻农场

广东增城无人农场依托于华南农业大学而建设，主要种植作物为水稻。2021年进行的早稻和晚稻试验面积为 3.33 hm^2，早稻亩产达到了 662.29 kg，高于广东省

图 8-20　无人直升机"飞防"作业

图 8-21　植保打药机自动喷药作业

平均产量 500 kg/亩，增产幅度达到 32.5%。总结其"秘诀"有以下五方面：

（1）耕种管收生产环节全覆盖　耕整时，无人驾驶旋耕机进行旱旋耕。直线行驶横向误差不超过 2.5 cm，田头转弯对行误差不超过 3.0 cm。种植时，无人驾驶直播机进行精量旱直播（图 8-22）。

图 8-22　水稻精量旱穴直播机

管理时，进行精准对靶喷施。水稻生产前期采用无人机施用肥药，制定施肥和施药处方图（图 8-23、图 8-24）。水稻生长后期则采用无人驾驶高地隙喷杆喷雾机。

图 8-23　变量施肥无人机和施肥处方图

收获时，采用等待卸粮模式。在收获机的粮仓快满时，通过云端服务器向在田边等待的卸粮车发出指令；卸粮车自动行驶至收获机旁边，收获机将稻谷卸至运粮车中；运粮车会将稻谷运到干燥中心，而收获机继续收获，重复上述过程（图 8-25）。

图 8-24　无人驾驶喷雾施肥机

（2）机库田间转移作业全自动　农机自动从机库转移至田间，完成田间作业后自动回到机库。

（3）自动避障异况停车保安全　识别到障碍物时，农机采用移动和固定障碍物两种模式，选择不同的避障路径规划和路径跟踪控制。

图 8-25　无人驾驶运粮车

（4）作物生产过程实时全监控　通过田间装置监控水稻生长过程长势和病虫害情况，传输至管理中心。

（5）智能决策精准作业全无人　根据作物实时情况，结合专家意见，及时决策，指挥智能农机精准作业。

无人农场的本质是机器换人，对于解决我国农业劳动力日渐不足的问题具有很强的实际意义，未来无人农场将有更大的发展潜力。

三、智慧农业建设案例

智慧农业是以信息和知识为核心要素，通过互联网、物联网、大数据、人工智能和智能装备等现代信息技术与农业跨界融合，实现农业生产全过程的信息感知、定量决策、智能控制、精准投入、个性化服务的全新农业生产方式，是农业信息化发展从数字化到网络化再到智能化的高级阶段。智慧农业整合生物技术、信息技术、智能装备三大生产力要素。

我国智慧农业的发展是一个缓慢的过程，但在很多农业生产场景和环节已经得到了初步的应用。

场景一：智慧农业生产技术与装备。在小麦、玉米、棉花、水稻等主要农作物从整地、播种、管理到收获各个环节，都需要智能化的信息技术和智能化的装备进行耦合来完成这些操作的工艺。目前，我国各环节的技术和装备基本具备，需要组合成一个完整的智能化解决方案。我国北斗精准导航与测控技术应用在播种上，安装到拖拉机、插秧机上，可以让机器走直行，行间衔接好，实现条带清垄精准播种，避免复播、漏播、转行横播交叉等问题，提高田间作业质量。应用在灌溉上，实现精准对行灌溉。农业航空精准施药技术，通过作业规划、导航监管、施药控制、施药质量评估、防效评估、病虫情诊断等，实现探得清、飞到位、施得准、雾化好、可评价和全程可控的目标。

场景二：园艺作物生产。园艺生产以温室生产为主，我们在山东寿光建了一个近万平方米的大型现代智能温室，全部用国产的技术和设备，从水肥管理调控各个方面进行了智能化提升。与荷兰温室的耗能、成本、效益相比，我们的更好，且成本可以降到每平米 50 元。

场景三：智慧果园生产。现在农村地区大多数都是老人、妇女和儿童，农业生产缺乏劳动力，提升果园生产智能化水平具有重要意义。因此，我国研发了相应的设备，包括采摘、除草、喷药、开沟、施肥、巡检、升降作业平台等，可实现全程机械化作业。同时，我们已经研发出很好的水果智能检测的分析线，一小时可达到 10 吨的检测线。

场景四：智慧养殖生产。养殖是智慧农业重要的应用场景，动物的体温检测技术产品可以在线检测，发现生病之后温度升高的畜禽，便于及时进行防治。动物禽舍有害气体专用传感器非常实用，符合我国碳达峰、碳中和重要战略措施，减少温室气体排放。还可以通过视频摄像头监测动物行为，实时监测营养状况、健康状况等。巡检机器人、防疫消毒机器人，可以代替人从事对身体有害的作业。

场景五：农产品智慧物流。农产品全产业链的改进，生鲜农产品中肉类、生鲜水果蔬菜是重要的一部分，都需要智慧冷链物流。如何控制温度、检测温度，保持农产品的品质，研究超市货架期，对食品的安全性等，都需要信息科技来支撑。"管理＋农业＋智能技术"实现供应链可感、可控、可调。

场景六：基于大数据的信息服务。我国小农户居多，打药、播种等方面专业化社会化服务企业组织快速发展，体现规模化的生产效益，推动小农户生产现代化。当前，智能语音服务机器人技术已经成熟。作为农业职业院校的学生，可提供生产技术服务、信息服务。

四、设施精准农业

（一）北京百旺农业种植园 5G 高架无土栽培草莓智能温室

5G 时代，长在云端的草莓什么样？口感如何？产量如何？成本如何？带着这样的疑问与好奇，我们来到北京百旺农业种植园的"空中草莓"连栋温室。推门而入,门口一块大的显示屏上一目了然地看到顶窗、遮阳网、顶被、二层膜、保温被、侧风、补光灯、潮汐灌溉……这些实时显示着棚内草莓种植的最新状况。隔着玻璃门,只见一个智能机器人正在自动喷洒水肥,一排排果色鲜艳的草莓挂在空中,地面宽敞、干净。园区严格执行标准化基地相关要求,产出品质达到无公害食品标准。园区凭借中国农科院与海淀区开展院区合作的良好契机,依托现有精品果蔬资源,采用现代信息技术装备和先进的农耕管理技术,打造集农业技术研发示范、观光休闲、科普教育等于一体的现代化休闲农业园区。

1. 打造了北京市首个 5G 高架无土栽培草莓智能温室

想要进入温室,必须要有严格的消毒流程,穿上鞋套,走入封闭式的风淋喷杀室,而后才得入内。5G 云端草莓是由北京市海淀区农业科学研究所自主研发,结合北京市信息进村入户工程智慧农场建设,运用 5G 通信技术,以人脸识别、物联网、人工智能语音识别技术为支撑,通过配置新一代节能型环境采集、农业生产图像采集、温室水肥一体化系统、卷膜通风、卷被、高压微雾降温、CO_2 发生装置、空间电厂除湿、温室空气环流、补光等远程智能控制模块,基于专家控制模型与实时监测数据,通过云计算和大数据系统处理和运算分析,实现温室智能装备的工作状态采集、远程控制、自动调控、数据分析、自主学习等功能,技术人员也可以利用"云平台"对温室环境和设备进行远程自动控制,最终实现生产设施环境控制全面自动化、经营管理全程数字化、农产品生产过程履历追溯。不仅大大节省人力成本、降低劳动强度、提升产品品质,更有利于提升生产管理的标准化水平。经过测算,草莓亩产可达 3 382.1 kg,较普通种植增产 35.3%,节约用肥成本约 1 750 元,头茬单果增重 28.6%~50%,每年可节省人工 6 600 元。

在多项科学技术的加持下,棚内的草莓上市期提前 20 多天,坐果期延长,亩产可达 3 000 多 kg,增长 20%~50%,亩增收 6 万余元。如何让上市期提前 20 多天?一是依赖于低温蓄冷育苗技术,它利用高山地区冷凉气候培育出优质草莓苗,提前打破草莓的睡眠期,从而让产果期提前。二是有赖于基质加温系统的应用,能够实现全天候基质的精准控温。三是植物 LED 补光灯技术,则可有效抑制草莓休眠,促进光合作用,缩短生长周期,提早上市时间。而坐果期延长,则依赖于喷雾降温系统和遮阳网等设备,它们为草莓生长后期提供最佳的温度环境。坐果率的提高和品质的提升,来源于温室智能控制系统、智能水肥一体化技术以及轴流风机均温系统的应用,它们为草莓植株提供精准的生长环境、养分、水肥、CO_2 浓度等。

2. 形成高架草莓无土栽培生产技术体系

该种植园作为高架无土草莓栽培技术实践的先行者,以现代信息技术为支撑,将农业生产与管理环节深度融合,构建了草莓智能化种植技术体系和成熟模式,目前已向海淀区苏家坨镇凤凰岭路果林公司进行模式输出，各园区种苗长势良好，另有多家园区在进行合作洽谈。未来该园区将以此为契机，通过开展信息咨询、技术转让、模式输出等形式完善市场运行机制，逐步形成市场化、产业化的农业新格局，不断探索创新发展模式，为发展现代设施农业、数字农业提供重要的技术支撑。

3. 与科研机构开展深入合作

百旺种植园凭借中国农科院与海淀区开展院区合作的良好契机，由中国农科院专家在现代生产技术应用、园区规划、设施园艺、花卉种植等方面为园区提供技术支持。未来将在园区实施和应用钢架大棚智能升级、水培叶菜栽培主动蓄放热系统、水培韭菜、潮汐番茄、智慧果园物联网系统、草莓预冷苗育苗等项目和技术装备。通过对新技术、新理念的引入，可以进一步加强园区的产业发展，积极创建一个由政府主导、企业支撑、科研单位提供技术服务的发展新模式，全力打造百旺高科技农业示范园区。

这种全新的草莓栽培理念，不但是一种全新的农业生产模式，也扩宽了农业生产的应用范围，是对农业多功能性的有益尝试与探索。数字农业还有很多未被开发的领域，随着现代科技与农业的深度融合，农业发展的新思路已经蔚然成型。

（二）东营市"田之源"盐碱地高效设施农业

1. 基本情况

"田之源"盐碱地高效设施农业示范项目，通过与高校科研院所合作，综合运用土地整理、无土沙培、生物菌剂利用等工程、生物、农艺措施，对盐碱地进行改良后，种植高附加值果蔬，采用"四化五统一"运营管理模式，完善联农带农利益联结机制，促进农业增效农民增收，为盐碱地综合利用探索了新路子。

"田之源"盐碱地高效设施农业示范项目占地1 000亩，总投资1.5亿元。2021年，由东营市垦利城投新六产农业发展有限公司与山东田立方农业发展有限公司共同出资，成立东营田之源农业发展有限公司，建设高标准连栋温室、单体拱棚、砖混温室95个。主要种植特色小番茄、特色小西瓜、小甜瓜、阳光玫瑰葡萄、樱桃、蓝莓、长叶香橙等高附加值果蔬。园区实行"四化五统一"即种植标准化、监管智慧化、管理组织化、服务融合化，实现统一农资供应、统一园区管理、统一技术指导、统一品牌包装、统一产品销售，通过这种运营模式实现了生产集约化、规模化和组织化。

其主要做法和成效：

一是"智慧化"服务提升效益。该示范项目所在片区土地原为从胜利油田收回的撂荒地，盐碱化程度高，部分地块为中重度盐碱地，开发利用难度大。项目与全国知名的果蔬种植企业寿光三元朱村田立方农业公司及中国农业科学院、山东省果树研究所等高校和科研院所合作，通过无土沙培和生物菌剂利用，对盐碱地进行改良。同时，因地制宜采取管道进水、滴灌浇水、沙培回水等节水方式，在实现对盐碱地充分开发利用的同时，可以节约大量农业用水，实现作物种植低成本、高产出、绿循环。经测算，1 000 亩地年用水量约 8 万立方米，每天用水仅 220 立方米。加强园区物联网智能管理系统建设，配套大数据软件、监控设备、传感器等设备，实现土壤温湿度，土壤电导率（肥料指标）、土壤 pH（酸碱度）等 10 余项数据的在线查看，园区智慧化水平大大提升。

二是"工厂化"建设提质增效。示范园区利用现代种植技术，开发出具有区域特色的果蔬品种，更加适合盐碱地生长应用。项目建有连栋温室 40 栋，单体拱棚 36 栋，砖混温室 19 栋，集绿色有机果蔬种植、销售、展示体验于一体，全部采用智能数字化智能化控制，被称为"盐碱地上的果蔬工厂"。园区对所有大棚实行统一运营，使其能够充分发挥农业现代化的规模经济效应。山东田立方农业发展有限公司为园区经营提供统一的技术指导、品牌包装、产品销售等一站式运营服务，降低了单个农户经营风险。采用"五统一"管理模式，由山东田立方农业发展有限公司统一为种植户提供种苗供应、配方施肥、智能装备配备、物理和生物防治等全产业链服务，实现了全流程生产标准化，可供更多的经营主体复制与推广。

三是"联合体"运营激发活力。园区建立了"土地流转+产业工人+产业联合体"的与农民利益联结机制，解决周边东安社区、东麻王等 9 个村、社区农民 100 余名农村劳动力就业问题。同时，通过互联网平台的培训功能和移动技术的快速匹配供需，带动周边农民到园区打零工、打短工，在提高了农民的农业技能的同时，增加当地农户的工资性收入。预计 2022 年上半年，园区 13 个砖混棚合计蔬菜总产量 17.82 万斤，实现经济效益 148.5 万元。其中，单棚最高收入 12.42 万元，较原来种植粮棉作物的单位产值提升近百倍。

2. 经验启示

（1）盐碱地设施农业建设必须有专业运营和服务团队　"田之源"项目运行成功的关键之处，正是依托了山东田立方农业发展有限公司的专业化运营平台和成熟的技术服务团队，扶持培育这样的专业运营公司，一方面可以保证园区建设投资安全，提升资金回报率；另一方面也可为农户经营提供专业、周到的技术服务，实现小农户与农业现代化之间有机衔接。现代农业生产是技术性和专业性较高的行业，因此更加需要专业化的运营和服务。

（2）盐碱地农业因地制宜才能"落地生根"　山东田立方农业发展有限公司在实际运营过程中，根据当地实际情况，按照"因地制宜、一园一规划"的原则进行大棚建设和运营管理。垦利区缺少蔬菜规模种植技术，农户收入偏低，前期投入能力不足，公司为园区经营提供统一的技术指导、产品检测、品牌包装、产品销售等站式运营服务，降低了单个农户的经营风险。同时，实行"零投入，拎包入驻"的模式，迎合了多数农户不愿承担风险和求稳定的心理，对农户具有较强的吸引力。

3. 推进标准化生产

标准化对于保障食品安全，提高农产品质量和品质，具有重要的意义。设施农业发展，应坚持标准引领，做好标准制定、按标生产、以标监管工作，把标准贯穿于农业生产经营全过程。加强标准制定，实现每个优势特色产业一套产业标准。鼓励农业企业、合作社等经营主体与农业科研院所合作共建，提升基地科技支撑能力，实现每个特色优势产业都有一个标准化生产基地支撑，每个标准化生产基地都有一个科研院所做科技保障。

复习思考题

1. 精准农业集成技术体系覆盖哪些关键环节，涉及的技术有哪些？
2. 无人农场实际生产中精准农业技术是如何发挥作用的？
3. 未来精准农业集成应用和发展的方向是什么？

参考文献

1. 刘金铜,陈谋询,蔡虹,等.我国精准农业的概念、内涵及理论体系的初步构建[J].农业系统科学与综合研究，2001，17（3）：180-182.
2. 皮龙风,齐清文,梁启章,等.精准农业中的流程再造研发及其技术集成[J].农业现代化研究，2015，36（6）：1112-1117.
3. 姚元森,廖桂平,赵星,等.农作物生长环境信息感知技术研究进展[J].作物研究，2013，27（1）：58-63.
4. 雷雨.精准农业模式下的技术集成与管理创新[J].西北农林科技大学学报（社会科学版），2005（4）：29-33.
5. 田立文,崔建平,郭仁松,等.新疆棉花精量播种棉田保苗方法：CN103404357A[P].2013-11-27.

数字课程学习

教学课件　　教学视频　　图库　　自测题

图书在版编目（CIP）数据

精准农业 / 杨武德主编. -- 北京：高等教育出版社，2025.8. -- ISBN 978-7-04-063926-1

Ⅰ. S127

中国国家版本馆 CIP 数据核字第 2025KF0135 号

JINGZHUN NONGYE

策划编辑	郝真真	出版发行	高等教育出版社
责任编辑	赵晓玉	社　　址	北京市西城区德外大街4号
封面设计	裴一丹	邮政编码	100120
版式设计	王凌波	购书热线	010-58581118
责任印制	张益豪	咨询电话	400-810-0598
		网　　址	http://www.hep.edu.cn
			http://www.hep.com.cn
		网上订购	http://www.hepmall.com.cn
			http://www.hepmall.com
			http://www.hepmall.cn
		印　　刷	北京中科印刷有限公司
		开　　本	850mm×1168mm　1/16
		印　　张	17.75
		字　　数	350千字
		版　　次	2025年8月第1版
		印　　次	2025年8月第1次印刷
		定　　价	52.00元

本书如有缺页、倒页、脱页等质量问题，请到所购图书销售部门联系调换。

版权所有　侵权必究
物　料　号　63926-00

郑重声明

高等教育出版社依法对本书享有专有出版权。任何未经许可的复制、销售行为均违反《中华人民共和国著作权法》，其行为人将承担相应的民事责任和行政责任；构成犯罪的，将被依法追究刑事责任。为了维护市场秩序，保护读者的合法权益，避免读者误用盗版书造成不良后果，我社将配合行政执法部门和司法机关对违法犯罪的单位和个人进行严厉打击。社会各界人士如发现上述侵权行为，希望及时举报，我社将奖励举报有功人员。

反盗版举报电话　（010）58581999　58582371

反盗版举报邮箱　dd@hep.com.cn

通信地址　北京市西城区德外大街4号　高等教育出版社知识产权与法律事务部

邮政编码　100120

读者意见反馈

为收集对教材的意见建议，进一步完善教材编写并做好服务工作，读者可将对本教材的意见建议通过如下渠道反馈至我社。

咨询电话　400-810-0598

反馈邮箱　gjdzfwb@pub.hep.cn

通信地址　北京市朝阳区惠新东街4号富盛大厦1座　高等教育出版社总编辑办公室

邮政编码　100029

防伪查询说明

用户购书后刮开封底防伪涂层，使用手机微信等软件扫描二维码，会跳转至防伪查询网页，获得所购图书详细信息。

防伪客服电话　（010）58582300